《蘇州全書》編纂出版委員會 編

·定陵註略

蘇州全書

甲編

古吳軒出版社
蘇州大學出版社

圖書在版編目（CIP）數據

定陵註略 / (清) 文秉撰 . -- 蘇州 : 古吳軒出版社 : 蘇州大學出版社 , 2025. 6. -- (蘇州全書). -- ISBN 978-7-5546-2640-5

Ⅰ. K248.06

中國國家版本館 CIP 數據核字第 2025SX9482 號

責任編輯 張雨蕊
助理編輯 李碧璠
裝幀設計 周　晨　李　璇
責任校對 王霽鈺

書　　名 定陵註略
撰　　者 〔清〕文秉
出版發行 古吳軒出版社
地址：蘇州市八達街118號蘇州新聞大厦30F　電話：0512-65233679
蘇州大學出版社
地址：蘇州市十梓街1號　電話：0512-67480030
印　　刷 常州市金壇古籍印刷廠有限公司
開　　本 889 × 1194　1/16
印　　張 55.5
版　　次 2025 年 6 月第 1 版
印　　次 2025 年 6 月第 1 次印刷
書　　號 ISBN 978-7-5546-2640-5
定　　價 380.00 元（全二册）

《蘇州全書》編纂工程

總主編

劉小濤　吳慶文

學術顧問

（按姓氏筆畫爲序）

王　芳　王　宏　王　堯　王　鍔　王紅蕾　王華寶　王爲松　王衛平
王餘光　王鍾陵　朱棟霖　朱誠如　任　平　全　勤　江慶柏　江澄波
汝　信　阮儀三　杜澤遜　李　捷　吳　格　吳永發　何建明　言恭達
沈坤榮　沈燮元　武秀成　范小青　范金民　茅家琦　周　秦　周少川
周國林　周勛初　周新國　胡可先　胡曉明　姜　濤　姜小青　韋　力
姚伯岳　馬亞中　袁行霈　華人德　莫礪鋒　徐　俊　徐　海　徐　雁
徐惠泉　徐興無　唐力行　陸振嶽　陸儉明　陳子善　陳正宏　陳尚君
陳紅彥　陳廣宏　黃愛平　黃顯功　崔之清　張乃格　張志清　張伯偉
張海鵬　葉繼元　葛劍雄　單霽翔　程章燦　程毅中　喬治忠　鄔書林
賀雲翱　詹福瑞　趙生群　廖可斌　熊月之　樊和平　劉　石　劉躍進
閻曉宏　錢小萍　戴　逸　韓天衡　嚴佐之　顧　薌

前言

中華文明源遠流長，文獻典籍浩如烟海。這些世代累積傳承的文獻典籍，是中華民族生生不息的文脉和根基。蘇州作爲首批國家歷史文化名城，素有『人間天堂』之美譽。自古以來，這裏的人民憑藉勤勞和才智，創造了極爲豐厚的物質財富和精神文化財富，使蘇州不僅成爲令人嚮往的『魚米之鄉』，更是實至名歸的『文獻之邦』，爲中華文明的傳承和發展作出了重要貢獻。

蘇州被稱爲『文獻之邦』由來已久，早在南宋時期，就有『吳門文獻之邦』的記載。宋代朱熹云：『文，典籍也；獻，賢也。』蘇州文獻之邦的地位，是歷代先賢積學修養、劬勤著述的結果。明人歸有光《送王汝康會試序》云：『吳爲人材淵藪，文字之盛，甲於天下。』朱希周《長洲縣重修儒學記》亦云：『吳中素稱文獻之邦，蓋子游之遺風在焉，士之嚮學，固其所也。』《江蘇藝文志·蘇州卷》收録自先秦至民國蘇州作者一萬餘人，著述達三萬二千餘種，均占江蘇全省三分之一强。古往今來，蘇州曾引來無數文人墨客駐足流連，留下了大量與蘇州相關的文獻。時至今日，蘇州仍有約百萬册的古籍留存，入選『國家珍貴古籍名録』的善本已達三百一十九種，位居全國同類城市前列。其中的蘇州鄉邦文獻，歷宋元明清，涵經史子集，寫本刻本，交相輝映。此外，散見於海内外公私藏家的蘇州文獻更是不可勝數。它們載録了數千年傳統文化的精華，也見證了蘇州曾經作爲中國文化中心城市的輝煌。

蘇州文獻之盛得益於崇文重教的社會風尚。春秋時代，常熟人言偃就北上問學，成爲孔子唯一的南方弟子。歸來之後，言偃講學授道，文開吳會，道啓東南，被後人尊爲『南方夫子』。西漢時期，蘇州人朱買臣負薪讀書，穹窿山中至今留有其『讀書臺』遺迹。兩晉六朝，以『顧陸朱張』爲代表的吳郡四姓涌現出大批文士，在不少學科領域都貢獻卓著。及至隋唐，蘇州大儒輩出，《隋書·儒林傳》十四人入傳，其中籍貫吳郡者二人；《舊唐書·儒學傳》三十四人入正傳，其中籍貫吳郡（蘇州）者五人。文風之盛可見一斑。北宋時期，范仲淹在家鄉蘇州首創州學，並延名師胡瑗等人教授生徒，此後縣學、書院、社學、義學等不斷興建，蘇州文化教育日益發展。故明人徐有貞云：『論者謂吾蘇也，郡甲天下之郡，學甲天下之學，人才甲天下之人才，偉哉！』在科舉考試方面，蘇州以鼎甲萃集爲世人矚目，清初汪琬曾自豪地將狀元稱爲蘇州的土産之一，有清一代蘇州狀元多達二十六位，占全國的近四分之一，由此而被譽爲『狀元之鄉』。近現代以來，蘇州在全國較早開辦新學，發展現代教育，涌現出顧頡剛、葉聖陶、費孝通等一批大師巨匠。中華人民共和國成立後，社會主義文化教育事業蓬勃發展，蘇州英才輩出、人文昌盛，文獻著述之富更勝於前。

蘇州文獻之盛受益於藏書文化的發達。蘇州藏書之風舉世聞名，千百年來盛行不衰，具有傳承歷史長、收藏品質高、學術貢獻大的特點，無論是卷帙浩繁的圖書還是各具特色的藏書樓，以及延綿不絕的藏書傳統，都成爲中華文化重要的組成部分。據統計，蘇州歷代藏書家的總數，高居全國城市之首。南朝時期，蘇州就出現了藏書家陸澄，藏書多達萬餘卷。明清兩代，蘇州藏書鼎盛，絳雲樓、汲古閣、傳是樓、百宋一廛、藝芸書舍、鐵琴銅劍樓、過雲樓等藏書樓譽滿海内外，彙聚了大量的珍貴文獻，對古代典籍的收藏保護厥功至偉，亦於文獻校勘、整理裨益甚巨。《舊唐書》自宋至明四百多年間已難以考覓，直至明嘉靖十七年（一五三八），聞人詮在蘇州爲官，搜討舊籍，方從吳縣王延喆家得《舊唐書》『紀』和『志』部分，從長洲張汴家得《舊唐書》『列傳』部分，『遺籍俱出宋時模板，旬月之間，二美璧合』，于是在蘇州府學中槧刊，《舊唐書》自此得以彙而成帙，復行於世。清代嘉道年間，蘇州黄丕烈和顧廣圻均爲當時藏書名家，且善校書，『黄跋顧校』在中國文獻史上影響深遠。

蘇州文獻之盛也獲益於刻書業的繁榮。蘇州是我國刻書業的發祥地之一，早在宋代，蘇州的刻書業已經發展到了相當高的水平，至今流傳的杜甫、李白、韋應物等文學大家的詩文集均以宋代蘇州官刻本爲祖本。宋元之際，蘇州磧砂延聖院還主持刊刻了中國佛教史上著名的《磧砂藏》。明清時期，蘇州成爲全國的刻書中心，所刻典籍以精善享譽四海，明人胡應麟有言：『凡刻之地有三，吴也、越也、閩也。』他認爲『其精，吴爲最』，『其直重，吴爲最』。又云：『余所見當今刻本，蘇常爲上，金陵次之，杭又次之。』清人金埴論及刻書，仍以胡氏所言三地爲主，則謂『吴門爲上，西泠次之，白門爲下』。明代私家刻書最多的汲古閣、清代坊間刻書最多的掃葉山房均爲蘇州人創辦，晚清時期頗有影響的江蘇官書局也設於蘇州。據清人朱彝尊記述，汲古閣主人毛晉『力搜秘册，經史而外，百家九流，下至傳奇小説，廣爲鏤版，由是毛氏鋟本走天下』。由於書坊衆多，蘇州還産生了書坊業的行會組織崇德公所。明清時期，蘇州刻書數量龐大，品質最優，裝幀最爲精良，爲世所公認，國内其他地區不少刊本也都冠以『姑蘇原本』，其傳播遠及海外。

蘇州傳世文獻既積澱着深厚的歷史文化底藴，又具有穿越時空的永恒魅力。從范仲淹的『先天下之憂而憂，後天下之樂而樂』，到顧炎武的『天下興亡，匹夫有責』，這種胸懷天下的家國情懷，早已成爲中華民族精神的重要組成部分，傳世留芳，激勵後人。南朝顧野王的《玉篇》，隋唐陸德明的《經典釋文》、陸淳的《春秋集傳纂例》等均以實證明辨著稱，對後世影響深遠。明清時期，馮夢龍的《喻世明言》《警世通言》《醒世恒言》，在中國文學史上掀起市民文學的熱潮，具有開創之功。吴有性的《温疫論》、葉桂的《温熱論》，開温病學研究之先河。蘇州文獻中藴含的求真求實的嚴謹學風、勇開風氣之先的創新精神，已經成爲一種文化基因，融入了蘇州城市的血脉。不少蘇州文獻仍具有鮮明的現實意義。明代費信的《星槎勝覽》，是記載歷史上中國和海上絲綢之路相關國家交往的重要文獻。鄭若曾的《籌海圖編》和徐葆光的《中山傳信録》，爲釣魚島及其附屬島嶼屬於中國固有領土提供了有力證據。魏良輔的《南詞引正》、嚴澂的《松絃館琴譜》、計成的《園冶》，分别是崑曲、古琴及園林營造的標志性成果，這些藝術形式如今得以名列世界文化遺産，與上述名著的嘉惠滋養密不可分。

維桑與梓，必恭敬止；文獻流傳，後生之責。蘇州先賢向有重視鄉邦文獻整理保護的傳統。方志編修方面，范成大《吴郡志》爲方志創體，其後名志迭出，蘇州府縣志、鄉鎮志、山水志、寺觀志、人物志等數量龐大，構成相對完備的志書系統。地方總集方面，南宋鄭虎臣輯《吴都文粹》、明錢穀輯《吴都文粹續集》、清顧沅輯《吴郡文編》先後相繼，收羅宏富，皇皇可觀。常熟、太倉、崑山、吴江諸邑，周莊、支塘、木瀆、甪直、沙溪、平望、盛澤等鎮，均有地方總集之編。及至近現代，丁祖蔭彙輯《虞山叢刻》《虞陽説苑》，柳亞子等組織『吴江文獻保存會』，爲搜集鄉邦文獻不遺餘力。江蘇省立蘇州圖書館於一九三七年二月舉行的『吴中文獻展覽會』規模空前，展品達四千多件，並彙編出版吴中文獻叢書。然而，由於時代滄桑，圖書保藏不易，蘇州鄉邦文獻中『有目無書』者不在少數。同時，囿於多重因素，蘇州尚未開展過整體性、系統性的文獻整理編纂工作，許多文獻典籍仍處於塵封或散落狀態，没有得到應有的保護與利用，不免令人引以爲憾。

進入新時代，黨和國家大力推動中華優秀傳統文化的創造性轉化和創新性發展。習近平總書記强調，要讓收藏在博物館裏的文物、陳列在廣闊大地上的遺産、書寫在古籍裏的文字都活起來。二〇二二年四月，中共中央辦公廳、國務院辦公廳印發《關於推進新時代古籍工作的意見》，確定了新時代古籍工作的目標方向和主要任務，其中明確要求『加强傳世文獻系統性整理出版』。盛世修典，賡續文脉，蘇州文獻典籍整理編纂正逢其時。二〇二二年七月，中共蘇州市委、蘇州市人民政府作出編纂《蘇州全書》的重大決策，擬通過持續不斷努力，全面系統整理蘇州傳世典籍，着力開拓研究江南歷史文化，編纂出版大型文獻叢書，同步建設全文數據庫及共享平臺，將其打造爲彰顯蘇州優秀傳統文化精神的新陣地，傳承蘇州文明的新標識，展示蘇州形象的新窗口。

『睹喬木而思故家，考文獻而愛舊邦。』編纂出版《蘇州全書》，是蘇州前所未有的大規模文獻整理工程，是不負先賢、澤惠後世的文化盛事。希望藉此系統保存蘇州歷史記憶，讓散落在海内外的蘇州文獻得到挖掘利用，讓珍稀典籍化身千百，成爲認識和瞭解蘇州發展變遷的津梁，並使其中藴含的積極精神得到傳承弘揚。

觀照歷史，明鑒未來。我們沿着來自歷史的川流，承荷各方的期待，自應負起使命，砥礪前行，至誠奉獻，讓文化薪火代代相傳，並在守正創新中發揚光大，爲推進文化自信自强、豐富中國式現代化文化内涵貢獻蘇州力量。

《蘇州全書》編纂出版委員會

二〇二二年十二月

凡例

一、《蘇州全書》（以下簡稱『全書』）旨在全面系統收集整理和保護利用蘇州地方文獻典籍，傳播弘揚蘇州歷史文化，推動中華優秀傳統文化傳承發展。

二、全書收録文獻地域範圍依據蘇州市現有行政區劃，包含蘇州市各區及張家港市、常熟市、太倉市、崑山市。

三、全書着重收録歷代蘇州籍作者的代表性著述，同時適當收録流寓蘇州的人物著述，以及其他以蘇州爲研究對象的專門著述。

四、全書按收録文獻内容分甲、乙、丙三編。每編酌分細類，按類編排。

（一）甲編收録一九一一年及以前的著述。一九一二年至一九四九年間具有傳統裝幀形式的文獻，亦收入此編。按經、史、子、集四部分類編排。

（二）乙編收録一九一二年至二〇二一年間的著述。按哲學社會科學、自然科學、綜合三類編排。

（三）丙編收録就蘇州特定選題而研究編著的原創書籍。按專題研究、文獻輯編、書目整理三類編排。

五、全書出版形式分影印、排印兩種。甲編書籍全部采用繁體竪排；乙編影印類書籍，字體版式與原書一致；乙編排印類書籍和丙編書籍，均采用簡體横排。

六、全書影印文獻每種均撰寫提要或出版説明一篇，介紹作者生平、文獻内容、版本源流、文獻價值等情況。影印底本原有批校、題跋、印鑒等，均予保留。底本有漫漶不清或缺頁者，酌情予以配補。

七、全書所收文獻根據篇幅編排分册，篇幅適中者單獨成册，篇幅較大者分爲序號相連的若干册，篇幅較小者按類型相近原則數種合編一册。數種文獻合編一册以及一種文獻分成若干册的，頁碼均連排。各册按所在各編下屬細類及全書編目順序編排序號。

據中國國家圖書館藏清鈔本影印。

定陵註略

〔清〕文秉 撰

提要

《定陵註略》十卷，清文秉撰。

文秉（一六〇九—一六六九），字蓀符。明末清初長洲人。文徵明玄孫，文震孟長子。諸生。甲申國變後，從父文震亨、胞弟文乘殉難，文秉乃隱居天池山北竺塢丙舍，自號竺塢遺民，潛心著述。撰有《烈皇小識》《甲乙事案》《先撥志始》等。又仿文震孟《姑蘇名賢小紀》遺意，續撰《姑蘇名賢續紀》一卷。嚴熊稱其於『前明一代典故尤瞭若指掌。著述廿種，每至國運盛衰、門户始末之際，未嘗不三致意焉』，其著史情結由此可見。蓋以追思故國，感念明君，故于國破家亡之變，尤爲嘆息痛切。

《定陵註略》凡十卷四十六門，爲紀事本末體史書。卷首《小叙》序其編次微意：『首紀聖，明尊君也；次壼範，表懿德也；次壽宫，見俯察之宜慎也；次新鄭，傷國體也；次江陵，戒專權也；次科場，即寓以魏、李二公之譴責，志黨禍之萌也。其他政治之得失，地方之蠢動，咸具本末，俾覽者炯然，所以昭止水之鑑，凛馭朽之訓也。至于人才進退之際，尤三致意焉，以見大明門户淵源如此，門户之能亡國敗家如此。』蓋此書第一卷，傷高拱之逼逐，譏張居正之擅權，憫魏允貞、李三才之遭貶，而萬曆朝黨錮禍亂、地方民變，自兹濫觴矣。

此書之編撰，于官方邸報多有取資，益以文氏家族之親歷見聞，摭拾遺聞，搜采叢殘，其價值自非一般野史可比。周星詒云：『竹塢高門子弟，習聞朝政，故其述作紀著時事最詳，足補史官之遺。然門户之見膠固于中，論議不無偏袒，未可盡據信也。』誠爲的評。

《定陵註略》未見刊刻，今傳者皆爲鈔本。本次影印以中國國家圖書館藏清鈔本爲底本，原書高二十七·五厘米，廣十七·八厘米。該本於清朝帝諱如『玄』『弘』等俱不避，當爲清初所鈔。原爲祥符周星詒舊藏，書末有周氏朱筆跋，述收藏始末及校改情況。書眉多校補文字，所據有《酌中志略》《萬曆野獲編》《明史稿》等，可窺周氏治史之一斑。

定陵註畧小叙

昔宋神宗具大有為之志特拔金陵於政府謂唐虞可坐致也顧金陵好執偏見喜人佞己以爭新法不合魏公鄭公涑水眉山諸賢相繼罷逐而呂惠卿曾公亮韓絳鄧綰之徒皆得進用有宋之業遂衰哲宗嗣統前此者為元祐之政衆正彙征群奸屏跡天下翕然稱至治焉惜也包荒不聞閱墻示隙遂有維黨蜀黨朔黨之目迨揚畏首叛大防曾布請紹舊政於是章惇蔡卞等巨奸登庸是為紹聖之政一時正人掃除殆盡且也同文之獄禍延子孫宣仁之恨釋憾孟后以哲宗一人之[illegible]前後古[illegible]召靖康丙午之禍大明神宗

聰英天縱學問夙成誠不世出之令主也太倉當國不能以
欲從人而顧以人從欲首逐虞山高邑諸公而比暱劉道隆
楊應宿等水火相激玄黃競起馴至末年亦有東林四明宣
黨崑黨之目熹宗踐祚南昌漢陽夾輔於前福清蒲州襄贊
於後天下亦翕然望至治焉迨應山撩虎將鬚南樂教猱升
木從是黨禍飈發勢同燎原維時告密之訐奏朝入北司之
爰書夕具屠僇元老艸刈良忠最後佐命之名潛列厚載亏
蛇之疑直逼母后雖懿安幸獲無恙而太康竟從斥華以熹
宗一人之身亦前後若兩截焉卒召烈皇甲申之禍合兩朝
覩之其行事蓋無弗相肖者而皆自不好善之輔臣釀之嗚

吁輔臣之所繫頋不重哉寒家遺書不薄寄托非人悉皆沉沒山居多暇轉就友人處借神宗邸報抄畧閲之恭以家庭見聞因妄以己意竊為編集首紀聖明尊君也次壺範表懿德也次壽宮見俯察之宜慎也次新鄭傷國體也次江陵戒專權也次科場即實以魏李二公之譴責志黨禍之萌也其他政治之得失地方之蠢動咸具本末俾覽者炯然所以昭止水之鑑凜馭朽之訓也至於人才進退之際尤三致意焉以見大明門戶淵源如此門戶之能亡國敗家如此後之謀國者取鑒乎此痛抑愛憎之私力消左右之袒采民譽以公任使課實蹟以施殿最庶幾可長無事乎若寧播之後則有

茅光禄三大征考在不復贅述

竺塢遺民文秉書于南雲菴

定陵註畧目録

一卷

二卷

三卷

定陵註畧卷之一

聖明天縱

神廟初年有咏月詩云團圓一輪月清光何皎潔惟有聖人心可以喻澄徹時僅十餘齡也

神廟書法初摹趙松雪後好章草文華殿有匾曰學二帝三王治天下大經大法者上御筆也萬曆二年三月時當日講畢面諭輔臣張居正等曰朕欲賜先生等各大書一幅以寓期勉之意先生可於二十五日來看是日居正等詣文華殿後見諸奄捧泥箋十餘幅上縱筆如飛大書宅揆保衡同心夾輔各一幅正已率屬九幅責難陳善九幅字皆踰尺頃刻

揮就分賜居正等

江陵既沒南京給事中阮子孝論其子張懋修敬修及王篆子王之甥之衡夤緣科場乞賜究處輔臣張四維揭救居正諸子所習舉業俱可進取與在前瞿鑾二子不同居正二子在翰林者調用在部屬者炤舊王篆二子宜覆試上不從手手批子孝疏張懋修等并王之甥王之衡都着革了職為民其諸子不論進取公私都一體斥退

瞿鑾二子登第俱革職為民并罷諸考官

祭酒范應期以不職為御史徐申所劾上傳諭內閣范應期係何人所薦該追論首輔申時行揭言本官出自翰林臣等

炤資題叙原無薦舉之人有旨范應期着致仕今後起用薦舉的官還着該部推好的用不必以資俸品級為說又給事中陳璧疏論南京兵部侍郎劉庠不職上傳諭内閣劉庠既這等不好吏部如何推他時行等又以人才難知言官風聞言事為解乃奉旨該部詳看具奏

十三年夏大旱上徒步諸郊壇禱雨行禮畢召見三輔臣又九卿諭曰天時亢旱雖繇朕之不德所致亦因天下有司貪贓壞法剥害小民故爾上干天和今後還着該部慎加選用陝西巡撫趙可懷疏報虜引兵過河侵犯内地上召輔臣申時行於皇極門諭曰番人也是朕之赤子番人地方都是祖

宗開拓的封疆督撫官奉敕書受朝廷委托平日所幹何事既不能預先整理防範到虜酋遇河侵犯總來奏報可見邊備廢弛皇祖時各邊有事督撫官都拿問重處朝廷自有法度又曰近時督撫等官開嘗將將官輕賤凌虐牽制掣肘不得展布有事却總用他且如各邊但有些功勞督撫官有陞有賞都認做自己的功及至失事便推與將官時行對督撫只是督率調度若臨戰定用武官上曰古時文臣諸葛亮杜預都能將兵立功何必定是武官時行對以將材難得上曰重賞之下必有勇夫、要好的也有只是不善用他雖關張之勇也不濟事前有御史薦兩个將官時行對一个是王化熙是中林一个是尹秉衡如今老了上曰趙充國也是老將只要有謀勇又曰卿等是朕股肱用心為朕分理如今邊備廢弛不止陝西時行對款貢二十年來各邊保全生靈何止百萬上曰款貢亦不可久恃若專務媚虜使之心驕豈有饜足之時須是自家修整武備保守封疆云云時行承旨而退上孝奉聖母備極色養特設四齋近侍二百餘人演習戲曲每遇聖母陞座即承應焉先是仁聖存日凡遇令節恭請於乾清宮大殿陞座上候仁聖轎至景運門慈聖轎至隆宗門即長跽奉迎候轎至乾清門乃起孝端扶侍仁聖鄭貴妃扶侍慈聖上進酒奉膳下氣怡聲古來帝王之孝所希有也又設

玉熙宫近侍二百餘人則専以承應聖駕者
吉水鄒元標具疏乞休有旨下部太倉語選郎曰皇上遣中
使持鄒疏至閣傳諭着放他去時無錫顧憲成在事竟覆留
任意必奉嚴旨已而竟報可
御史江東之以論壽宫事被譴已數年矣雖推轂甚殷而外
廷皆謂聖怒方新未敢遽登啟事顧憲成為選郎題陞光禄
寺少卿上親書江東之起陞光禄寺少卿東陽許弘綱時為
吏科長見而異之故事惟大九卿親書此特筆也上之無成
心如此
李敬妃薨上傳諭内閣敬妃奉侍勞久俾葬近大峪山閣臣

奏前無故事不敢奉詔上傳問成祖八妃皆葬何處閣臣一
時愕然不能置對上簡遺制令傳示內閣八妃皆近長陵三
里以內諸閣臣惶恐謝罪以後一切章奏俱不發閣票擬諸
閣臣皆引罪求罷上降諭慰留仍舊發票

朝鮮冊封之議雖出於本兵石星而南昌實主其議擬遣一
御史往而臺中公行抗護莫有應詔者曹學程至露章諍止
上大怒特置重典幾即處決三十四年熱審大璫陳矩蒞事
審録至學程刑部署部事右侍郎沈應文等咸以為請陳矩
即代奏曰原任御史曹學程為東事妄言得罪監候十年悔
改無及豈敢惜死惟是原籍廣西有老母九十餘歲晝夜憂

思患病况重若遂以憂死程不得一面永訣忠孝兩失雖死
九泉不成人類望乞聖恩普賜赦宥以全母子二命上覽而
哀之遂奉旨曹學程准改充軍終身
上御體充厚殊難步履故晚年臨御絶響而事聖母極孝特
製一騌輦規度精巧轉折如意凡朝聖母即用之
薊鎮總兵王國棟巡邊夜過昌平其標下夷丁擅折民間籬
落燃火禦寒火光燭天遠近訛言虜至京師城門晝閉上傳
諭若果係虜警兵部豈無塘報此必訛傳着地方官曉諭小
民各安生理既而知果訛也
太監史賓者能書上欲陞為秉筆鄭貴妃從賛揚之上疑其

從貴妃處鑽刺遂借他事降謫南京数年後取回管事一日偶有寄音發閣適史賓輪直遂賫之以往及回奏上謂其夤緣私往閣中益怒甚復謫調南京光廟登極始取回上晚年章奏俱行留中直以為不煩批發也一日侍慈聖言及之乃將十二年以內奏疏盡行批發一夕而竟時職方郎中申用懋以六年考滿部擬加太僕寺少卿仍管職方事已留中五年矣亦至是始下天縱故不可及矣時丁未二月也上雖罕臨御而待內奄極嚴若為外臣所劾奏上呼此奄至跪而示之以疏經年不命起大璫盡籍其家以獻方准釋放故內奄詟不敢得罪外廷惟礦稅諸使例有進奉上每姑容之

宮中舊例宮人私配一奄謂之對食如夫婦然上留心此弊每歲底令宮人各舉所配舉則奄處死不則宮人處死一宮人臨期無措妄措一奄出宮已数年矣逮至將就刑此奄稽首佛前曰此是前生寃孽債抵償了也完了今生公案上聞即命赦之

丙辰廷試南昌楊弘備善書進呈閣擬一甲第三上忽拔晉江林釬為第二弘備遂塡二甲第一謁選得禮部主事弘備左目眇而翰林從無眇一目者廟號神宗信哉

慈聖壼範

內奄孫海客用者上所嬖也日以狗馬拳勇蠱惑聖心上一

夕醉後将一奄頭髮割下叉杖二奄幾斃慈聖聞之翌晨御

青布袍屏簪珥聲言欲召閣部文武大臣謁告太廟将行廢

立禮上大恐往朝慈聖跪而数之曰天下大器豈獨爾可承

耶令大璫馮保取霍光傳以進復宣言召潞王上痛哭祈哀

良久乃釋孫海等俱謫為淨軍上以此深恨保

壽陽公主有慈聖所生選駙馬時候拱宸等三人同進二人

極意修飾衣服楚楚香氣襲人拱宸則羅帽絹衣兢兢叩拜

不敢仰視慈聖從簾中閲之指拱宸曰此子渾朴不離直我

家兒也遂點用之

宮中服飾器皿惟中宮用黄餘皆用紅鄭貴妃有寵上為之

代請慈聖不許請之再四慈聖曰皇帝講分上安得不聽因傳懿旨東西兩宮皆賜黄上遂止不敢用後孝端上升一切中宮印務俱付西宮范德妃權署雖上不溺私愛而母教亦有所自來矣

福王之國有期禮部已具疏題請矣時慈聖年六十有八鄭貴妃欲止福王勿遽行乃以慈聖為辭請留至四十三年賀太后七十壽誕然後之國且持金錢為壽慈聖却之曰潞王吾子也可宣來上壽否貴妃乃止

京營軍卒歲冬例頒綿布户部計值折銀人咸便之武清侯李文全慈聖姪也特謀包攬以濫惡不堪者充給諸軍大譁

慈聖聞之歎曰士卒良苦無計加勞反行朘削耶命取一盒
子黄封重囤宣賜外家文全謝恩畢展視則止作刀一柄盖
泥水匠所用也盖李氏世以匠為業故以此愧之文全謝罪
惶恐急收回前布仍舊給銀衆心乃定

壽宮始末

萬曆十一年閏二月乙丑駕詣山陵相擇壽宮
八月通政司叅議梁子琦與禮部尚書徐學謨相地不合因
叅學謨并叅首輔申時行時行疏辯子琦閱地凡三往初往
與尚書陳道基爭再往與欽天監官及術士爭三往則與學
謨爭且以學謨締姻於臣并欲中臣云有旨梁子琦挾私瀆

奏着罸俸三个月

九月甲申駕詣天壽山行秋祭禮相擇壽宮點用大峪山

先是欲卜壽宮擇廷臣明堪輿者學謨舉南京尚書陳道基侯補僉事胡宥同子琦往子琦擇獻七處皆以山崖不當聖意後命再卜陳胡已去而學謨惡梁躁競不用改卜大峪山下梁憤甚因出疏叅學謨及首輔二三御史和之卒不勝而止世廟曾欲葬章聖太后於此既而曰大峪空淒不如純山完厚遂止不用至神廟用之殆亦天意

十二年九月丙戌駕詣天壽山行秋祭禮奉兩宮聖母暨后妃同行十五日戊子恭詣長陵永陵昭陵致祭其獻陵等六

陵俱遣官代祭十六日己丑登大峪山遂定壽宮十八日辛
卯還京
十三年七月御史李植江東之羊可立 公疏壽宮關係重大
再乞聖明加慎等事給事中陳與郊韓國禎等論其懷私市
公借端傾危輔臣遂奉旨李植等俱降三級調外
蒲州張四維與吳縣不相能江陵既沒蒲州為政吳縣岌
岌乎殆矣未幾蒲州以丁艱去位江李向以劾去馮保受
知於上而不附吳縣時方營壽宮吳縣實董其事江李秉
間言壽宮非吉壤欲以傾吳縣而起蒲州然吳縣方執國
柄附之者衆有御史柯梃者疏稱夙習堪輿極論壽宮之

美遂越次差提學人呼為風水先生又給事中盧逵江李
同年也亦出疏攻之有明正典刑之請江李遂以此蒙譴
然壽宮輿論皆言不佳李僉事之疏鑿鑿乎其言之亦以
此脅禍嗚呼君相造命者也壽陵何預哉
閏九月駕詣大峪山閱壽宮
十六年九月駕詣天壽山親祭長陵永陵昭陵獻陵六陵仍
遣官代祭祭畢至大峪山閱視壽宮管工等官俱賜花幣有
差
十九年八月福建僉事李琯疏參輔臣申時行王錫爵內云
壽宮之事江東之李植已嘗有言若非錫爵攻之於先則舉

朝之臣未必附和忽國家之大計報時行之首功是昧君臣
之倫矣其女臨嫁而逃錫爵欲為掩飾之謀作曇陽子傳以
誑惑愚民且建祠奉祀自稱奉道弟子是蔑父子之倫矣吳
中行等莫逆之友也平居冀其推轂交好不絕一行入相輒
出八不平疏以排之何情狀之反覆如此也公一揚行賄求
用假托建言何獨投於錫爵朝房是豈無因至前哉且明知
壽宮有水每遇皇上臨幸潛令管工員役以炭火烘之數日
而後已皇上立於玄宮之中以為煖氣薰蒸而不知實火氣
薰蒸也此與丁謂之包藏禍心者何以異哉有旨李琯這廝
以臬司外員誣詆閣臣祖宗二百年來有此事否着部科便

恭看了來説已而部科看上奉旨壽宮儲典皆出朕斷李琯
這厮横生異議排詆輔臣不但傾陷忠良實撓亂宗社大計
着革了職爲民永不叙用
逼逐新鄭
隆慶六年夏六月庚午逐大學士高拱
先是穆廟臨終召閣臣高拱張居正高儀同受遺命時上
方十齡主少國疑拱鋭意以天下爲己任昌言於朝曰老
臣謬膺托孤之任不敢不竭肱股之力今後凡内降命令
府部章奏皆公聽並觀博咨詳覈遇有傳奉中旨所司按
法覆奏而折衷於老臣以復百官總已以聽於冢宰之義

時大璫馮保居內用事拱策保內握機務交關兩宮不可
卒制乃與居正儀容謀去之居正深中多智耻居拱下陰
與保結為生死交方思所以傾拱遂洩其謀於保保乃飾
詞激怒兩宮庚午昧爽特降諭逐拱
內閣接皇后懿旨皇貴妃令旨皇帝聖旨我大行皇帝賓天
先一日召內閣三臣至御榻前同我母子三人受遺命東宮
沖年賴三先生竭忠輔佐以安社稷今有大學士高拱專權
擅政把持朝廷威福都強奪自專通不容皇帝主管不知他
要何為我母子驚懼不安拱令即日回籍不許容留其諸大
臣受國厚恩不知竭忠報主乃阿附權臣蔑視幼君自今各

宜洗心滌慮無蹈此轍特諭
是蚤內傳閣臣接旨新鄭意必逐保矣及宣諭則所逐者
拱也新鄭出不意至伏地不能起緹騎兵番踉蹌逼逐一
夕遄行囊篋攘奪無遺新鄭倉黃乘馬而行僕婢多逃資
斧盡喪出都門二十餘里餒甚止野店中為食江陵又使
人促之曰聖怒未息不速行且以覲望逮矣乃不食而去
從來大臣去國未有狼狽若此者　新鄭病榻遺言正德
初劉健謝遷與李東陽謀去劉瑾而東陽泄其謀於是劉
謝去而李獨留今拱與儀同居正謀去馮保而居正二心
於保於是二高去而張擅政拱健皆河南人遷儀皆浙江

人李張皆湖廣人事之巧合如此

萬曆元年春正月庚子偽内官章龍伏誅

是日蚤乘輿出乾清宫有男子偽着内奄巾服繇西階下趨而前為守者所執索其衣得劍刀各一具縛兩腋下詰之但道姓名為王大臣為武清縣人太監馮保奏状奉旨下鎮撫司究問的名章龍既而法司擬絞上命加等斬之章龍既被獲聞馮保以利刃納其靴紿之曰若招是高閣老差來行刺我且救汝得脱矣新鄭危甚幾欲自裁江陵貽書相慰安乃止按章龍係孝廉呂祖望歌童隨入京賄小奄欲入大内一游观耳無他也事發祖望懼其累已急

案明史及史稿載江陵與馮保謀以王大臣獄傾新鄭，會心論藉藉，會訊日大臣以受杖直言保許以富貴誘任新鄭，諸情江陵乃迫于心論，密函阻保，保乃以漆酒喑大臣，[illegible]法司訊之，[illegible]遺一言，所記亦同，與此小異，因附注之

以藥喑其口訊之微云武進人而進字甚輕聽者訛傳為清於是有齊東之語云　一說龍自稱為王大臣江陵誘其招扳新鄭因使馳告新鄭欲脅令自殺新鄭怡然不為動曰老臣果有此事罪不容誅惟闔門以俟寸斬耳時朱希孝為緹帥聞之即以麻藥酒灌大臣及訊不能開一語江陵計遂不行

六年九月原任大學士高拱卒

拱卒妻張氏上疏陳乞卹典上曰高拱不忠欺侮朕躬他妻還來乞恩不該准他張居正對曰拱向侍先帝潛邸有舊勞宜與卹典遂命復原職及與祭葬

江陵擅政

萬曆三年正月革南京給事中余懋學職為民

懋學疏陳五事一曰存惇大二曰親謇諤三曰慎名器四曰戒紛更五曰防諛佞江陵怒遂奉旨余懋學妄指時政操切借假惇大邀買人心着革職為民永不敘用

四年二月逮問遼東巡按御史劉臺

臺疏畧曰張居正逼逐高拱大悖祖制王大臣之獄誣連高拱居正客貽書於拱令勿驚死恐已負殺大臣名是威福自恣也成國公朱希忠雖云清謹實乏奇功居正重遺祖制擅贈王爵給事中陳吾德一言而外補郎中陳有年

一言而迫去近日御史俞一貫不聽指授調用南京凡內外御史皆垂首喪氣矣所畏者科臣耳居正既啗之以陞遷之速又恐之以考成之遲又誰敢冒鋒刃舍爵祿而盡死言哉往年趙參魯以諫謫猶曰外任也余懋學以諫罷猶曰生錮也今御史傅應禎則謫戍矣又以應禎故而及徐貞明喬巖李禎矣為擇好田宅計指授該道府誣遼王以重罪今武崗王又議罪矣為子弟連中鄉試而許御史某以京卿布政使某以巡撫今年嫡子又起覬心矣為造大廈發銀十萬遣千戶較尉監造違禁宮室而江陵人民之膏血盡矣為黃州生儒投匿名揭數若子弟中式不公

案野獲編載臺以遼報功嚴旨責之懷懟及故具疏劾江陵云

假縣官事窮治殆盡今其舉人生員欲訴冤擊登聞鼓上告矣編修李維禎稍〻不謹言及其家富貴狀即外出矣末云臣初舉進士居正為考試官臣廷試居正為讀卷官臣官屬三年居正薦臣改授今職居正之於臣恩亦厚矣然陛下天覆地載大父母也能効忠即能孝於父母區〻舉薦私恩不預焉有旨逮繫至京究問奪職為民

江西安福所舍人謝燿疏劾劉臺有旨該撫按提問具疏謝燿奏臺惡跡甚多文書房官立得用傳旨到閣劉臺這廝先年枉害忠良朕意要打死他因先生論救饒他今却有這等暴橫害人本內說遼東貪賍数萬着拿解來京張

居正奏若拿觧本犯不免並逮干証宜下撫按鞫問次年
江西巡撫王宗載巡按陳世寶會奏劉臺合門濟惡戕宗
害民應發邊遠充軍終身伊父劉震龍伊弟劉國八并劉
允鑑等分别徒杖都察院題覆有上依擬
五年三月廷試策士賜沈懋學張嗣修曾朝節等進士及第
出身有差
嗣修係居正嫡子是年會試主考為張四維申時行房考
為陳思育嗣修之應廷試也儀制郎中其不行造請試卷
致嗣修赴部投納遽陞知府去　懋修先是以孝廉下第
與臨川湯顯祖游燕湖俱客於同知龍宗武江陵有叔亦

葉江清本後長子敬
修自盡會獄其弟都
指揮居易子編修嗣修
俱戍烟瘴熹宗朝
都御史吉水鄒元標
追白之詔復故官予葬
祭之葉酌中志詠送葉
復對列來入葉而曾達
祠者有翰林兵備洪嗣
修不知即江陵子否對泊
備考又敬修孫同敞
崇禎中為祖訟冤賜中書
舍人并復敬修官先是
已復之蔭及誥命至是
乃盡復云同敞殉之罷

式耜同敞徇難于桂林之難江陵五子允修于十七年殉張獻忠荊州之難即先廕尚寶丞者也

以舉子客宗武三人交相得也江陵方專政從容問其叔曰公車中亦有鼎董其人者乎叔曰是無逾於湯沈兩生者矣江陵命諸郎因其叔延致兩人湯謝不往而沈遂與懋修偕及第　前甲戌會試嗣修卷在編修沈一貫房中一貫直筆塗抹批曰一字不通主考呂調陽不勝惴懼一貫云如有罪請自當之不以相累調陽唯唯後江陵語人曰兒子固不通難道聖人大賢幾字也不通調陽益懼至是張申二公入場中之調陽悒悒不安遂請告去

八年三月大學士張居正辭政不允

是年居正二子皆中式居正將以鼎元畀之不便讀卷故

佯請辭政時吏部尚書王國光等吏部都給事中秦燿等
河南掌道御史師祥等各公疏保留已而司禮監官傳奉
聖諭堅留不允
廷試策士賜張懋修蕭良有王廷撰等進士及第出身有
差懋修係居正第三子與長子敬修俱中式主考為申時
行余有丁敬修房考為戴光裕懋修房考為陸檄二修試
義皆何雒文代筆敬修名在二甲選禮部主事傳臚之日
江陵自閣中帰飲酒懽甚忽傳兵部送緊急塘報至開函
內有柬云侍生公論拜賀老牛舐犢愛子嘗情野鳥為鸞
欺君太甚江陵大怒急索其人已亡去矣此四句宋人所

按允貞弟允中允貞俱有名允貞為諸生時副使王金州器之及鄉試金州戒門吏曰非魏允中弟一無通報傳已而果然時與廷蘭及無錫顧憲成俱以學首負高才稱三解元廷蘭允中廷蘭廷蔚出俱成進士所謂南樂三魏濬州三劉者也又案明史允中附允貞傳載此事作允中與廷蘭二人未之書又無袁萃名或者誤今正之

以刺秦檜者也　長洲徐泰時先是具金盒玉盞等贄見江陵稱門生録文三首呈教吳縣以會試主考入辭江陵江陵以徐文授之曰此貴鄉孝廉也文字儘去得吳縣唯唯而出及查文面葉則失署徐名吳縣厚賂其閽人及小史始知為泰時遂得中式

是科長洲伍袁萃南樂魏允貞（中）福建劉庭（廷）蘭並舉鄉試第一皆尚氣節目擊江陵專横奏記吳縣勸其從中主救吳縣閲之點頭徐曰諸君之意美矣還須善藏其用勿得艸艸吳縣一日在閣中江陵問曰聞新進士中有三元會知之乎每日取邸報互相評騭甚至聖旨亦俱加圈點皆貴

門生也吳縣曰不知也是為誰江陵指此三人以告吳縣曰此皆迂腐書生耳江陵意乃觧

九年正月命簡詞臣四員分番入直

江陵欲驟進用其子特疏請令翰林諸臣分番入直上允之

華湖廣右叅議嘗三省職為民

三省條陳時政忤江陵意遂奉嚴譴

禮部尚書萬士和罷

士和不附江陵給事中朱南雍劾其衰老不堪重任遂罷

大計京朝官

時吏部尚書王國光左都御史陳炌考功郎中孫鑨清為政悉取六年內建言得罪諸臣詳列察典甚至以進士被譴未曾授職者亦附焉南京則南吏部尚書何寬右都御史陳瑞考功郎中李正為政黜趙世卿等世卿前以兵部主事建言劣陞楚府長史至是復羅察典

江陵一日侍講筵講官進講論語至色勃如也上讀作背音江陵從旁厲聲曰作勃字上悚然同列皆相顧失色及考註釋讀作背音者是蓋內侍伴讀俱依註釋而儒臣取平日順口字面不及深考耳此出于東阿所載述乃知江陵威福自恣不覺聲色卒露於幼主之前後來之禍宜其

萬歷壁獲編作心知江陵之功而不敢白其橫也薄新安之文而不能正其訛
非

及矣

江陵封公七十稱壽朝士爭為誦美之詞太倉王世貞歙縣汪道崑皆江陵同年進士咸有文稱壽而汪之文獨深當江陵意以此得幸王藝苑卮言有曰文煩而有法者于鱗也簡而有法者伯玉也而汪之名繇此鵲起伯玉道崑字也後王晚年嘗私語所親曰我心知績溪之功為華亭所壓而不能白其枉心薄新安之文為江陵所脅而不敢正其訛此生平兩違心事也

起陞鄭雒為兵部侍郎總督宣大山西軍務

任丘鄭雒有女國色也文選郎中蔣遵箴請委禽焉雒以

蔣籍在廣西路遠弗許適宣大總督缺維求少宰王篆轉懇之江陵蔣亦以婚事懇篆而托故不推及維再往求篆即以蔣婚為請曰老先生欲掌北門之管蔣郎中顧倫東床之缺維不得已諾之囑篆得相公一會為信篆即與蔣過江陵致維語江陵令家人尤七至維家致意維隨登江陵門叩謝而姻事遂諧不五日即有宣大總督之命維既以女許蔣始告其妻王氏王氏一聞慟絕仆地踰時始甦日夜哭不絕聲月餘而殂江陵語人曰蔣郎中太不近人情使鄭範溪涕泣而女於吳後維女同蔣歸廣西維每歲遣人視女女輒北向哭語極酸楚聽者皆為墮淚人歸以

告維〻惟有吾首拊心而已後屡經科道林材辛志登所
論劾云
四月癸丑特旨高文薦陞兵部右侍郎總督陝西三邊軍務
江陵票擬特旨不繇部推
福建巡撫勞堪殺原任刑部右侍郎洪朝選
洪朝選以勘遼藩事得罪江陵至是堪希江陵意殺之遂陞
左副都御史洪選妻朱氏訟冤疏云巡撫勞堪咨令同安
知縣金枝誣捏夫罪遽與奏牘旨命未下着把總楊昌言
帶兵二百名五鼓圍屋撞門迫夫徒跣扭辱驅行至縣星
夜鮮省三日夜馳五百餘里到省押發按察司獄送入重

囚檻中非法淩虐復幽置别獄夫死之後面目非人沿身發砲十指勾典大腸突出又謬言詐死延捱六日發漲臭爛方許収尸又将棺柩封置大中寺差兵環守不容臣男看視臣男望寺痛絶泣訴無門云

江陵奪情

萬曆五年九月大學士張居正丁父艱上命奪情視事

大璫馮保挾冲主操重柄江陵素卑事之新鄭既逐保德江陵甚凡事無不相呼應如桴鼓江陵聞父訃念事權在握勢不可已客與保謀奪情之局已定然後報訃次輔蒲州進揭即微露其一班江陵辭䟽即云守制是嘗禮小節

據史改

又云有非當之人然後有非當之事何惜訾議疏入漏下已二鼓昧爽特旨從中出留之香幣油蠟之賜以千百計内奄將司禮之命絡驛而至附耳躡踵江陵時作孳曲狀令小史扶掖内奄乃叩頭謝強之立而受云此頭寄上馮公公也次日給事中陳三謨等御史曾士楚等相繼上疏保留而江陵再疏亦竟乞留京守制以次子馳驛回籍營襄事矣

十月戊戌（子）朔彗星見西南長竟天大内火

丁（乙）巳廷杖翰林院編修吳中行簡討趙用賢刑部員外艾穆主事沈思孝各八十中行用賢發原籍為民當差穆思孝發

按江濤以九月丁丑聞訃十月戊子慧見乙巳廷杖四人越三日又杖進士鄒元標此言旬中誤乙卯日樹注俟攷正

極邊遠衛所充軍終身遇赦不宥

乙卯吳中行因變陳言畧曰頃者天象示異星變非常凡事必質之人心而安始揆之天意而順然後天變可消輔臣張居正乞歸守制是舉也萬古之綱常所繫四方之觀聽攸關皇上之所以必留與居正之所以不容不留其微權深意非圖神通方者未可告語夫宰予短喪孔子曰予也有三年之愛於父母乎王子請喪孟子曰雖加一日愈於已然則終喪正聖賢之訓也國家令甲庸人小吏匿喪有律惟武弁戎行則墨縗從事未嘗有以介胄之事處輔弼之臣即有往例可稽亦三年未終而非一日不去之謂

乃二輔臣具題之疏方以訃聞遽以例請謬矣臺省諸臣乞留諸疏實為贅詞尤昧成憲抑又謬矣丙辰趙用賢疏繼之畧曰查得楊溥李賢在先朝省毋還家賢既已回籍奉旨奪情未有不出都門而可謂之起復者也臣以為輔臣之抱痛抑鬱而不知伸其為干天和而動星象之大者莫甚於此臣因是而慼夫士氣之日靡國是之不明也夫國家之設有臺諫所以為紀法之司而任糾繩之寄非將迎逢合之為也今輔臣之留皇上主之亦既有成命矣烏用是嘵嘵者哉背公論而狥私情蔑至性而倡異議臣誠臣誠不知其可也穆沈思孝同疏畧曰居正有父之喪朝

廷援例奪情勉留曾不踰時而彗星突見光至數丈漸逼中天臣等相與拊膺對泣意在廷之臣必有能指陳綱常大義以感悟聖衷者詎意附炎鄙夫御史曾士楚給事中陳三謨干犯清議望風保留致使人心長死舉國若狂綱紀風俗將大壞而不可止矣伏乞皇上速聽居正奔喪守制以全忠孝大義則綱常植而朝廷正百官萬民莫不一於正尚何災異之不可弭哉三疏連上江陵大怒禮部尚書馬自強曲為求解江陵跪而以手撚鬚云公饒我公饒我掌院學士王錫爵徑造江陵喪次為之求解江陵曰聖怒不可測錫爵曰即聖怒亦為老先生而怒江陵屈膝於

地舉手秉刃作刎頸狀曰你來殺我你來殺我錫爵大驚趨出中行等遂受杖即日驅出都門同官不敢候視穆與思孝杖畢加鐐鎖且禁獄遲遲三日始食鮮發戍更辛楚云 修撰沈懋學貽書工部尚書李幼滋云師相之去宜決臺省之留宜止幼滋答云以若所言宋儒頭巾語此宋之所以不競也今師相不奔喪是聖賢之道直接揖遜征誅而得其傳者若豎儒腐生安能知之 左都御史陳炌致書馮自強云師相之事公卿宜乞留宗伯亟倡之疏上慎勿遺我名時炌病甚請休沐已久自強書其扎後云此老之病必不起以其心之先死也

廷杖刑部觀政進士鄒元標八十發謫極邊遠衛所充軍遇
赦不宥
元標疏畧曰臣於九月二十六日聞張居正三疏乞恩守
制皇上三留之意必再四懇求必得請而後已何求歸之
情未切暫留之疏遂上臣讀此涕泗交流冀當言責者有
言今不惟不言且乞留矣臣讀居正疏云有非常之人然
後有非常之事今有人焉於其親也生而不顧死而不葬
人不曰殘忍則曰薄倖不曰禽獸則曰喪心可為非常人
乎又曰不顧旁人之非議豈惜匹夫之小節三年之喪可
謂之小節乎伏讀皇上諭曰朕學尚未成志尚未定先生

若去前功盡矣今居正丁艱尚可挽留耳脫有不測陛下之學且終不成陛下之志將終不定耶居正一人不足惜後世有攬權戀位者輒援居正故事甚至竊窺神器遺禍深遠有難以盡言者矣抑臣又有深恨焉國家以言路付之臺省事係綱常悉陳無隱默而不言猶謂曠職及觀御史曾士楚保留一疏不勝驚愕公論倒弛蓋至於此夫今日上疏保留輔臣者士楚也臺臣倡之明日上疏保留輔臣者陳三謨也省臣效之士楚身服豸繡心同犬羊臣竊謂不斬士楚雖死不瞑目也元標具疏入朝適廷杖吳趙四公標旁觀發憤切齒頓足俟杖畢然後詣會極門投疏

中貴持之曰若非上奪情疏乎盡以諸人為鑒卻給之曰我自上告假本耳自分萬〻必死有旨姑烙艾穆例廷杖八十謫邊遠充軍遇赦不宥謫貴州都勻衛

戊午上召見首輔張居正于平臺

居正聞喪三日後即平章機務於苫塊中二輔調陽四維曰〻造請內閣官送本票旨中貴就喪次問某人某事張先生云何居正俱不辭自廷杖五君子後遂襲冠帶於衰絰入閣辦事出朝房見客未幾衣緋繫玉預吉典云

革南京御史朱鴻謨職為民

鴻謨疏畧曰吳中行等五臣皆以狂妄自棄明時謫戍者

未卜生還之期削籍者永絶國門之望萬一不幸溘先朝
露上傷陛下好生之仁下沮忠臣敢言之氣非所以勸臣
工示來世也
降南京右僉都御史張岳調外任用
張岳疏懇乞聖恩俯全元輔忠孝事畧曰臣見兩臺諸臣
公疏懇恩勉留臣豈敢阿私所好同聲附和哉伏讀聖諭
元輔受皇考付托輔朕幼冲安定社稷深切倚賴豈可一
日離朕夫陛下之所以不可離者不過為天下扶植綱常
以安社稷保蒼生重計而君臣父子之間其為綱常孰大
於此以安社稷保蒼生又孰大於此有吉着自陳遂降調

外任後有希江陵意者劾其在南京違例濫費諸事復着
冠帶閑住
時南京六卿六科群疏乞留尚書潘晟給事中王蔚為之
倡惟岳與鴻謨有二疏稱朝陽之鳴云　江陵後寄揭請
黜潘晟余有丁入閣給事中王繼光御史雷士禎王國各
疏叅晟晟辭有旨以新銜致仕
操江右僉都御史胡檟太平府同知龍宗武殺寧國生員吴
仕期
仕期遊學南京聞江陵不奔父喪杖黜建言諸臣擬上一
書於江陵勸其當為天下一品人無徒為天下一品官宗

武緝知之申呈操院胡檟〻寄報江陵江陵有竟行處死
之語宗武遂通寧國府推官史元熙寄拿仕期適蕪湖黜
生王律偽為海瑞指斥江陵奏稿刊刻傳賣宗武亦指為
仕期所作監蕪湖縣獄七日斃之仕期在獄中著畏法省
心亭賦長歌一篇又自奠文一章詞極淒楚天下聞而悲
之
六年二月庚子上大婚遣英國公張溶少師大學士張居正
恭送皇后王氏
給事中李涑疏言大婚吉禮居正不宜預事上特重其事
命與溶同送　時山人毛有倫在都門見居正緋袍逆后

題詩有市人不識宮袍色只道啼鵑血滿襟之句江陵聞
之將有吳仕期之舉有倫先幾遁去不知所終
三月甲子大學士張居正給假歸葬
是日上遣太監某卯送江陵途中特製安輿一乘舁者百
餘人儀從文數百人真定知府某吳人也令吳廚治具江
陵為之一飽所至必口真定守賢錄是所至必覓吳廚吳
下應募者一空既抵家合省官俱來會葬巡撫陳瑞獨披
孝巾進拜惟巡按御史趙應元不至為掌院陳炌劾罷江
陵葬父畢陳瑞荊南分巡道副使　文煒恭請閱武江陵
衣蟒南面坐如大閱禮不勝僭侈云

四月庚戌差官催取大學士張居正來京
五月丙申召見大學士張居正于文華殿西室
居正抵都門上遣太監何進仁聖遣太監馮明慈聖遣
太監馮琦出城郊迎次日召見
華戶部員外王用汲職爲民
用汲疏畧曰臣近讀邸報見張居正准假婦葬事竣恭陳
謝悃疏内叙四月十六日葬父於大郫山之原巡撫陳瑞
鄖陽撫治徐學謨及地方司道等官畢來會葬等情獨巡
按御史趙應元不叙臣竊爲臺中有人慶矣數月後應元
有患病乞婦之疏掌院陳玠求媚輔臣遂恭論其托病乞

休大肆欺罔夫疾病人所必有自祖宗至陛下凡告病者皆准其回籍調理所以恤臣下委曲之私而示聖朝寬大之政也即炌在世宗朝亦養病家居十餘年矣後稍夤緣攀附按置要津以退為進宜莫若炌也已則行之而反以責人何以服天下之心又如舊歲星變示警奉旨考察所以應天變也而不知所懲抑者半為不附輔臣之人翰林習孔教則以進士鄒元標之故禮部張程則以御史劉臺之故刑部浮躁獨多於他部則以艾穆沈思孝之故而所往來尤密者蔡文範也考後劣轉趙志皐則以吳中行趙用賢之故而同事諸館職亦且人無固志也苟得輔臣之

心則雖經論列之潘晟且得不次擢用苟失輔臣之心則
雖才名素著之張岳難免不及降調臣不意陛下以為消
災弭變之舉而僅為輔臣酬恩報怨之私不但輔臣而凡
附輔臣者亦且得各酬其私矣可不為長太息哉有旨責
其越職妄奏懷奸比黨革職為民
九月上命太監魏朝伴送大學士張居正母趙氏來京
比至上又遣太監李祐兩宮聖母亦遣太監張仲居李用
各勞于郊外賜賚有差　趙氏家居巡撫陳瑞以子弟禮
請見所侍小奄在側趙氏向瑞曰煩看顧他瑞起立對曰
公公乃能看顧陳瑞陳瑞安能看顧公公其無耻如此

七年十一月上召見大學士張居正于平臺

先是司禮監官傳奉聖諭少師張先生在京守制忠孝兩全今當服滿朕心欣慰特賜玉帶一條大紅蟒衣一襲金執壺一把金盤盞一副用示眷知二十五日候朕于平臺召見以後朝參經筵俱照舊行先生欽承之故諭

江陵覆車

孔子論鄙夫曰苟患失之無所不至矣朱子釋云小則吮癰舐痔大則弑父與君皆生於患失而已旨哉言乎以觀於江陵之時何其信而徵也江陵結巨璫為內援玩沖主於掌中大柄在握威福自恣勢不能一旦舍而去之權位

為重則父母為輕奪情之事固必至之勢也獨不念鬼神禍盈火中寒暑乃退乎忽焉無祿隕世泡影滅而氷山摧施生僇死青史炳然斯亦何堪焉語云前車之覆後車之鑒可不慎哉

萬曆十年六月丙午大學士張居正卒

先是有獻玉美人者江陵示其私人曰天下果有姣好女子若是者乎其人曰願為師相覓之因遍處物色半年始得其人售以八百金厚其裝奩護送至京師江陵嬖之甚稱為九太太録是怠於政事矣江陵素患熱症毒發於頂雖嚴寒不戴煖耳惟入朝則暫戴焉至是屡服煖補之劑

毒復發又復服陰凉之劑以散之遂患脾瀉而卒馮保令徐
爵索其家名琴七張夜明珠九顆珍珠簾五副金三萬兩
銀十萬兩其他珍玩尤多俱江陵子簡修親送至保寓
江陵病時兩京大小九卿科道庶僚咸祈禱備至舉國若
狂甚有再三舉者尤有備諸醜態者兩都人士傳以為笑
御史朱璉與陳三謨曾士楚輩諂媚江陵不勝其醜朱璉
往弔江陵袖孝巾以往入門時披戴之班役皆為掩口
立岳錄亞卿左遷叅政數辱遺江陵嘗以黃金製對聯饋
之云日月並明萬國仰大明天子丘山為岳四方頌太岳
相公江陵喜懸之座右將還其故物會病卒不果而立竟

以布政罷歸
是年御史錢岱巡按湖廣辭江陵江陵故令幼子見岱岱
盛譽其文學比至湖廣先期差人至京迎請江陵幼子回
省就鄉試人謂江陵不死其幼子必連登三元此權勢之
所必至者
丁未上遣太監張誠視喪賜銀鈔等甚厚
吏部尚書王國光題太師張居正稟性忠直賦材貞越正色
以正朝廷矢心而康庶政精神洞鑒乎宸衷勳名遠播於夷
夏應贈上柱國廕一子尚寶司丞報可
七月甲申上命太監陳政護送已故大學士張居正母趙氏

歸里

九月降調南京御史郭維賢外任

維賢疏薦吳中行等有旨吳中行等前俱奉旨斥降永不

敘用郭維賢輒敢黨救奏擾着降二級調外任用蒲州所

票

十月吏部尚書王國光罷

御史楊寅秋劾國光欺君蔑法箝制言官等六罪有旨王

國光欺侮君上蔑視法制本當重治追究念係大臣姑着

冠帶閑住

降調御史張問達外任

先是御史曹一夔疏劾王國光及張四維四維乞休文書
官孫斌賫捧聖諭至四維寓王國光欺肆卿亦未知朕亦
不信宜安心佐理不必介意曹疏留中至是問達復論之
奉旨前輔屢疏乞休已有旨慰留張問達如何妄行瀆擾
本當重處姑從輕降三級調外任用

十二月降發太監馮保于南京

御史李植劾馮保當誅十二罪有旨馮保欺君蠹國罪惡
深重本當顯戮念係皇考付托効勞日久姑從寬着降奉
御發南京新房閑住還賞銀一千兩衣服二箱伊弟姪馮
佑等都着革了職為民張大受等降做小火者發去孝陵

司香

馮保操東諸奄過甚諸奄怨之江陵既沒保頓失外援有張宏者令其客樂新聲寄示意於外廷李植遂進此疏：：入保適休沐在私宅上躊躇不即發群奄力聳之上曰馮伴：來奈何群奄曰既奉皇爺處分渠怎敢來乃下植疏遂有此旨

吏部尚書梁夢龍工部尚書曾省吾吏部右侍郎王篆左副都御史勞堪俱罷

王國光去位梁夢龍代御史鄧鍊劾其鑽刺卑諂給事中王繼光劾省吾欺肆奸貪御史李廷彥劾王篆貪縱交結

給事中孫瑞劾勞堪險惡異嘗俱上疏乞休有旨准回籍

十一年正月起用原任編修吳中行等

去歲御史孫繼先疏請録用建言諸臣編修吳中行簡討趙用賢員外艾穆主事沈思孝進士鄒元標及余懋學趙應元傅應禎朱鴻謨孟一脉王用汲郭維賢有旨朕一時悮聽奸惡小人之言以致降罰失中這本内有名建言得罪的起用郭維賢着復原職至是吏部尚書嚴清題覆吳中行等俱復除原官鄒元標回部聽選

籍沒馮保張大受楊舟徐爵等家

去歲御史江東之疏論徐爵等罪惡下鎮撫司究問至是

此下疑闕脫

籍没

禮部左侍郎陳思育罷
　給事中陳與郊陳煒各疏劾思育營私黷貨貪縱宣淫彼
　論強辯等事遂罷歸
南京右都御史陳瑞罷
華左僉都御史王宗載等職爲民下法司提問
　御史江東之劾宗載同遼東巡按于應昌共謀殺劉臺以
　快居正之心有旨王宗載于應昌附勢枉法殊爲殘忍着
　法司從公擬罪來説
卹贈原任御史劉臺光禄寺少卿
　御史趙楫疏請至是部覆

除修撰張懋修等名（詳具前）

十一年五月革刑部右侍郎胡檟叅議龍宗武職聽勘

南京御史孫維城疏論胡檟宗武誣殺吳仕期之罪有旨

這事情着該地方撫按官從公查勘明實具奏

革原任左副都御史勞堪職聽勘

原任侍郎洪朝選妻朱氏訟寃疏故（疏見前）

七月起補趙世卿為禮部郎中

給事中周邦傑王三餘各疏薦

三邊總督高文薦罷

左都御史陳炌罷

先是南京御史于有年疏言張居正回籍葬父湖廣合省官員不遠千里皆來予送獨巡按趙應元不往及差滿告病忤反恭應元縱恣欺罔革職為民繇是衆心不平人言嘖嘖王用汲因而具疏蓋一時忠憤所激也乃被忤挾私中傷并坐為民同一忤也知嚴氏之稔惡必敗則故退處以賣名見居正之勢焰方張則甘附和以固位惟患得而患失遂殺人以媚人褫職正法庶快人心有旨責其詆謗妄躁至是南京御史郭維賢復論之遂罷

八月奪朱希忠張懋王贈

南京給事中余懋學疏論張居正蔑法狗私擅贈二人為

王殊非國制有旨張懋朱布忠雖有年勞原無建立奇勛
例合只依本爵豈可妄乞濫受這贈王都着追奪了謚准
免革
授進士鄒元標為吏科給事中
謫王宗載邊衛充軍
刑部題邪臣殺人媚人等事覆劉臺一案有旨這廝每挾
私枉法陷害無辜險狠可惡王宗載主謀殺人律應反抵
着發邊衛充軍于應昌仍勘虛捏姑依擬與陳伸劉伯潮
都革了職為民張崇方周于德俱降一級調用陳柱薛思
敬着遼東撫按官提了問謝熠監候處決

十二年正月革給事中陳三謨御史曾士楚職為民

御史張文燿劾三謨士楚卵伏遺奸汚衊臺諫奉旨陳三謨曾士楚附勢滅倫有玷臺諫都着革了職

士楚保留江陵奪情為御史首倡後差蘇松巡按語人曰吾何面目以見吴趙兩年兄遂引疾歸則良心終在若今人必反此以鳴得意且必備極炎凉諸惡態則又士楚之罪人也

革江西巡撫曹大埜原任御史朱璉林應訓職為民

御史王九儀疏論大埜假諫章以濟私阿權臣為捷徑所當罷斥原任御史朱璉阿意權僕無異大羊所當併論追

寃又御史李載陽疏論原任南京御史林應訓附勢壞法
有旨俱着革職為民
革南京給事中王蔚御史傅作舟職為民
南京御史李一陽以奏劾至是吏部題覆
革原任侍郎勞堪御史張一鯤職為民御史錢岱降調用
先是左副都御史丘橓條陳疏内一款乞均處邪媚之臣
江西巡撫王宗載及巡按于應昌致死劉臺宗載已遣戍
矣應昌不但同謀而又下手乃止罷其官福建巡撫勞堪
致死洪朝選與宗載俱為君正鷹犬殺人獻媚今宗載遣
戍堪止罷官是二者俱為失刑郭思極為監臨官而寄中

居正之子懋修林應訓張一緄為監試官而客中王篆之子王之衡錢岱為監臨官先期請居正第六子回籍應試會居正病故不果而客中王篆之子王之衡此其懷私作弊皆同今二家之子及郭思極林應訓俱斥一緄錢岱猶係籍班行曹一夔身為御史盛稱馮保為顧命大臣朱璉又認馮保為義父結尤七為義兄止於罷官是尚有綱紀耶至是吏部尚書楊巍題覆有旨這各官查明議處停當勞堪不必再勘與張一緄俱革了職為民錢岱降三級調用

勅令禮部左侍郎何雒文致仕改調兵部員外嵇應科等

御史丁此呂疏論鷹犬主司如陳思育曹慎劉志伊諸人既次第削籍矣猶有丙子科為張敬修房考者今兵部員外嵇應科主考則許國也庚辰科為懋修房考者今山西提學陸檄為敬修房考者今河南參政戴光啟主考則申時行余有丁也壬午之役居正死矣乃餘威所及王之鼎則主考修撰沈懋學也又嗣修懋修及第制策皆侍郎何雒文代筆又如侍郎高啟愚己卯主試應天輒以舜亦以命禹為題此居正逆萌也蓋人心為其搖惑也甚矣至是吏部題覆有旨何雒文着以原官致仕嵇應科調外任用陸檄改調別用沈懋學戴光啟留着用此

呂處分具後

革原任侍郎王篆高啟愚職為民
南京給事中劉一相劾啟愚傾知奸臣王篆習知張居正
厭稱伊周乃為舜禹禪援圖以媚居正故出舜亦以命禹
題有旨王篆附黨獻諛黷法亂政高啟愚出題謬妄附媚
干進本當重處姑炤前旨革職為民當差原給誥命都着
追奪了

四月籍沒已故大學士張居正家
刑部題覆遼莊王府次妃王氏疏奏　旨張居正侵盗王
府金寶伊父占葬王墳掘毀人墓罪犯深重你們如何通
不究擬着太監張誠侍郎丘橓給事中楊廷相都指揮曹

應毋前去會同撫按官炤查本内王府倉基房屋并池湖
洲田及一應財産都抄沒入官變賣鮮京原占坟地仍帰
湘府軍較管守積欠課稅并追完納還將王氏奏内金銀
寶玩等物務要根查明白一并追觧如有透漏容藏庇護
的拿來重治差去官員還寫敕與他并將遠府廢革情繇
從公勘明上緊奏報定奪張順等撫按嚴行究治趙賢等
着吏科查叅來
癸
胡檟龍宗武各邊衛永遠充軍
刑部題邦臣獻媚等事署部事左侍郎舒化左都御史趙
錦會議胡檟龍宗武戕殺吳仕期一案除大理寺少卿王

用汲議稱引例欠合不敢預題及不列名外合炤王宗載事例將櫝與宗武俱發邊衛充軍終身以為獻媚者之戒有旨吳仕期詐傳詔旨既已誣拔胡櫝龍宗武曲媚權奸朋謀故入以致獄斃着依未決減等律各發邊衛永遠充軍王律既畏刑妄招也着饒死發遣

大理寺少卿王用汲疏乞究明殺正士以彰國法以肅臣紀事胡櫝一案臣議與諸臣不合既不敢預題矣豈容喋口旁觀故輔張居正貪固權位不丁父憂吳仕期具書力詆其失值家人病故書不果上刻刷傳布王律假托今起用侍郎海瑞姓名具疏勸皇上許其守制事雖不經亦借

是以浅公憤耳苐後云海瑞先帝之直臣也着所在官司
以禮登請沿途有司迎送至京推用則歩於明旨矣操江
胡櫝欲獻媚居正廉知前事遂行太平府同知龍宗武展
轉窮究鍛鍊成獄胡櫝一面揭報居正一面具疏上請居
正回扎云若出縉紳不容不参若出别項奸徒廉實處死
可也前疏封還宗武得處死之言遂用片紙硃寫操院要
打仕期一百板数字着馮縣丞客示仕期仕期自知難免
捶足號哭親撰奠文詩歌自祭至於咬衣嚙襪而七日死
矣仕期之冤如此櫝與宗武之朋謀殺人如此謹按奴黨
律條内云若刑部及大小衙門官吏示批法律聽從上司

官主使出入人罪者罪如之亦謂如上條律斬妻子為奴
財産入官之文也胡櫝非主使之上司乎宗武非聽上司
之使乎仕期非其所入之人乎議此獄者當云龍宗武除
故勘及并去衣食輕罪若等不坐外合依聽從上司官主
使出入人罪與胡櫝各斬妻子為奴財産入官但胡櫝三
品大臣在應議之條應否末減伏候聖明處分則執法於
上可依議惟謹矣今撫按屈坐王律而以宗武擬徒因為
失刑三法司會議薄坐王律將胡櫝宗武擬遣不知所引
者為律乎為例乎臣不知其何據也奚但五十步笑百步
而已

此疏雖不行而詞嚴義正直可寒奸佞之胆於時論者無不壯王之讜論而恨宗武之漏網也後宗武永戍廉州衛長洲伍袁萃為雷廉兵備詢宗武則着伍僅兩月歸矣伍乃移檄江西湖西道捕之檄內有昔幸脱兩觀之誅今復逭三苗之竄批鱗義士尚尊君命而投荒舐痔邪臣反藐國憲而離伍等語宗武素驕氣盛見檄且憤且恐遂發狂疾號呼奔走自投廁中食穢物醫治罔痊一日大呼海北道來拿我繞屋而走其次子視之以鐵鎚擊碎其首死而宗武亦仆地久之乃甦抱尸大哭曰孰殺吾子家人語之竟弗知也而狂疾亦不復作矣宗武四子惟此子在學有

名噫豈非天哉食穢物者食衣穢之報也殺己子者殺仕期之報也仕期諸生中有名此子亦有名又正相當云

刑部題張居正在京庄房值價一萬零六百七十兩

刑部右侍郎丘橓題查張居正原住宅內金二千四百餘兩銀十萬七千七百餘兩金器三千七百餘兩金首飾九千餘兩銀器五千二百餘兩銀首飾一萬餘兩玉帶十六圍蟒衣紬段紗羅珍珠瑪瑙寶石玳瑁尚無的據又張敬修自惧縊死曾省吾王篆傳作毋寄銀三十餘萬云

丘橓雖狷介自持然胸次淺隘好為名高不近人情其任給事時湖廣巡撫方某餽之五金疏發其事方以此去官

人頗不直之遂謝病歸里居鄉力卻上官餽遺而多負國
稅縣令某惡其矯積其所卻餽遺數十金請於兩臺以抵
其逋稅公大慙方其在告有薦之江陵者江陵曰此君怪
行非經德也終不肯起江陵歿公秉政覆之甚悉于東阿
有書致公末云江陵太夫人在堂年八十老矣纍然諸子
皆書生不涉世事籍沒之後必至落魄流離可為酸楚望
於事寧罪定疏請於上乞以聚廬之居恤以立錐之地使
生者不致為欒卻之族死者不致為若敖之鬼而惜乎公
之不納也未幾公之子進士君旋沒公亦遂殂竟至乏嗣
大學士申時行題懇恩保全舊臣餘孽事有旨張居正大負

恩遇禍遺及親伊母八旬垂斃失所委為可憫着撥與空宅
一所田地十頃以資養贍

科場黨緣

自江陵以科第私其子蒲州因之於是公論沸然爭者伏
義執言受者文過飾非幾不成政體矣按今甲三品以上
京堂子孫弟姪不得入臺省宜炤此例現任輔臣子孫弟
姪俱不得應鄉會試俟去位乃聽如此則才者得以自見
而不蒙冒進之嫌不才者無以自達而不妨登明之路即
端揆元老亦何至與二三小臣交口爭辯以傷大臣之體
哉雖然科場之蒙議非一而實有辨有為勢屈者如蒲州

之子是也有為同列排擠者順天之焦是也有為門戶修怨者壬子之王是也夫至以科場為排擠修怨之具人心益山川不可問矣

萬曆十一年二月會試以余有丁許國充考試官取中李廷機等閣臣張四維子張甲徵申時行子申用懋俱中式俱在秀水沈自邠房中

御史魏允中疏論四事一曰公文武之用二曰嚴科舉之防三曰慎臺諫之選四曰務戰守之實內科舉一款云張居正厭薄蔭典垂涎制科考試等官窺瞷意向全場題目或自擬呈覽或頒教擬成居正諸子得倩人代作監試官又加意謄

硃諸子後先及第海内人士無不憤歎以為二百年科考之
制壞自今日請輔臣子弟中式者如張甲徵申用懋其廷試
牘卷比照内外官引嫌迴避事例其有懷才抱志堪及第中
秘者候輔臣退任以後聽從自便等云有旨這本漫逞私臆
語激過當着都察院參看來說
户部郎中李三才疏主聖臣忠等事申救魏允貞有旨魏允
貞方奉旨參看尚未處分這廝輒敢出位妄言窺探上意好
生黨護欺肆本當重處姑從寬降三級調外任用後補東昌府推官
後都察院看上有旨魏允貞降一級調外任用補許州判官
大學士張四維申時行各上疏辯理請罷甲徵用懋回籍待

臣等去位後補廷試有旨不允
魏允貞號見泉即魏廣微父也李三才號修吾即淮撫也
時錫山顧憲成請於吳縣曰近來直言之士不乏相國亦
率能優容但科場事鮮有指及者以此爲執政所諱不敢
犯也今獨見泉奮言之比得嚴旨人人袖手旁觀獨李修
吾抗疏固爭竊以爲此兩人方是真能直言相國能於此
兩人優容方是真能優容願熟思之吳縣曰君言固是第
有張老先生爲主裁吾不得而強也顧怏怏而退無何蒲
州以憂歸吳縣謂顧曰向所言魏李二君欲爲一處何如
顧喜曰老師發此一念宗社蒼生實嘉賴之時顧與孫鑛

同在選司因言及之鑛曰昨正商之申相國相國欣然曰是吾心也顧曰今方新推堂翁楊海豊後卻申相國美意矣即日具疏允貞陞南京吏部主事三才陞南京禮部主事一時翕然稱相度爲已而允貞尋陞光祿寺丞比三才考滿至京吴縣復為言之吏部陞山東僉事馴至大用兩人遂為門戶領袖

十四年四月南京給事中王嗣美疏參修撰沈懋學主試應天除丁此呂糾論王篆子王之鼎外尚有狄獻明賀學理王尚行劉士理包文熠五人又云進場之日文熠與人攜宴棲霞等處游玩及至揭曉文熠之名儼然列榜中矣文熠提學

包樫芳之子也又劉士理江西安福人也先經其兄劉士瑗
在浙場中搜簡同房中楙學之弟楙莊彼時感激謝以千金
及壬午士瑗再入浙場相約互中其子弟本官南場中其弟
士理而士瑗在浙場索其子卷累日不獲竟不得中楙學恨
其背盟與之大哄士林咸爲掩口云有旨科場取士公典禁
例甚嚴若納賄行私果有實跡法當重究本内有名舉人除
已革退外着該撫按提鮮來京該部院會同科道官于午門
前覆試研審務要的見虛實請旨定奪沈楙學着革任聽勘
賀係按察使賀一桂子
七月二十八日禮部題請覆試狄獻明等四卷平通惟賀學

理學黜華
十六年八月命右庶子黄洪憲等為順天鄉試考試官取中
王衡等
衡太倉相公子也先是洪憲奉主試之命究上衡文重任
聞命惕衷一疏入頗疑之及榜出而王衡為鮮元墨卷中
庸篇外簾官袁黄有潤色二比親筆在內為禮部主事于
孔兼親為標出揭送該科比出闈文有搶失硃卷之事
順天監試御史毛在題八月二十八日臣等同提調二臣將
墨卷扛入內簾查對主試二臣先定字號卅榜比對硃卷拆
號填名字畢將硃墨卷各一百三十五號付該府查收臣等

一同出闈見朝其掌收試卷者順天治中張汝紀也當因禮部司官入闈封鎖房舍棍徒混進搶失硃卷五十餘卷相應查究有旨張汝紀罰俸三个月

按拆號填榜必硃墨二卷比對相同拆號畢必束二卷為一以付收掌試卷官硃去墨存而名為搶失事理甚不足信也

御史毛在疏叅新建縣監生李鼎改名中式踪跡可疑又屬大壯鄭國望任家朝俱洪憲私入

禮部郎中高桂疏叅李鴻屬大壯鴻吳縣人首輔婿閱節有因字

十七年正月降禮部郎中高桂三級調外任用
禮部主事于孔兼疏臣奉本部扎委磨勘順天中式硃墨卷
内閣得李鴻首篇有經典不載之字屠大壯三塲多怪别難
觧之詞臣既奉堂委則職掌攸關若不標明則跡同欺隱即
時呈稟本堂復批送禮科聽其覆閱且以會同題叅非臣所
敢預也乃不意主客郎中高桂言之桂之指摘雖不盡出臣
之所簡舉而李鴻屠大壯實係臣之所簡明今桂以言被謫
臣乃以默見容臣亦何顔叅清班列郎署哉至於御史毛在
叅論高桂未及於臣謂已不發覺而托之科臣科臣不言而
托之部僚則過聽矣夫臣子惟求自盡批閱本無成心自反

終無悔意有疑於心而扶同隱默臣不敢也已實開端而全軀自保臣不安也因閱卷而興謗借人言以反射昵私親而逞私臆巇同鄉以媢同鄉臣不甘也御史言事許以風聞今文字顯然不曾風聞矣乃不疑取卷者之通竇而反謂勘卷者之吹毛不直發夤緣倖中者之有神而反嗔懟直敢言者之無忌此又臣之所不解也伏乞將臣與高桂同行罷斥有

旨司屬官無自陳例于孔兼姑不究

順天庠生梁仕弘者以美名都人有梁嬌之稱政府奴某嬖之因薦於黃洪憲黃亦嬖之戊子黃主順天鄉試仕弘夤緣入彀與王衡李鴻等俱被論奉旨部院會同覆試大

宗伯朱賡以疾辭總憲吳時來獨主其事槩得免黜其上
疏力爭高桂等降謫而饒伸至下詔獄太倉相業所以不
滿於士論也
按是科嘖有煩言匪盡無因苐王衡春秋名家實堪冠冕
識士而不免誅求者則相公累之也李鴻關節未知虛確
然乙未則幾失而復得即無關節猶中也并附記於左以
見得失有定數焉
乙未會試南昌張位為總裁官拆號填榜李鴻中式本房
某請於南昌曰願易他卷南昌問故某云係吳縣相公女夫
理應避嫌南昌曰信如君言不但相公子弟不當讀書并

相公女夫亦不當讀書矣豈有此理監試御史某從旁冷笑南昌曰君何笑御史曰相公女夫豈有中理南昌大怒曰若相公女夫不應中式則不應入場罪在監試官既已入場則内簾所憑者文而已矣怎知是李鴻不是李鴻御史曰請借文字一看〻畢曰文字也中不得南昌曰衡文内簾職也與外簾無預隨取鴻卷與各房同考官請看此卷中得中不得各房俱云文字優通中得南昌曰若有議論學生一人承當不以相累李遂得填榜使非南昌者李被斥必矣李後期有以自見謁選江西上饒知縣力與礦奄相抗為奄所劾革職為民

二月刑部主事饒伸疏畧曰邪臣所為因上行私者莫如科場之弊而人心所為憤恨不平者亦莫如科場之弊臣有慨於中久矣自舒鰲何雒文中張居正之子猶以為駭也及二子連占科名而輔臣遂成故事於是戴光裕沈自邠並收二相而恬不知怪然未有大通關節毫無忌憚如黃洪憲之甚者謂一第不足以為重則居然舉首矣勢高者無子則録其壻利厚者非子則及其孫矣洪憲之情狀已見於陛辭一疏及拆卷對號反覆搜尋畫中所私而後已故榜出而人人切齒無不欲唾其面而詈其背幸有禮部之發其奸也據所指字眼關節雖才有可録猶當以徇私棄之況文理紕繆章章

如是而猶俱得保全臣恐皇上自此不復有國法矣聞覆試之日尚多不能文者總憲臣吳時來不分可否輒曰通得高桂面斥之而時來忍恥力爭竟爾朦朧擬請是始止一人為欺今則朋黨面欺矣此何可令後世見也臣又見輔臣王錫爵辯疏內舉祁熒為言夫熒之舉子自舉也豈嘗假手於人哉且字字斂戟其中有曰突出一高桂尤非大臣之語夫錫爵為相三年矣忠臣賢士悉被斥逐佞夫憸壬躍躋顯要今又巧護其私以陵轢正直欺誑皇上其勢又將為居正之續矣奉旨這科場事屢經各官條議積弊已革王衡等又經覆試若有欺弊同閱科道豈無言者饒伸這廝出位妄言排擊

大臣刁污輔相好生無禮顯然黨護高桂朋奸逞臆甚失國
體着拿送鎮撫司究問朋黨主使來說
後北司招上有旨饒他姑從輕革了職為民
二十五年十月禮科給事中項應祥曹大咸各疏糾發科場
大弊事應祥疏順天撒闈之日物議沸騰雌黄蠭起如第四
名曹蕃第十三名吴應鴻第二十六名張蔚然第三十二名
鄭棻等既多駭目驚人之句復有夤緣干進之跡大咸疏自
黄年黄洪憲獎孔決裂論者至今切齒不謂於今又有修撰
焦竑其人者吴應鴻竑同里也汪泗論竑塾師也曹蕃莫逆
交也鄭棻門下士也又如張蔚然丘夢周趙士麒語語荒謬

趙名言鄭宏才洗改硃卷此皆禮部覆閱塗抹最詳最確者
有旨該部看議具奏
修撰焦竑疏項應祥言涉風聞尚無意必曹大咸隨聲醜詆
意必逐臣科場舊規正考閱易書二經副考閱詩春秋禮記
三經如吴應鴻汪四論鄭棻皆正考全天叙所取臣無庸辯
惟曹蕃為臣所取禮記入試止有八十人臣偏加品閱蕃之
四經五策詞義獨勝是以首拔之大咸乃指其數語遽疑臣
與分考何崇業至有千金一擲之謗汪泗論選貢之雋也往
歲嘗為臣子授經三月而別臣不敢諱但書經分屬正考臣
安得而予奪之已而禮部題覆吴應鴻鄭棻黜革丘夢周張

蔚然終身不許對制趙士麒曹蕃等四名候三年部考定奪
汪泗論查舊例塾師無迴避之禁但萬曆十三年馮詩被革
一以塾師一以冒籍今泗論止係塾師與馮詩不同其應革
與否請自上裁焦竑等應候部院看議請旨定奪
後部院看上有旨焦竑何崇業俱調外任用
焦竑錄己丑狀元授翰林院修撰元子初出閣擇講官六
人禮部右侍郎郭正域詹事唐文獻諭德袁宗道蕭雲舉
全天叙及竑也講讀故事旅進旅退依經解義而已惟竑
講畢必拱揖而進曰臣等敷陳或有未備願殿下垂賜明
問東宮稱善自是每進講必從容叩擊應答如響是時膺

齡才十三聰明日啟竑之功為多太倉在政府迎謂曰此重任也我輩先年少着精神故到今扞格乃爾諸公看元子資向何如擇其近而易曉者勒成一書進覽方佳後太倉去國諸公不復措意惟竑纂集一養正圖說蓋采輯舊史故事繪圖演義擬以上進郭聞之不平曰當衆為之奈何獨出一手真謂我輩不學耶此書進後倘或發講將遂與古書並講抑書出一人之手我輩代講誰則甘之焦遂寢其書不復理後其子攜歸刻之南中將印刷數部寄至京即適大璫陳矩至取去一部呈御覽上亦稱善諸公大恚謂焦躁與援將圖大拜丁酉北試上越原推兩宮坊別

酌中志云矩購之坊肆進呈者

點用竑原推者愧悢媾南昌合謀以傾焦言官遂用科場
事糾謫南昌從中主之乃坐以文體之罪外調福寧州同
知
四十年十一月御史凌漢翀疏直發科場大弊事參順天主
考郭淐房考李一公曹燦王象春郤之麟及舉人劉琛朱良
材
閏十一月給事中李奇珍疏科場之弊宜嚴事參舉人張世
偉為覯政進士王象春所中約以三昰字暗藏四書大結作
関節當與劉琛等并勘
四十二年二月刑部題科場大弊等事問過劉琛等監候提

李師静等到日并房考曹烇李一公俱勘明再議朱國祚罰停三科會試張世偉革去舉人送國子監肄業三科後聽禮部覆試奏請定奪房考王象春降三級調用奉聖旨是

庚戌會榜宣城搜拔韓敬為第一而第二為新城王象春象春每歎詫柰何以宣城故使茗溪壓我諸推轂象春者亦云而科場之議適起敬黨謂象春實助劈焉壬子象春分考順天敬黨亦用科場事攻之又象春所取吳中張世偉名噪都下而家實貧甚先是張名動江南御史凌漢翀時為諸生以文請正張薄之弗為禮凌飲恨甚至是嗾李劾張〻罰停科而象春坐降調

定陵註畧卷之二

建言諸臣

隆慶六年十月革御史胡涍職爲民是年六月　神宗即位

先是慈慶宮小室火又有客星見於閣道之次胡涍因變陳言請放宮人久淹者内有唐高不君則天爲虐等語上覽之怒御經筵畢手其疏示張居正曰此指爲誰居正曰涍疏本爲放宮人漫爲此言心實無他乃止革職爲民

萬曆四年正月謫御史傅應禎邊衛充軍李禎喬巖調外任用應禎奏上陳膚見疏一曰嘗存敬畏以純君德臣聞新歲雷震端門獸吻地震於京師省直不下數次近日岷州

之報尤可駭異雖繇大小臣工失職曾未見下修省一語以回天意豈真以天變為不足畏乎要亦敬天之心未純也遣太監往真定抽印原非國初令典事刱於正統間先朝用李芳言停止前差地方稍稍蘇息今不能納科臣之諫必欲差往柰何効中朝失德故事豈真以祖制不足法乎要亦法祖之心未純也臣又聞科臣朱東光陳言保治不過一二語直切時事幾於觸犯雷霆奏本留中豈真以人言不足恤乎要亦側席求賢之心未純也夫三不足畏之說宋王安石所以悞神宗陛下肯自悞耶二曰請蠲賦稅以蘇民困三曰敘用言官以開忠讜近日南京小火者

張進醉辱科臣王順兩京科道交章論劾科臣趙參魯論之獨詳其間不無骫𩪩激烈之罪今將科道官罰治參魯斥為典史遠近臣民遂謂皇上庇內臣如此抑諫臣如此近日胡執禮裴應章之諫討馬趙煥侯于趙之諫抽印俱東閣不行非其明驗乎又南京科臣余懋學條陳五事其間不無指摘太過皇上將懋學禁錮終身不復再用遠近臣民遂謂朝廷諱直言如此逐諫官如此近日李盛春之請朝賀朱東光之請防微幾於不免非其明驗乎參魯懋學以諫見逐猶不失美名陛下因諫而逐二臣後世將以為何如主哉疏入上御文華殿講讀畢顧張居正曰昨傳

應禎以三不足之說訕朕欲廷杖之先生不肯云何居正
對曰此無知小人若論其罪死有餘責但皇上即位以來
聖德寬厚海内共仰此何足以介聖懷遂擬旨發邊遠衛
所充軍御史李禎喬巖皆有疏救應禎俱調外任

十一年十月降御史孫繼先曾同亨調外任

繼先疏論兵部尚書張學顏當劉臺巡按遼東顏為巡撫
殺降夷以冒功惟恐臺摘發其私及臺具疏劾張居正學
顏以為劾己也急拜臺以求免比臺直氣所奮遂叱之曰
豺狼當道安問狐貍顏深恨入骨逆入為戶部尚書遂撫
拾劉臺之事誣賍[illegible]兩揭之居正居正方欲甘心於臺行

之遼東為于應[illegible]勘者勘此贓也行之江西為王宗載所問者問此贓也臺遂百口無辨坐此死矣是殺臺者非他人學顏也有旨劉臺被誣事情各該官員都從重處分了如何又捏詞牽引排詆大臣孫繼先狂躁妄言姑降一級調外任用

曾乾亨疏再參學顏有旨曾乾亨本意欲黨救馮景隆却乃捏詞排陷大臣本當重治姑降一級調外任景隆係南京給事中前亦以建言被謫者

降給事中王道聽外任

道聽疏論張學顏有旨責其排擊大臣降調外任

謫南京御史孟一脉外任

一脉前以御史建言為民，癸未起原官。至是上疏畧曰：臣覩陛下數年以來，御用銀两歲額不敷，今日取之光禄，明日取之太倉，或以沉檀犀象為質，或以珠寶金玉為箱，周鼎商彝，秦鉈漢鑑，唐盂宋錦，汝磁宣窰，騈至沓出。財賦之出有限，嗜慾之費無窮，奈之何心腹不告病而財用不匱竭也。偹邊境以運手足，皇上知漁人乎？漁父舍餌以啖魚，其志将以得魚，未聞以餌養魚也。今以中國之文幣綺繡為夷狄之日用嘗服，名雖貢市，實則媚夷。邊臣假貢市以賂虜，虜每肆竊[illegible]以邀賞，彼此相欺以誑陛下極矣。有旨

器物等項專脩[illegible]供奉況發有內帑原不擾民孟一脈輕率瀆奏著調外任用

十二年正月降給事中鄒元標為南京刑部照磨

去冬慈寧宮災元標上非常災異懇乞聖明嚴加修省以答天心疏一曰保聖躬二曰親臣工三曰開言路四曰諭百官五曰節財用六曰拔幽滯詞意剴切有旨言官建白須識大體和婉敬慎豈可任意妄言鄒元標故以災異陳說內多疑君慫上本當拿問姑念言官著降三級調用

先是元標論劾禮部尚書徐學謨學謨出疏爭辨詞極忿戾反鄙建言廷杖為細行學謨政府姻婭也雖迫公論罷

歸而政府意不能堪至是假聖怒以逐之

革御史范儁職為民

儁疏恭陳膚議以光聖德等事一曰奉天道二曰防人欲三曰信詔令四曰定章奏五曰廣儉德六曰專事權七曰惜人材八曰養士氣九曰斥巧宦十曰清武職有旨朕躬方在靜攝這廝乃掇拾陳言輕行瀆奏全無愛君之心本當重處姑從寬革了職為民

五月降刑部主事董基調邊方用

董基疏請停止內操畧曰去年車駕還自山陵即聞皇上欲練兵內廷果[illegible]而簡選中官矣又無何而取用馬匹

矣至本月初五　議紛紛皆謂皇上是日幸西域閱營較射至夕乃罷夫兵凶器也内廷清嚴之地也臣謹按其當停止者有四一曰杜意外之變二曰養安静之福三曰止群小之怨四曰省無經之費有旨朕奉聖母恭詣山陵在内人後應擺設扈從的預行演習原無調動營衛及支取錢粮董基不係言官肆行瀆擾姑著降三級調邊方用

六月調南京御史郭維賢別衙門用維賢疏請罷内操有旨董基妄言已經處分了郭維賢如何又來黨救瀆擾着調別衙門用

十月降南京御史譚希思雜職用

希思先有隱憂未杜忠言當納一疏下南京都察院看議至是看上有旨本朝典故若不係頒行制書豈足憑據譚希思逞詞賣直誑言瀆擾既看問明白姑從寬着降雜職用

十三年正月降順天府通判周弘禴調邊方用

弘禴疏大臣交結內臣言官阻塞言路事兵部尚書張學顏被論屢矣皇上以學顏故逐一給事中三御史矣昨者御史張文熙之論劾事誠類於牵據不知揭害劉臺形迹昭著處分未及何以懲奸又學顏以同姓而結張鯨為兄弟二三言官指[illegible][illegible]顏不敢及張鯨者畏鯨在皇上左右

也李植之論馮保[illegible]意其為忠讜正直之臣豈知其陽假公義而隱為利禄者乎蓋植之論保乃張宏門客樂新聲為之謀主因論馮保結好於張宏更以張宏之勢誇脅同類其巡按順天要娼為妾風紀安在哉學顏附張鯨之宗而文固其位李植結張宏之黨而驟遷其官皆公論之所不容也朝廷以耳目之任付之六科十三道吏科者首垣也齊世臣既長首垣不能盡言奈何欲人之不言乃敢明阻建白顯蔑祖制而禁諸臣之言事乎今學顏之附張鯨李植之附張宏張鯨等之敢於竊權潛引外黨世臣豈不聞之而世臣不敢言也况前任吏科者周邦傑也又前者

秦耀也耀與钮傑俱當張居正之時耀則排陷攻擊甘為
鷹犬钮傑則依違觀望自同寒蟬今耀官太常矣钮傑官
太僕矣諫職無補坐陟京卿尚謂臺省可恃乎乃禁諸臣
之言事也往者嚴嵩張居正等痛恨部臣言事尚不敢明
立此禁畏有祖制在也何世臣之畧無忌憚一至此哉有
旨張學顏已屢有旨留用李植齊世臣都是好官如何揑
詞指斥周弘禴狂躁出位姑着降三級調邊方用

七月降御史龔仲慶外任

仲慶疏論李植等有旨昨有嚴旨令李植等即出供職這
斷如何又來誹[illegible]勝意圖報復姑着降一級調外任用

十月降南京御史王學曾外任用

學曾疏近接邸報該文書房官劉成口傳聖旨聞河南産有麒麟撫按官如何不奏臣仰見皇上之意不過以麒麟為瑞物止欲一見似於聖德盛治無妨但聞此麒麟産於光山托生牛腹次日即斃則祥者已為不祥矣撫按未敢奏聞皇上深居九重何繇知其産於河南乎無亦左右小臣以奇怪取悦聖心多方差人訪求於外為蠱惑計耳皇上獨斷之明雖不可無而從中之旨尤不可有此関於理亂安危之機非細故也有旨朕於異物原無好尚這麟皮偶一取視未嘗侈言禎祥舉行慶賀王學曾這廝故以蔓

詞遺擾要名取直既說左右小臣取悅何不直指的名姑
着降一級調外任用

史作十月

十四年九月廷杖禮部主事盧洪春仍革職為民
洪春疏伏覩陛下自九月十六以後連日免朝至三十日
司禮監傳奉聖旨朕前御門已於卯初起矣一時頭暈眼
黑力乏不興已諭卿等暫免朝講數日以便静攝服藥近
連服藥餌身體虛弱頭暈未止茲當孟冬時享太廟遣公
徐文璧恭代等云夫禮莫重於祭疾莫大於虛陛下春秋
鼎盛精神強固頭暈眼黑等症皆非今日所宜有而又因
以廢宗廟之大[illegible][illegible]下之心何安也然臣所聞尚有異於

此者先於二十六[illegible]傳旨免朝即聞人言籍籍謂陛下以馳馬傷額故引疾自諱夫果如人言則恣一時馳騁之樂而昧周身之防其為患也深若乃為聖德之累則均焉而已有旨廟享崇重朕每次親行偶因動火調理恐勿成禮故遣官恭代盧洪春這廝肆言惑衆沽名訕上好生悖逆狂妄着錦衣衛拿在午門前着實打六十棍仍革了職為民當差遇赦不用

十五年七月降刑部員外李懋檜調用

懋檜疏近日給事中邵庶因誠意伯劉世延之條陳而波及於言者已既不言又禁他人使不得言一時士類莫不

扼腕夫世延之言誠為無當且朝奏疏而夕乞恩亦足羞
者何乃因噎廢食至并他銜門而槩防之防人之口甚於
防川庶豈不聞斯語哉邇者雷擊朝日壇星墜如斗天變
示警於上加之風俗惡薄士庶驕横輦轂之間子殺父僕
殺主邵庶以為海内豈盡無可言群臣可遂依違洩忍默
默固位而已乎夫在廷之臣其為言官者十之二三而不
為言者十之六七言者不必皆智而不為言者不必皆愚
無論往事即如近年馮張交通權奸專恣其連章保留頌
賢稱美如陳三謨曾士楚者比比而是乃請斂折檻杖讁
以去者果皆出於言官乎邵庶復請堂上官禁止司屬此

又五帝三王之所未有而我朝律令所未載也有旨卲庶以言官論事如何反說他阻塞言路李懋檜這廝先次掇拾妄言未曾得志却又取名生事奏擾好生狂瀆着降一級調用

十六年閏六月降御史潘士藻邊方雜職用

士藻疏言當此民窮財匱之時大工可稍停以待豊歲燒窰織造可全蠲以昭儉德歲進銀兩可速停以佐軍儲金花銀兩可損羸餘以示節抑又人君順天道以時調燮理陰導陽使水當足當升火當伏當降故能保合太和永綏福履有旨連年各省災傷雖上之不德所致而設官分職

皆有寅亮天工之責近來言官歸過於上以賣己直好生
無君其於貪官酷吏欺弊壞法的不行訪查參奏外打死
生員囚殺無辜威激民變勢奪縣官此可回天意乎亦上
之不德乎潘士藻這廝故借天意肆言瀆奏好生無禮姑
着降三級調邊方雜職用不許朦朧推陞
十二月下給事中李沂于鎮撫司仍廷杖為民
李沂疏宦官之禍如正統時王振正德時劉瑾舞弄朝權
傾危社稷後雖萬死何足贖罪此我朝明鑒也今東廠太
監張鯨欺天壞法胆大心粗科道諸臣所奏諸罪一一有
據詔付法司嚴究惡黨中外臣民踴躍歡呼咸謂萬代瞻

仰在此一舉非法司問明奏請刑尚智等俱奉旨處分張
鯨姑念侍奉多年勤勞着痛加省改策勵供事中外聞之
大失所望臣恐王振劉瑾之禍復見於今日也往年馮保
招權納賄皇上已籍沒之矣近日宋坤挾詐騙財皇上即
斥去之矣張鯨之惡百倍馮保萬倍宋坤皇上英明同符
太祖不難去馮保宋坤何難獨去張鯨耶臣伏讀明旨以
聰斷之刑尚智監候處決謂其黨害事也使鯨不恣橫雖
百尚智豈能撥置李登雲張継德發煙瘴永遠充軍謂其
受賄縱情欺君賣法也然受賄賣法孰過於鯨尚智李奇
等冒領鈔錠供稱張鯨指令是實冒領者既加之罪指令

者何獨幸免此臣之所未解也数日前都市流傳鯨廣進
金寶多方請乞皇上猶豫未忍決斷中外臣初聞不信皇
上冨有四海豈少金寶明並日月豈徇請乞及見明旨復
許鯨策勵供職外廷紛〻遂以此事為真而國家之禍從
此始矣有旨這事情已有旨了這廝每欲與張居正馮保
報仇私意不遂故揑汚君父好生無禮着革了職錦衣衛
拿送鎮撫司好生打着究問了來說
後北司拟上有旨着錦衣衛拿在午門前着實打六十棍
發原籍為民當差遇赦不用閣臣王錫爵請免廷杖不聽
東廠太監張鯨頗與政府相左政府患之其司房邢尚智

倚勢納賄遠近招摇於是言路承望風旨御史何書光首
劾張鯨有旨着策勵供職已而御史馬象乾劾鯨并劾閣
臣依阿順旨盖反言也閣臣申時行等俱自陳不職請賜
罷斥吏部尚書揚巍疏請乞將張鯨觧釋厰務私宅閑住
以示曲全仍勉諭閣臣即出輔理至是李沂疏進雖奉嚴
譴而鯨亦失寵矣次年元旦上因雒于仁四箴疏欲加重
處召閣臣申時行等入毓德宮暖閣內處分于仁畢令鯨
出長跪命時行戒諭之未幾鯨即降斥

十八年正月華大理寺評事雒于仁職為民

先是于仁有疏以酒色財氣為言畧曰縱酒則潰胃好色

則耗精貪財則亂神尚氣則損肝皇上八珍在御宜思德將無醉也何醲味自耽繼以長夜沉醉之後持刀舞劍此其病在嗜酒也皇上妃嬪在側宜思戒之在色也何愛倖十俊溺寵鄭妃即王妃有育皇冢嗣之功不得並封儲位當建而久不建此其病在戀色也以皇上富有四海宜思儉乃慎德也夫何取銀動至數十萬索潞紬動至數千匹甚至拷索宦官有銀則喜無銀則加杖如張鯨以賄通而見用科臣李沂之言為不誣此其病在貪財也以皇上不怒而威宜思有忿速懲也夫何今日杖宮女明日杖宦官斃於杖下者比比而是甚則宿怨藏怒於直臣范儁姜應

麟孫如法俾永錮於林泉此其病在尚氣也皇上誠嗜酒
矣何以禁臣下之宴會皇上誠戀色矣何以正臣下之淫
蕩皇上誠貪財矣何以懲臣下之饕餮皇上誠尚氣矣何
以勸臣下之和衷四者之病纏繞於心擊累其身聖恙何
時而可也敬陳四箴開列於後疏入上御之元旦上召閣
臣申時行等於毓德宮煖閣手授于仁疏於時行諭令重
處時行力為救解乃留中時行隨示意大理寺署印少卿
任養心以于仁養病請有旨維于仁前出位妄言朕姑容
了今又托疾規避姑着革了職為民
降南京御史王麟趾外任用

麟趾疏畧曰向固節操難堪而今亦模稜風盛向固邪佞
充殖而今亦賢愚共貫有禎鈍無耻之士勢利迷心是非
不顧塗頭垢面頌德鳴冤以期収桃李之功願俻爪牙之
用又往時年例恒於八月最後十月今於歲窮忽有此舉
如謂年例終不可少科中亦有叅政一推而今歲獨遺况
耿定向方去而杜華先即隨其後王世貞無恙而黄仁榮
先中其毒公然報復畧無顧忌雖則彈劾權貴者不以性
命償之即以去就決之事有固然無足為異但科道之設
原欲建言乃言出而黜罷是明箝天下之口也秦耀與朱
璉俱幸而兩地建牙戴光裕與陸檄同功而晉居方岳諸

如此類未易枚舉大都矜佞易售孤直難合則夫極力而救正之寧無望於今日哉有旨降二級調外任用後補徐溝縣丞先是南京御史黃仁榮疏劾南京刑部尚書王世貞去位去冬年例仁榮預焉故疏及之政府惡其言直故得降調

九月降御史萬國欽外任用

國欽參首輔申時行無事不欺君而於邊事尤欺之甚無事不悞國而於邊事尤悞之甚奉旨元輔忠誠清慎朕所鑒知近時召議邊事參酌機宜甚稱朕意萬國欽如何任私誣衊好生狂躁本當重處念係言官姑着降級調外任用

先是浙江巡按蔡系周逢政府之意特薦原任尚書董份至引衛武公為比而以叡聖稱之讀者咸為齒冷國欽特出疏駁之曰董份當嚴嵩用事時曲意阿承日夕與嚴世蕃陸炳博奕飲酒甘受嚎侮吳鵬任冢宰其女已許聘於張文學賄托世蕃扼其喉而奪之被論褫官居鄉縱肆益甚沈自邠父子未遑趨避而裹甲之士奮飛群起幾不生還曾經龐尚鵬訪察長惡不悛今若如按臣之請果行存問之典是不特虎而翼猴而冠也行將為祭葬張本矣又將為謚蔭張本矣且冠既褫儼然罪人也今存問尚書乎抑存問罪人乎臣不知其可也疏上事遂寢 國欽補

欽州判官後吏部推陞建寧府推官奉有嚴旨選司一司官俱革職為民時吳縣已去代太倉為政猶睚眥必報如此

十九年五月降南京禮部主事湯顯祖邊方雜職用

顯祖疏言皇上威福之柄潛為輔臣所移以言官論之首發科場欺弊者非御史丁此呂乎今楊巍覆去之終言邊鎮欺弊者非御史萬國欽乎今許國擬竄之如吏科楊文舉經理荒政有吳吏簡其歸裝金花幣帛盃盤約可八千餘金乾折等約可六千餘金古玩器皿約可二千餘金三輔臣皆家蘇徽二郡文舉之貪播於二郡輔臣獨不知耶今居然首諫垣矣又如禮科胡汝寧除論主事饒伸外一

蝦蟆給事而已不知汝寧何以還故鄉也奉旨朕前手諭
原為奸逆不道科道而發與輔臣無預元輔時行等屡揭
慎起居杜隐憂何嘗欺蔽且威福出自朝廷誰敢擅干湯
顯祖乃以假借攻擊掇拾詆誣本當重處姑從輕着降邊
方雜職用
湯後歷陞遂昌知縣浙江巡按其欲處之以媚政府對衆
曰此出衆論僉同處州分守道馮時可辯曰衆論僉同起
於一人巡按默然而罷
十九年七月降御史浙江僉外任用
先是掌院李世達劾去御史劉思瑜克儉疏參世達有旨

都察院為風憲首臣法有不公不當的自應糾正李世達

恭駁事情正見表率僚屬派肅紀綱胡克儉輙敢黨護同

官挾私醜詆好生狂肆本當重處姑從輕降二級調外任

用

時克儉巡按遼東疏參總兵李成梁及李寧其處也實以

成梁故云

二十年七月降御史郭實極邊雜職用

時東倭侵掠朝鮮陞山東巡撫宋應昌為經略禦倭帥師

往救郭實論其不可者七事下九卿科道會議應昌疏辭

有旨宋應昌已奉命經畧只為郭實一言遂畏避不肯前

去沿海邊務責成何人浮言反重於朝命國紀何在倭報
已緊宋應昌可即擇日行九卿科道依違觀望今亦不必
會議郭實懷私妄奏阻撓國事着降極邊雜職用
宋應昌有口才酷好術數為山東巡撫時倭寇朝鮮警報
旁午宋檄登萊兩府各取雞蛋數萬或問何用曰倭乘舟
來我以鷄蛋擲之舟滑站立不住悉成擒矣遠近聞者皆
大笑蘭谿在政府獨奇之擢為兵部侍郎總督征倭軍務
又有方士張君就者挾變幻小術宋延置幕中既至遼東
則索民間卓二百餘疊架高數丈張被髮持劍立卓上施
符演法號於衆曰三日後當有天兵十萬助我滅倭次夜

肯疑告

張潛入娼家宿與一武弁爭抉其目負傷遁去宋大沮喪
復謬言我有神術咒入倭首向縛來降嗚呼朝廷縱之人
奈何令此輩當一面襲中國之威靈而取外夷之輕侮哉
應昌既無短長隨同總兵李如松取回而封倭之議起有
諸龍光者以訐首李如松為本兵石星所劾下鎮撫司究
問後招上有旨諸龍光同陳仲登用一等大枷立枷一个
月完日發煙瘴地面充軍刑部尚書趙煥再疏請恩赦宥
不許
是時倭警甚急有獻策用江南沙船沙兵者兵科為題請
奉旨遣御史總兵各一人往募武選員外伍袁萃言於石

星曰所謂沙船者乃太倉崇明等處捕魚之具所謂沙兵者非兵也即捕魚之人耳止能於海濱行使不入大洋不習水戰将焉用之且彼豈肯舍累世之業而趨不可必之利哉即迫於威令而船之堅固者人之勇悍者未必來也止之便石曰業已奉旨矣何可中止伍曰無已盍更請但行撫按召募勿遣文武官以滋騷擾石從之朞年乃得船百餘皆朽爛不堪而兵二千皆市井烏合石令一遊擊将之至天津遇大風舟多覆遊擊溺死石始大悔朝廷以虛聲集事每每如此。

二十二年十一月降工科都給事中張濤外任用

寄疑奇

張濤疏臣在工垣一切工役錢糧並屬稽察本年半月之間忽内傳養心殿工矣而臣不知忽内傳神怡殿工矣而臣不知忽内傳永寧宫工矣而臣不知忽内傳隆德門工矣而臣不知計節慎庫今年工程年例等項已費三十萬有奇所入之數何能償其所出請自今以後工無大小凡有奏請營繕務發閣票請自上裁兼録科抄聽從部覆科道估視有旨這各處皆朕見年久頹壞故着該監行文該部暫為修葺張濤這厮輒來煩瀆奏擾好生可惡姑着降一級調外任用

革御史冀體職為民

冀體疏忝褒庸輔臣趙志皋可去者有六而必不可留者
有三隨奉旨着回話體回奏志皋貪鄙舉朝皆知臣官執
法義在觸邪誰能指使臣亦具鬚眉稱男子肯聽人指使
方有言耶當今君子滿朝公論如皎日志皋能以隻手掩
天下目乎有旨冀體巧言飾詞本當拿問姑着降三級調
外任用
給事中林材御史姚思仁等各疏救有旨冀體着革了職
為民
十二月革吏科都給事中林材職為民
林材疏論新推祭酒成憲三十年仕路徘徊無十善狀不

宜以辱成均吏部之佐不宜懸缺彌月而以推劉元震詹事副總裁之缺不宜突補馮夢禎皇上御宇三十年來用人蓋三變矣當高拱柄國則雜人進張居正秉權則楚人進申時行執政則吳人進乃今者將為吳人乎雜人乎楚人乎瑣瑣姻婭行據要津戚戚兄弟驟登膴仕直言者不容反謂之喧鬧奉公者俱斥反謂之傾險長此安窮臣不知其所止也有旨成憲推養病回籍去劉元震馮夢禎炤舊供職林材這廝屢次借言欺侮誣謗大臣朕俱姑置不問今如何又來瀆擾且暗傷善類詞語多含糊不明全失告君禮體好生狂悖不敬姑從輕降三級調外任用不許

滕朧推陞

南京給事中盧大中疏救有音林材着華職為民

二十三年三月降給事中楊恂調外任用

楊恂疏朝廷大可憂者四事許茂椿罷閑錦衣耳厚齎金寶夤緣為奸已經緝事衙門捉獲奏聞乃緝捕者反致責罰而餽送何人營求何事竟置不問此而不究乃洗索於區區交際之間是舍豺狼而問狐狸姧滋甚矣大可憂者一楊應龍么麽土司耳負固不服罪在不赦近日綦江縣捉獲奸徒徐中達包内簡出空印文書六套一投兵部正堂一投巡捕衙門其餘四套并黄金五伯兩白金二千兩

虎豹皮数十張不知投何衙門及臣細詢播人始囁嚅言曰求為票擬夫票擬輔臣職也持重賄以行求楊酋明欺謀國之無人且恐他夷覬望共起叛心大可憂者二推陞者吏部職掌雖有一正一陪而要之點正為多何邇來敝為專擅之說以蠱惑聖聽及皇上信其言而有疑於吏部然後内托聖意外誘廷推或正或陪任意點用甚至兩無當也則駁以另擬少不如意譴責加焉若謂斷自聖心與我無預何其所簡用者非梓里之姻親則門蘭之契托也如是而謂權在吏部乎抑旁有所移乎吏部不專必有所以專之者異時汪鋐楊巍謝廷寀輩斯濫觴矣大可憂者

三言官者朝廷之耳目或為糾弾自循職掌何邇來進為朋黨之說以激怒聖心及皇上行其譖而怒移扵言官然後假托天威肆行胸臆非顯斥於正言直指之時必陰中扵遷除建白之際即有不墮其術中者亦必扵別本帶出旨意陷害若謂斷自宸衷無能為力何其所屏逐者非夙昔之積怨則近日之深仇也如是而謂黨在言官乎不在言官乎言者非黨而輒誣之曰黨即有指鹿為馬之奸南臺喪師之禍孰肯奮不顧身為皇上言者大可憂者四雖然趙志皐老矣日講西山豢養有幾不足責也獨念張位道學名宗人倫師表乃所為若此且其機械日深黨與甚

衆如古之三凶四木今之八狗三羊布滿朝寧將來之禍
當不在前宰相下矣奉旨黜用官員皆出自朕心獨斷許
茂椿已有旨處分了楊應龍餽送原無指實楊恂這厮心
懷別意誣詆大臣好生可惡本當重治姑從輕着降一級
調外任用
二十六年三月降給事中劉道亨外任用
道亨疏論閣臣張位署同直定府同知石三復賫捧來京
送昆明州銀器一卓并銀伍伯兩許陞五府經歷董份當
甲江南為孫嗣昭買進士果得科名則書房二萬金之投
也鄒德溥係同鄉親客夥盜霍文炳窖銀竟免拟提則黃

夜三萬金之入也陳大科無耻鄙夫科臣兩參吏部兩覆、回籍竟得保全則珍珠番寶并銀三千兩之送原籍也劉綎以倭事調用猶索其赤金千兩寶石二塊於山人桂天香手中陳璘以副將起用寸功未見乃索其銀萬兩大珠六百顆即優以掛印副將佟養正游擊胡澤問戌先托李鄂送銀千兩硃砂四十斤求於赦書內開釋未諧加添一千而二人皆得錄用原任千戶史繼書欲開屯田以圖起官而擬以優旨則每歲結納千金且托將文與以二美女進也若非該科參駁其計不遂行乎大賈吳雲卿等欲採木以規厚利而兩次俱擬優旨則其千金入也若非該司堅執其害可勝道哉將官楊紹祖以失機擬重辟受銀二萬而准令立功矣次戶郎盜以人命擬重辟受其千金雖法司不聽其囑而原銀不吐矣又且盜執國柄劉楚先不推必宰則面叱冢宰蔡國珍蔡無可奈何應曰記我這遭戴士衡因陞年例則面叱選郎白所知曰汝不欲出衙門耶惡張養蒙在內而督餉之推不繇吏部惡劉士忠在京而提調之代頓廢當規呂坤稍為異同則嗾人誣論至再魏允貞絕饋政府則聽其誣論罷官李兵何官非才望尚書不授而李頤以帶衔侍郎推矣法司何地非精明正人不預而董裕以昏庸陪點用矣劉應麟起補湖廣劉應秋

濫推火詹袁貞吉范護生居清要死被榮名非皆以江西
人手
張位揭辯懇恩罷斥并行勘究事有旨劉道亨巧詆誣卿
不必行勘劉道亨着降三級調外任用
二十八年三月革刑部主事謝廷讚職為民
廷讚疏言冊立東宮皇長子冠婚及召補閣臣考選臺
省立罷礦稅等事奉旨謝廷讚違旨狂躁出位沽名要挾
君上好生可惡本當拿問重治姑着革了職為民當差
永不敘用堂上官各罰俸一年該司官各降三級調外任
用

迭瓚係淅江司該司郎中徐如珂員外林曜主事鍾鳴陛
曹文偉俱降調
二十九年四月降禮部郎中陳其志外任用
其志疏留垣獨力難任推補宜先副院群望未孚冒濫非
據忝萬世德奉旨朝廷用官自有公論陳其志以部屬出
位評品大臣言人勞苦甚是狂肆本當重治姑降一級調
外任用不許朦朧推陞
三十年八月降御史劉九經外任用
工部尚書姚繼可疏人言波及事奉旨汪先岸妄劾大臣
已經薄處劉九經如何推折老成橫及多官朝廷將何倚

用着降三級調外任用卿宜安心供職董裕范醇敬沈子
木俱着照舊供職
先是僉事汪先岸有疏劾姚繼可等有旨降調
大臣黨比
江陵在位大小臣工咸以保留獻媚為事直謂朝無人焉
可也迨江陵殁而後來之權勢遠不相及於是氣節自負
者咸欲以建白自見顧九列大老猶仍向前陋習群指為
躍治合喙以攻之而大臣與小臣水火矣辛海兩中丞挺
然獨立南北兩院之席俱不暇暖是大臣與大臣水火矣
又有奔走權門甘心吠堯者小臣復與小臣水火矣水火

不已遂至分門角戶而黨禍以成胡康侯氏曰君子有吏
相汲引交好以為公小人有互相朋黨比周以為私其迹
雖同其情異不可不察也為集大臣黨比以丁御史起顧
吏部諸公終特志門戶之所自始
萬曆十二年三月御史丁此呂疏參張居正子張嗣修等并
及主考申時行余有丁許國等又應天主試高啓愚以舜亦
以命禹為題此居正逆萌也蓋人心為其所搖惑也甚矣
大學士申時行等疏辯卿會場中內簾所看係是謄過硃卷
止有字號而無姓名又無筆跡難容私意若稽應科等以此
被罪臣等豈得委之不知請下吏部議處

萬野獲編稱宗
自署曰舜宮神保
自署曰禹齋戲恩
試問蒼頡聖也云
云大江清相業萬
世不淺失之自視太高
擅擠威福若不執之
以則能百世之不可信
其必無者也此呂以
試問通人以天聯殊
失忠厚之道

吏部尚書楊巍覆舜亦以命禹謂帝王相傳之道不外乎堯
堯既以此命舜舜亦此命禹耳若謂禪繼之事不知出何註
疏劉世延乃無籍之人不顧經旨肆言無忌此呂為臺諫之
臣反踵之以害善良嘉靖中王聯曾以詩句陷巡撫胡績宗
趙文華曾以策題陷尚書李默尚未敢變亂經旨陷人以無
將大逆如此呂者尚可列在臺諫與諸臣並立有旨言官論
列須審刑正據實秉公豈可逞臆造言誣善亂正丁此呂姑
着調外任用再有這等的你部查炤前旨不時議處以清言
路
聞神廟在宮中自號禹齋啓愚之命題蓋取之此丁呂劾

海豐在吏部固非陸孫
趙之比與其論此呂則未
有非也文華之于李默此呂
之于啓愚其誣人于無何
以異乎使摘臣必宜昭
為敗而此呂快矣當
時建言如江東之李
植羊可立此呂皆務
吹求以肆搏擊不
得為之左袒也

為逆萌誠失之誣而海豐至以王聯趙文華為擬若不能
一日相容者是豈大臣公而忘私之義乎海豐在銓最久
人識其與內閣有塤篪而無枘鑿此其徵也
給事中王士性疏劾楊巍阿媚閣臣譎降言官阻塞言路御
史江東之李植繼之文書房內官李陵賚三疏到閣中口傳
元輔擬與溫旨高啓愚冠帶閑住此丁呂着留用而不及楊
巍大學士許國揭奏留用此呂無以安首輔及巍之心次日
國又奏近日一等浮薄輕進好言喜事之人誣上行私公卿
大臣動見掣肘乞降溫旨勉留時行巍以全大臣之體調用
此呂以安大臣之心於是奉旨元輔忠誠敬慎朕依毗方切

這浮言不必介意宜盡心佐理以副眷懷楊巍老誠持正如何說他阿媚着安心供職你們言官論人須要分別邪正豈可一概論斥高啓愚着革了職為民

大學士申時行許國吏部尚書楊巍各疏求罷不允

戶部尚書王遴刑部尚書潘季馴工部尚書楊兆左都御史趙錦禮部侍郎沈鯉陸光祖工部侍郎何起鳴褚鈇左都御史石星大理寺卿溫純吏科給事中齊世臣等御史劉懷恕等給事中張維新各上疏保留極言三臣之不可去而潘季馴尤極醜詆言官謂為邪議蠭起國是大搖如時行之異〻忠勤楊巍之侃〻正直乃目之為邪媚是非紊亂忠佞混淆

不圖聖明之世突然有此怪事也

爾時保留諸人與江陵時李幼滋王篆陳三謨曾士楚等何異獨計王遴沈鯉溫純皆一時表表者亦隨聲附和耶事固有不可解者

按楊忠愍既為分宜所殺王遴獨以女妻其子輿論高之後為本兵謝絕請托債帥之幣頓清會上有山陵之行內奄稱旨索馬王執奏上切責之御史傅光宅望風劾其庸悍乖張黄紀賢顧雲程李琯繼之遂罷去

王去以張佳胤為本兵張多才畧而乏節操錦衣指揮羅繡故太監滕祥家樂工也張狥私囑題掌衛印給事中張

養蒙劾之張曰含制我而偏責我可恥隨罷歸會推代者

上弗用命起嚴清蓋特簡也給事中梅鵾祚疏云以嚴清

之特正知必不為張佳胤之通然持正而勢不行恐又為

王遴之續乞戒諭權貴毋務請托致本兵屢易疏入政府

怒其言直奪其俸

右贊善趙用賢疏輔臣許國宣言廟堂陰為指摘公然陷臣

等於罪以快既死之奸佞臣往時竊見張居正陰蓄異謀奸

黨如王篆曾省吾朱璉賀一桂王宗載于應昌傅作舟王蔚

等布滿中外相結為奸其為決裂紀綱何如也今頗與臣等

竄逐流離之三四人皆目為比周相黨是臣等皆當黜王篆

等皆當進明為居正洩怒報仇扵臣而恚此奸宄也且言官扵宰輔其是非可否兩相重者言官不當豈能逃聖鑒之明掩通國之公何至舉朝大臣紛然四起而求勝耶昔周公被流言不聞召公有不平之鳴豈周召不相和衷哉彼大臣固自有體也是不過踵昔年保留之故智耳頃三日中黄霧風霾相繼五行志曰其應謂惑衆在位又扵初五日當晝雨雹劉向曰雹者陰脅陽也抑賢不用故當雨不雨反下雹也斯二者天變應之也豈偶然哉

洪馬管司業事吳中行疏借留賢之名以保輔臣此諂諛之極甚可恥也借去諫之名而參言官此擁蔽之漸也不可長

剔是數

也科道風聞言事官有責上言大臣德政律有明條令甲訓
典森若日星輔臣者股肱也剔歷有年其人之邪正豈能逃
聖鑒哉或因事乞歸或被言投劾宜去宜留聽之朝廷耳何
邇年以來每遇輔臣辭位必群然起而留之頌功贊德累牘
連章此其心何心也昔年保留故輔之遺風可羞孰甚奈何
至今存也言官者耳目也聰明所寄其言之是非豈能逃聖
鑒哉或妄言無稽或持論未當宜稟宜罰聽之朝廷耳何近
日所為偶因言官論事遂悍然起而攻之臆斷株求公言顯
斥此其心何心哉權臣鉗攝孤忠之故智殷鑒不遠奈何計
出此也雖或奉有明旨令其查參猶冀婉詞救解如潞公之

容唐介乃昨言官之疏聖怒未聞止令分別被論之人而必
欲罷黜以成君之過寧啻畫蛇添足乎至冢宰進退百官者
也若公然可甘心扵臺諫他日或臺諫而論冢宰也各部院
獨不可叅之以快其意乎其流之弊必至大臣持禄養交雷
同附和言官畏罪容奸風靡緘默甚非社稷之福也皇上試
考故籍群相獎借而保大臣嘉靖四十五年以前所未聞不
奉旨而叅斥言官則本朝二百餘年所絶是何晚近世之為
臣者多私而不忠也有旨這事情已屢旨處分了如何又紛
〻奏擾再有這等的重治不饒
刑部主事張正鵠疏近接邸報見尚書王遴等侍郎何起鳴

等具疏保留大臣我祖宗特嚴奸黨之禁二百年來並無大
臣紛〻保留宰輔之事迨高拱出掌吏部頗事專擅科臣曹
大埜論之拱疏乞去於時尚書劉自強張守直等及大小九
卿諸臣無一不上疏保留張居正營求奪情大小九卿疏請
復位者不可勝數庚辰廷試居正首應讀卷恐妨其子科名
輙疏求去尚書王國光等又無不上疏乞留執意此一時也
乃復見此哉有旨張正鶚出位瀆擾姑不究
南京禮部郎中汪應蛟疏楊巍論劾丁此呂擯謫外任御史
江東之等劾巍邪媚阿附陸光祖等紛然蝟起排擊言官古
者諫官牽裾而言折檻而爭天子尚為霽威今論大臣一不

當輒起而攻之藉令言及乘輿聖怒未測光祖等為何說以激動皇上聯此真世道大變也有旨汪應蛟出位沽名姑不究

御史李廷彥疏丁此呂論高啓愚特一事耳楊巍劾之而王士性李植東之論巍為阿附許國又明指士性等為傾排暗指吳中行趙用賢為號召陸光祖遂請敕都察院分別去留以安閣部大臣之心徃時權奸當路箝制言官喜諂佞斥忠良自以為一世之雄矣卒之身死名戮為天下唾罵光祖乃以此術安大臣彼其視大臣為何如耶不惟不忠於陛下抑亦不忠於大臣矣有旨陸光祖所奏原未議行李廷彥不必

言官爲朝廷耳目事必核實而疏昭然使人知懲勸妄言誣人法宜干褫豈言官所宜有哉史〻論此呂以非正人信哉

懷疑爭辯

御史蔡時鼎疏丁此呂條論科場一事臣心壯其直及楊巍條其誣賢亂政臣心又竊疑之方啓愚命禹之題一出不論縉紳士庶萬口流傳咸爲齒冷即楊巍亦必知之不敢自欺以爲不聞也禪授之說即居正不敢有此心啓愚不敢以此勸居正然疑似之迹旣嘖有煩言則采之衆論而聞之皇上所以杜邪媚之計懾奸諛之胆雖傷於激不害爲直至於楊巍方入吏部一疏不滿人言以人品卑鄙如徐學謨假令非輔臣至戚巍之於入吏部之時薦其卓犖奇特否耶以論事不避如丁此呂假令輔臣二子不登制科〻場之說不犯時

忌巍於覆本時遂肯謂其害正亂國否也時行謂其二子登科無弊何以諱言科場之弊理固然矣言者不獲優容謂之不諱其誰信之即云出自聖斷時行亦宜極力申救保全然後不諱之心始有以自明若欲以强制壅人之口竊恐天下有志之士决不敢從風而靡也有旨蔡時鼎肆意瀆擾本當究處姑饒這遭

六月御史周之翰疏劾陸光祖光祖自陳疏上文書房內官劉成口傳着與致仕閣臣等揭奏老成人不可不惜請乞留用奉旨照舊供職

南京右都御史耿定向疏參周之翰有旨陸光祖已有旨留

用這所奏知道了言官論人不行訪據公論任意詆誹殊失
國體周之翰姑不究
給事中李以謙疏參定向不當譽先祖詆之翰有旨是非是
有公論言官論人務秉公據實大臣亦不得偏執爭辯以傷
協衷和濟之體
萬曆十四年七月吏部辦事進士彭遵古諸壽賢顧允臣等
公疏劾御史房寰掃滅公論排陷孤忠明肆欺罔熒惑天聽
等事蓋寰疏劾南京右都御史海瑞極力醜詆至目為天下
大盜古今劇賊輿論不平之甚而寰有與援安然無恙故遵
等劾之奉旨海瑞以直節召用近因被論辭乞已奉旨諭留

房寰論劾不當已切責了彭遵古等尚未授官如何便出位言事本内援引擊鼓上言是何事體好生輕肆姑着革去冠帶退回原籍進士既在衙門辦事着該堂官教訓約束再有浮薄喜事妄言瀆擾的叅來處治

南京太僕寺卿沈思孝疏二三年間今日以建言防人之口明日以出位加人之罪且移文各衙門譏察禁阻而進士觀政者復令堂官約束教訓夫約束奔競等風可也而反約束其讜言直諫教訓忠貞等語可也而反教訓其箝口緘舌此風一倡其獘何極諫官避禍希寵不言矣而庶官又不當言大臣持祿養交不言矣而小臣又不許言甚非稷社之利也

蓋盛世必廣求言之門而本朝原無出位之禁臣嘗歷稽典
故正統間歷事舉人練綱上中興要務疏成化間庶吉吉
鄒智上袪邪直諫疏而辦事進士之建言者如成化七年盧
璣以史事奏成化二十三年敎毓元以星變奏嘉靖初年張
璁以議禮具奏並未聞以出位加罪今不用彭遵古等之言
而又罪之萬一有權奸大孽機密重情皇上孰從聞之臣豈
不知臣之言也是亦出位不蒙喜事之譏必受好名之罰然
使舉朝俱不言事斯人盡不顧名世道將何所底止哉請復
彭遵古等官務除壅蔽之習亟及依違之風奉旨國家事體
關係安危利害及職分當言的何嘗禁人不言若朝廷處分

公當是非原自明白乃浮躁新進之徒却又紛〻瀆擾有乖
政體故特加懲處沈思孝以改官怨望借事逞詞豈是忠直
姑且不究
房寰辯疏内言臣為善二十年即與沈思孝枘鑿不謀生平
大節亦可槩見又言臣曲謹目彊無不如海瑞獨瑞崇詭飾
虛布寵干進則不屑為即以世廟一疏又不敢効云〻語絶
誕妄閲者咸為髮指
兵科都給事中張鼎思疏臣讀房寰劾海瑞一疏不覺怒髮衝
冠欲借上方之劍以誅寰矣瑞者先朝之名臣皇上之重臣
而曰天下大盗古今劇賊瑞直亮貫於金石忠愛皎於日月

而曰大奸極詐藐君辱臣瑞一言一動人皆敬服而曰無一善狀士庶嗤笑瑞清風大節生鎮雅俗而曰小廉曲謹沉酣世味行移小事語偶勿妥而曰大逆不道狂悖無耻伯道無兒人所共惜而曰天道不可欺斯絶其後欲蔑其隱德則曰九娶而易其妻欲污其清閨則曰無故而縊其女褏何人而敢誣瑞至是且於君父之前侮肆詼諧之説或曰開闢以來第四聖人或曰公孫弘布被中夢想不到或曰瑞已耄而妻方艾此何等語也

房褏辯疏督學南畿時訒思以其二子士毅士正托巡撫王元敬轉囑入學褏止録其一子以致怨恨故有此疏俱下吏

部叅看吏部看上有旨張問思降二級調外任用房裒以副使降一級調用王元敬革去巡撫職銜以原官閑住

按裒督學時貪墨異甞士子攺阿房宮賦為倭房公賦以譏之海為南總憲將行糾劾裒為此舉亦先發制人之術也及是人咸咎之裒曰乃鍾掌科慫恿成之耳掌科者鍾宇淳也鍾為矢之神曰我若果慫恿房心宇者當口上生疔死未幾鍾例轉監司歸家唇上忽生一瘡頭腫如斗叫號兩晝夜而死

海廉介自持約束諸御史過甚諸御史皆不堪有某者口出怨言幾為房裒後劾矣後海卒於官舍諸御史入殮蕭

然一長物貧苦之况有寒士所不能者某乃愧服

萬曆十五年二月左都御史辛自修工部尚書何起鳴同罷先自是修為南總憲參劾御史沈汝揚貪肆不簡革職遠問自修奉有到任未久乃能督察屬官執法糾舉公正可嘉之旨遂為上所知拔任總憲然非政府意是年丁亥大計京朝官自修與吏部尚書楊巍考功郎中徐一檟主計事辛欲處陳與郊等数人皆政府私人也巍力拒不從而部郎張鶚以遠言被黜尚書何起鳴以狼籍倖免輿論不平甚御史高維崧等公疏糾起鳴起鳴謂辛授意惟崧辯疏并訐及自修自修亦疏辯起鳴既以公疏罷而給事中

陳與郊修前怨力攻自修自修亦罷

吏科都給事中楊廷相疏在何起鳴則辯被論之事為枉在辛自修則辯報復之言為誣起鳴咎自修以指嗾自修斥起鳴為無賴律以大臣之義俱為有愧奉旨朝廷用一人言官們紛紛攻擊予奪進退都不聽上主張是何政體何起鳴已着他去了你該科同十三道灼見何人堪任即便推來說不許推諉大臣須要純心奉公痛改前非再不許挾私忿爭有負委任

御史高維崧等公疏認罪事奉旨用人出自朝廷你們不論是非輒肆行攻擊抗旨求勝及有旨着推舉却又推諉吏吾

好生橫恣反覆本都當重處姑念人衆為首的高維崧着降
三級趙卿張鳴岡左之宜都着降二級調外任用
吏部員外傾憲成疏工部尚書何起鳴君子歟小人歟其許
左都御史辛自修也果有據歟御史高惟崧之糾起鳴也歟
私歟此皆不待辯而知者也皇上為起鳴罷御史何歟以為
用字下應接次葉下第四行第九字
用御史李廷彥疏丁此呂論高啓愚特一事耳楊巍劾之而
八行衍
王士性李植江東之論巍阿附許國又明指士性等為傾排
暗指吳中行趙用賢為號召陸光祖遂請敕都察院分别去
留以安閣部大臣之心使時權奸當路箝制言官諂佞斥
忠良自以為一世之奸矣卒之自死名滅為天下唾罵光祖

十行衍

以上十八行均重出

乃以此術安大臣視其視大臣為何如人耶不惟不忠於陛下抑亦不忠於大臣矣有旨陸光祖所奏原未議行李廷彦不必懷疑爭辯

御史蔡時鼎疏丁此呂參論科場一事臣心壯其直及楊巍參其誣賢亂政臣心又竊疑之方啓愚命禹之題一出不論縉紳士庶萬口流傳咸為齒冷即楊巍亦必知之不敢自欺以為不聞也禅授之說即居正不敢有此心啓愚不敢以此勸居正然疑似之迹既嘖有煩言則采之衆論而聞之皇上所以杜和媚之計懾奸諛之胆雖傷於激不害為直至於楊巍方入吏部一疏不滿人言以人品卑鄙如徐學謨假令非

輔臣至戚巍肯於入吏部之時薦其卓犖奇特否耶以論事
不避如丁此呂假令輔臣二子不登制科科場之說不犯時
忌巍於覆本時遂肯謂其害正亂國否也時行謂其二子登
科無獘何以諱言科場人出自朝廷今者起鳴許自修則罷
自修許維崧則降維崧等何謂出自朝廷歟在起鳴則疑以
宿釁蒙搆在自修又疑以忤時招尤在起鳴既以有援而強
為排在自修又以受屈而急於辯皆過矣顧獨坐惟崧等以
承望耶即如科臣陳與郊等深詆自修得非亦有所承望耶
何怪乎人言之嘖嘖也故為當事者今日莫若自反而已首
輔申時行虛衷雅度天下共推次輔許國王錫爵一心一德

和衷弼理偕臻斯道正自不難要在卓然以皋夔稷契相勗
不但如近時所稱名相而已若乃以智角智以力角力釋道
德仁義之用而競巧拙扵毫毛縱令得濟終屬雜霸雜夷非
今日所宜用也先是御史甘士价建和衷之議其甚美弟不
務拔木塞源而徒欲調停扵聲色之間其究非强上狥下則强
下狥上雖外貌可觀病根終在扁鵲盧醫望而却走而庸醫
方以為無足憂此臣所以不容已扵言也臣竊見今之時凡
非科道而建言者世必詬之曰是出位是好名是為進取之
捷徑不然則又曰是多行不逞計畫無聊借以蓋醜而免考
察也斯四者亦誠有之矣而不可不求其故也臣嘗妄謂明

時下疑脫不字

興二百餘年西漢之經術漢東之節義唐之詩詞宋之理學並斌〻稱隆而獨言官之氣稍覺不振天下之危言讜論往往出於他曹無論其遠即我皇上蒞祚故輔張居正正事数年之内言官有相率讚誦已耳有相率祈禱已耳以求吳趙鄒沈王艾之儔何寥〻也又如近日惟崧等合糾起鳴本屬公議及皇上詰責輒惶恐推避莫適為首惟有謝罪不暇已耳無能白見始末開廣聖心者臣甚惜之假令言官不為利誘不為威惕無事不瑣屑以取厭有事不依違以求容牽裾折檻時之人他亦無繇而奪其說矣然則使人之得以出位言事者臺省為之也夫人情未有不喜順而惡逆者也況於

堂疑常々誤

尊顯者乎彼其喜也能令人榮其惡也能令人辱有人焉獨拂其所喜而干其所惡假令怡然而受之廓然而容之録其長不疵其短褒其直不嗔其狂欣其誠不虞其詐矯審如是人々能言也何名可賈何利可徼而亦何醜可羞非徒然也我反因之獲容直之名收用言之利矣然則使人得以賈名得以徼利又得以免考察者廟堂為之也至於建言者其人大都負氣自喜遇事憤激往々過堂聽者方內懷不服退而詢其行又不足以滿其意則曰古人畜我何不以古人自畜而前後之人察見意指又因而媒孽之以取利名剔垢索瘢無所不至於是遂置其言不復採并其人亦賤之矣假令人

能絜躬修行入不愧妻子出不愧友朋則其人重其言亦重
夫安得而不聽然則使人得以納扵四垢之中者建言者為
之也故臣以為莫若自反而已自反則上何暇以言為罪下
何暇以言為名惟盡其在我而已奉旨顧憲成薰獲高惟崧
等肆言沽名好生輕躁着降三級調外任用前有特諭各部
司屬欲陳所見的都禀呈堂官定議具奏顧憲成曾否呈禀
堂上官也着回将話來
自有此舉而癸巳乙巳遂以處言者為故事水火之形既
成門戶之端開矣謂非政府作俑吾不信也頋即端文公
倡道扵東林者也此疏深切時弊旨哉言乎讀者有遺恨

焉

去秋頃入京補官謁見太倉太倉曰公家居久知都下近來有一異事乎頃曰頎聞之太倉曰廟堂所是外人必以為非廟堂所非外人必以為是不亦異乎頃對曰又有一異事外人所是廟堂必以為非外人所非廟堂必以為是太倉笑而起

刑部主事王德新疏恭陳末議事奉旨朕親覽章奏何事不繇獨斷近日獨用何起鳴言官們挾私攻擊姑降罰示懲如何說左右簧鼓王德新這廝妄言揣擬肆口非議視朕為何如主好生狂恣這必有造言主使之人着錦衣衛拿送鎮撫

追究明白來說
北司究問招上奉旨王德新這廝既知國家事體悉繇獨斷
何又捏詞疑謗好生欺肆反覆無主使之人姑不冊着着革
了職為民
十七年六月左都御史吳時來題申飭南臺憲規事看得南
京掌院耿定向疏內以御史王藩臣不送揭帖為易已請将
藩臣量行罰治因論藩臣之論周繼與前御史方萬山之論
江西巡撫陳有年王麟耻之論四川巡撫徐元泰咸公論不
協伏乞嚴諭十三道御史恪守憲規一照北院有旨都察院
既有兩沿舊規兩京都着一體遵行王藩臣着罰兩个月

按陳有年先任選郎獨宿朝房一切權要罔敢私干及撫江西殚心為民苞苴不入都門時適若旱禁出米出境蓋自為地方計也方遂以閉糴抉民効之閑住帰或云方受賈人金故劾之

給事中許弘綱疏南京掌院耿定向忿御史王藩臣叅論巡撫周繼不先呈揭帖藉口録用賢才等情叅擬罰治夫掌院督率御史亦率之以正耳風聞言事固其職掌猥云不當可否自有朝廷去留自有該部是非自有公評安得而盡箝其口阻塞言路簧惑人心故深為公論惜也非專為一御史也定向不嘗為御史乎掌院不法十三道而糾之祖宗良有深

意竊恐此疏一行將來皷憲臺之事多揚眉吐氣之日少矣
近來士風患不剛方不患不柔巽近日禮文患不簡古不患
不周旋所幸一二老成挽回培植而反欲破觚為圓摧剛為
脆臺〻御史并采謂何故深為臺體惜也非敢為一藩臣也
定向為人雅負時望當張居正營私植黨時獨以同鄉而爵
然不染臣竊慕下風自謂不可及茲一疏也中宵平旦定氣
反觀果全是天理乎抑客氣用事暗昧行私而心中怍也二
品憲臣行年望七乃羞惡是非不曽將四十年聚徒講學自
心受用何在故深為定向惜也又不暇計其疏之行否也伏
乞敕諭定向剛正率人勿以依阿損望勿以老耄忘箴將掌

院裁自肅其何弁髦之足虞乎
七月刑部辦事進士薛敷教疏大臣公肆欺黨等事臣身無
言責性惡權奸觸目擊衆情不容已況此輩原知主德乃防
川祇益官抑敢踰東濕之條少抗平城之勢須見總憲吳時
來欲申飭南臺憲規專為耿定向而發竊以為遠臣箝口近
日煽威摘祖宗之片詞營狐兔之私窟乃旁觀者利其逢己
巧為抑伸其間必欲立仗稀鳴朝陽寡和創一警百籠為腹
心吁亦狡矣總憲者皇上之總憲言官者皇上之言官事可
風聞聽斯無壅塞何相與抑之就使藩臣論列果非定向亦
不宜阻遏事々關白動成肘掣詞後設有彈劾長官者誰與

通之隱機先露之危其身讜議復停則負其志事體當密而不
密則禍且移之國家特未安得視僚友爲重而視皇上爲輕耶往
主事饒伸論時來阿附楞之詔欲羈之編氓辛苦流離路人
酸鼻竊意彼時雖憤事後必懲數月以來不聞閣開之省更
私攔路之朋向猶爲己鳴張今乃代人狼噬虐焰方然漸不
可長使憲規果係當飭何不悖於班行錯亂之時土偶臺卿
椽曹御史抑何白也海瑞先朝遺直也房寰醜詆猶且包容
定向何人敢妨言路爲時來者不惟不能叅駁反爾朋連無
論愧古名臣即回想抗論嚴嵩一事亦大有靦面目矣又如
一二輔臣揚托飲醇之名隱圖登壟之寔貌慶曆之和氣而

掩其争齒貞觀之協謀而諱其斷平津曲學金陵險詖爾又故峻諸司共紕庶案九列之體貌宗而九重之聰明塞以臣覽古借未聞豪右凌官閭戍壓帥可與少僚與僚長並論者亦未聞引裾輔座借叙上方反謂之多言惑聽者習成機套變亂是非高者剽談卑者潛伺清議之局聞臣以為此曹不復有人心矣伏乞亟下明詔嚴黨邪之禁開持正之門更易兩京臺長以清首憲庶遐邇承風當有悚觀傾聽者不然臣未知所稅駕也

左都御史詹仰庇疏新進小臣喜事妄言搖惑人心乞賜聖斷昭示以抑狂躁以端士習事臣初聞有刑部進士薛敷教

上疏心竊疑之及見敕教日夜於刑部朝房候旨臣甚駭愕不知敕教所言何事所論何人第聞對人言曰我論去二三大臣耳以故六卿人人自危有註門籍不出者有避嫌不赴朝房者聖明之世豈宜有此景象夫朝廷政治得失六科十三道拾遺補闕知無不言即立朝諸臣一時濟濟亦非有大奸巨惡為科道諸臣所不敢言何敕教初入仕籍於國家政體毫未閑習諸臣人品絕無鑒識乃懷沽名倖進之私搖唇掉舌以簧鼓人心淆亂國是此其意欲何為者若官不必臺諫言不論當否人人得持胸臆競為短長無風生浪見影吠形則當事者動成肘掣將來一事不敢行一人不敢是小臣

得以制大臣之命下士得以操朝廷之權紀綱何在國體何在奉旨朝廷開言路紀綱自有大體耿定向所論事情已有旨了薛敷教新進小臣尚未諳練如何輕便率妄言姑着回籍省過三年於教職內叙用你們大臣各安心供職

大理寺少卿韓國禎與吳縣相厚所言必從詹知之深自結納會少宰缺詹欲得之一日天未曙過韓寓韓宿醒未醒強邀往韓不得已空腹而行既見吳縣韓忽中風口禁不能言茶至亦不能舉杯吳縣怪之又以天暑急欲入閣遂別詹方坐韓寓以待及歸詹大失望怏怏而去韓於是

夜卒都人為之語曰要做活侍郎却求死少詹為人如此
宜其有此疏也
大學士許國揭本月十九日伏蒙發下文書內有刑部進士
薛敷教論總憲吳時來黨護耿定向語侵輔臣極其詬詆不
勝駭愕臣等目侍幃幄鑒在聖心臣何庸辯惟是諸司各自
有長體統自峻非臣等故峻之也庶寀各有所屬禮法自繩
非臣等故繩之也新進小臣未諳政體臣又何庸辯獨念敷
教為臣今春所舉士使其言是耶則輔臣理為失職臣當罷
即其言非也則臣貢舉為非人非人臣亦當罷同官時行錫
爵家屏皆能舉其職原無可指摘今敷教所舉摘臣寔當之

其為不職寧啻不爭不斷而已然竊思君子之爭非其得已
志同道合於事理本無乖違何必爭新進妄言折肙長上曾
不別白當為包容此其為不斷耳乎津曲學曾阿私諛世否
金陵險詖曾改法害民否陰圖壟斷曾左右望而罔利否乃
併諸大臣目以此曹無復有心臣竊恥之奉旨今後各官
各查炤節次諭旨着寔遵守毋得玩視禮法沽名干進妄
言的已有旨了卿奉公持正方當共扶國是宜安心輔理
不准辭
十二月給事中史孟麟疏臣讀同官李春開議論横行大傷
國體大亂國是疏非無一言似是之非足以簧鼓耳目總以

阻塞言路爲職掌以阿順大臣爲國體以攻擊善類爲國是
以傾倒是非爲世道人心而其大指不過摘趙南星姜士昌
條陳之非以伸己保留吳時來詹仰庇之是臣伏而思之論
吳時來黃洪憲者臣也凡再閱月而論吳時來詹仰庇黃洪
憲者趙南星也明旨未下而論趙南星保吳時來詹仰庇者
李春開也繼南星ゝゝ論黃洪憲者姜士昌也臣與趙南星姜
士昌之言是則俱是非則俱非春開與臣同列吏垣各有言
責臣之所剌彼之所舉臣之所舉彼之所剌其人之邪正不
並立其言之是非不並立安可比肩而事皇上哉語云防民
之口甚於防川ゝ壅而決傷人必多故朝廷不貴箝天下之

口而貴收天下之心不貴收小人之心而貴收君子之心君子之心得而小人隨之小人之心得而天下之心失矣三四年來部寺建白命曰出位大者杖小者謫矣猶懼不足以束縛之也於是有部堂約束司屬之旨而至今部寺言者如故臺諫忤時命曰好名顯者杖謫隱者外轉矣猶懼不足以阻撓之也於是有未奉明旨不許發抄之令而至今臺諫言者如故自今以後天理不至盡滅良心不至盡喪則部寺諸臣寧必無南星士昌而諫垣臺憲亦豈皆春開之輩又安能一一防而壅之且今執事大臣非有嚴嵩公行賄賂之穢非有張居正威權逼上之擅寧於邪正有所未明是非有所未晰

奈何以一二臣不欲去而忍於失天下之心務存大臣之虚
體而令陳三謨曾士楚朱璉者流起而淆是非之真執可否
之柄是何世道是何人心春開感德私門力圖報効一疏未
已再疏復出春開之疏謂南星士昌為傷國體則臣為傷國
體之首謂南星士昌為淆亂國是則臣為淆亂國是之首伏
乞特賜罷斥有旨吏部一併看了來說
吏部尚書楊巍題覆大臣被論求去體也言官議論不合求
去非體也望皇上嚴諭大臣吳時來等言官史孟麟等各安其
位不許再起爭端并自求罷斥奉旨卿等說得是言官秉公
論事聽朝廷處分豈得以意見異同紛紛爭辯史孟麟李春

開林祖述等都不許求去銓衡重地國是攸關卿等只要甄
别可否主張公論不必自陳
刑部主事吴正志疏言官受意黨護大臣排擯善類等事忝
李春開本以狎邪小人鑽刺夤緣得據言路授官之日即疏
詆趙南星使春開稍知有人間羞耻事當杜門悔過之不暇
孰意喋喋利口再疏攻擊南星及姜士昌等乎後并刺陳與
郊有旨李春開鑽刺夤緣有無實蹟本内出位沽名嚴諭堂
官原係朕旨如何説是嚴酷着回將話來
吴正志疏遵旨回話事有旨吴正志這厮肆口妄言及着令
回話只遮飾支吾全無指實好生狂躁姑從輕降極邊雜職

用
正志疏上吴時來㡧諸御史請廷杖之周孔教堅執不可
乃止
江陵既没當國者多起廢以博名而衰庸者居半給事陳
璧請議去留時來抗疏力詆其謬徧引古人如百里奚七
十而以其君伯太公望八十而以其君王衛武公九十五
而爲周卿士以况在位者且以自况疏出都人士傳笑之
十八年正月光禄寺少卿王汝訓疏叅給事中陳與郊有旨
吏部查議具覆
吏部尚書楊巍題覆奉旨卿等説的言官係朝廷耳目以糾

察弾劾為職原聽部院考察朝廷處分若京堂官擅自恭論

明是犯制言官大壞政體王汝訓逞臆妄言姑着調南京用

陳與郊着炤舊供職近來科道官不習故典不守職掌甚至

自相攻擊紛亂朝綱姑且不追究

陳與郊政府私人也憑依城社人莫敢攖其鋒王汝訓劾

之大快輿論而政府上下其手王反調南陳竟陞太常少

卿矣都人為之語曰若要陞京堂須得一弾章

二卷補

建言

十二年七月降南京給事中伍可受雜職用

可受疏論輔臣許國〻疏辯詞極憤戾至斥為罔上有旨

伍可受語言煩瑣肆口傾排誣陷大臣顛倒公論着降雜

職用

御史陳性亦疏論許國不職留中吴縣揭請罰治性以安

臣國之心遂奪俸半年

二十一年八月降給事中朱爵外任用

朱爵疏銓臣會推日久乞宸斷蚤彰以息異議等事恭閣

臣趙志皐張位已而志皐與位合疏辯奉旨這本着吏部
快問趙用賢二輔曾否預先托用羅萬化當初要推継而
不推果是何主意聽了何人之言即便指名從實奏來
吏部署部事左侍郎趙用賢遵旨回奏事翰林之推冢宰
不甚經見世廟時間有一二乃特旨簡擢非繇廷推以故
置羅萬化不推有旨原來是趙用賢所為與二次輔何干
既實說姑免窮治近來無端小臣紛紛狂妄傾陷閣臣把
持朝政淆亂是非朱爵這厮本當重處姑從寬着調外任
用
時冢宰孫鑨以大計忤太倉意逐之使去雲山以少宰署

事會推陳有年等適有朱爵之疏太倉欲并逐虞山既而不果未幾即有吴鎮之事

定陵註畧卷之三

門户之禍决裂於癸巳滌原於乙巳而皆自輔臣尸之夫輔臣不能佐天子拔貞固而斥偽進公忠而抑阿黨頗反自踰其垣徇私情蔑公論甚者弁髦令典干犯名義國家亦安利有此輔臣哉詩云誰生厲階至此為梗可勝三歎

癸巳大計

萬曆二十一年正月大計京朝官主者者吏部尚書孫鑨左都御史李世達考功郎中趙南星而當國者首輔太倉王錫爵也

徃例以先稟白政府謂之請教所愛者

雖不□能所惜者雖賢必去成故事久矣是年冢宰功帥銳意澄汰力更前轍被黜者太半政府私人矣太倉大怒先是浙江吏部呂胤昌爲鑨之甥以迴避去鑨調虞淳熙補其闕及是科道拾遺庶僚淳熙與兵部主事袁黃楊于庭預焉袁黃前贊畫東征時總兵李如松平壤之捷黃面數其襲封殺降如松遂列黃十罪故科及之吏部覆黃袁議處淳熙于庭留用給事中劉道隆許子偉附權獻諂疏攻南星不當覆留淳熙等并攻鑨不當調淳熙於吏部太倉遂票旨切責吏部專權結黨着令回話鑨上疏争之强不認罪有旨罷罸俸南星降三級調外任用總憲李世

達禮部陳泰來于孔兼等相繼訟言并攻太倉太倉隨激
聖怒孫鑨罷南星淳熙等皆削籍泰來孔兼皆謫降而門
户之禍堅可而不固拔自此始也
左都御史李世達疏頃以考察京官臣等謬與吏部諸臣事
竊見諸臣秉公澄汰無所徇私如吏部員外呂衡昌係尚書
孫鑨甥也而黜都給事中王三餘係郎中趙南星姻也而黜
諸凡負疵者縱有憑藉總不得倖免庶殫心計典不敢負皇
上委獨任曰覆留二三被拾庶官以致科臣糾舉奉旨切責
遂將堂官罰俸司官降調此祇以回話不肯認罪之故而重
其罪臣等固知皇上如天地之無心也蓋虞淳熙等三人吏

兵二部司屬而訪單有議科道官據以糾拾固公心也然淳熙雖好禪學而修清原無大過楊于庭雖有恃才躁妄之過而西寧正叙勞績此不惟樞臣石星力救即臣等與三輔臣亦共知而共言之以故該部叅酌衆議僅處一袁黄而留虞淳熙楊于庭者尤公之心也即今科臣欲爭衙門全糾之體抗章求勝而卒不得横加該部一語猶稱其黜陟甚快人心是可以徵公論也奉旨卿等為國大臣不惜國體以鎮為重又示恩群小曉曉煩瀆豈公爾妄私之誼趙南星虞淳熙楊于庭袁黄都着革了職為民不許朦朧推用

違疑逮之誤

禮部郎中陳泰來疏臣叨第十七年歷官四任目覩京察凡四舉矣丁丑故輔張居正以奪情故用幕客朱璉策借星變計吏籍制衆口楚人方逢時署部事考功郎劉世亨依違順氣盡除異己如蔡文範習孔教等並掛察籍公論冤之辛巳則居正福威已成王國光唯諾惟命考功郎孫清鄙人也與都垣秦耀謀禁錮違言諸臣遂以趙用賢吳中行艾穆沈思孝鄒元標五臣附名察籍今輔臣趙志皐亦以不及論而南京何寬李已為政今輔臣張位撫臣趙世卿預言公論冤之丁亥則臺省楊 廷相馬允登側媚當路詆諂善類御史王國面斥之其說不盡行而尚書楊巍

自詳摸稜考功郎徐一櫝主調停之説薰蕕並容涇渭失
辨多去庸々者至拾遺何起鳴倖免張正鵠枉斥公論究
之未有旁搜摶採覈事稱情邪謟盡屏貪墨畢汰倚氷山
以立消營兔窟而終獲機穽無所肆毒魍魎爲之喪胆如
今春之舉者也命下之日朝紳相傳皇帝御極以來獨見
茲舉頃者庶僚拾遺下部覆議虞淳熙素擅才名楊于庭
西功未及衷黄方贊東師該部酌量評品取自上裁未嘗
概擬留用科臣劉道隆遽行糾摘遂奉嚴旨詰問閣臣駕
言於聖怒識扼腕而不平此其故何也郎中趙南星前以
論劾吳時來忤今首輔王錫爵意引疾而歸首輔此來亦

有疑其干大計者緜二三戚里門生自知掛議實以二天望之南星在事不白朝房不謁私寓所論黜降如王肯堂蘇酇李周策殷都徐泰時皆扮揄众葛不無刺心而胡如寧蔡系周郝瀛柯挺楊四知樊玉衡張應登諸人豢養有年帷盖無地意者甘心南星久矣道隆之疏上而專權結黨之旨下奇貨在前投袂而起詎可動稱聖意以塗人耳目也外議悠々謂孫鑨抗禮不避趙南星為郭實倡言兩次輔亦齮之揣摹如此寧非藥石聞首輔昔年家食見辛巳大計情激咨嗟兩次輔在察籍慷慨義命豈不謂國光維清布合權相者耶而何以怒該部今日之守法也近者

糾臣楊廷蘭糾及年例前此臺臣李楠糾及洛訪言官論
事亦何顧忌識者皆謂該部素失閣臣之權此如言者縱
出無心亦當慎惜夫部權歸閣臣自高拱兼攝張居正擅
權尚書除張瀚嚴清而外選郎除孫鑨陳有年而外奔走
走請教一人稟承盥觴於楊巍而掃地於劉希孟謝廷寀
尚書宋纁稍欲挽回因郭實一疏覆處秦耀諸人舊補不
堪借劉文潤齮齕之欝抑而死尚書陸光祖文選郎中王
教考功郎中鄒觀光矢志澄清閣臣王家屏虛懷以聽朝
論璧之乃繇舊輔授意於内璫張誠田義欲阻諸臣進身
之路自雖還里機伏垣墻胡汝寧力攻王教不行而借饒

伸萬國欽之推補致王教葉隆光倉猝削籍鄭觀光甫謫用
不旋踵而以訛言去闡王教却内璫請托觀光覲察精明内
外憚之賢者不用縉紳飲恨今日復借拾遺處分以激聖怒
即那之故智是内璫與閣臣相表裏而皇上之不知也臣束髮
為郎旁觀時事其間清濁屢更江陵以丁丑始濁凡六年而
壬癸之際始清甲申以後但濁凡八年而辛壬之際再清今
日督過該部裁抑司官南星去而王顯任馮養志之徒進彼
皆以貨取者也將來必絜權以阿閣臣然後為不專權必植
黨以附閣臣然後為不黨黨宵人生視其報復懦夫怯避於
担當諛風漸長正氣潛消忠直不麾而去佞子不招而來此

世道治亂之關人心忠佞之界不可不深辨也
禮部郎中等官于孔兼顧允成張納陛薛敷教賈巖各疏言
前事奉旨陳泰來這廝前者屢肆狂悖因未處責心懷疑懼
故逞刁惡欺君比於幼年將朕獨斷處分佯作不知誣賴輔
臣顯然亂政惑衆好生可惡本當拿問姑從輕降極邊雜職
用賈巖薛敷教于孔兼顧允成張納陛同謀結黨淆亂政體
都着降三級調外任用不許朦朧推陞
蘇鄭巡按雲南論劾李才殺良冐功或云以是被察而寘
不然鄭一日蚤朝畢遇政府奴於朝房趨而揖之為兵部
伍袁萃所面斥其則人可知矣徐泰時即前以金盒賚江

陵倖中者官工部管理陵工交結內璫乾沒金錢百萬又
專供同鄉政府盒酒都中有相國行廚之號蔡系周巡按
浙江疏請存問董份為同官萬國欽所駁何汝寧逢迎政
府意疏參饒伸又因變陳言請宴會禁鬻田雞人目為蝦
蟆給事以配宋時鵝鴨諫議王肯堂素強直自遂為諸生
時文名籍甚與吳縣太倉世為通家又精於醫理兩輔家
時為延入不免綢繆饒伸之受杖也都中喧傳太倉怒甚
肯堂在旁慫恿重處以此大犯公議而又有言其不盡然
者肯堂廷對時吳縣太倉預為圖畧甲計密訂陛下〻字
一點針眼為信適有鬻試卷者一卷偶為雛子針下一眼

諸人皆弃去不用其人減價求售崇仁吳道南以其價廉
也售之臨試日書至陛下正當針眼乃急塗濃墨將下字
一點蓋之既兩相公遍炤針眼得吳卷取置第一甲餘卷
不復炤視肯堂反置三甲功名之有定數如此
二十六年四月給事中曹大咸號選郎重任時事多岐等事
薦舊考功趙南星奉旨會推大臣着遵祖制會九卿科道各
部院掌印官各舉所知一員吏部司官員缺各部院掌印官
各舉相應的數員俱開送吏部題奏待朕親自點用本内趙
南星舊經科道公糾贓私罷斥有旨不許朦朧推用曹大咸
這廝如何市恩圖報輙敢妄薦姑着降一級調邊方用不許

朦朧推用

江陵殁而諸得罪江陵者俱蒙賜環太倉去而得罪太倉者獨艱於轉石陳疏所指兩次輔亦齗之者此其徵也大臣不能為朝廷樹人而忮心褊刻一至於此良可浩歎

虞山絶婚

江陵之丁外艱也臺省議出公疏留之臺中序當吳之彦為首吳引疾去虞山趙用賢以抗疏江陵奪情廷杖為民吳籍太倉與趙同鄉同榜互相引重遂締姻焉既而江陵勢日甚吳假滿入京初心頓改補官差福建廵按過蘇郡趙載酒榖候之吳不肯登舟強之乃登酒三四行即起曰

兄可遠我勿近也其幼子吳鎮趙壻也斥為婢子不令與
諸子齒趙大怒遂斃告絕吳之喜可知也江陵歿趙與吳
中行從田間起官詞林每持論朝政短長政府弗善也會
御史李植江東之亦以攻江陵擢用不快於吳縣連章侵
之歙縣遂攘臂攻江李疏内所謂意氣感激偶成一二事
自負不世之節號召浮薄喜事之人黨同伐異詆上行私
者蓋專指趙等也後太倉亦以忤江陵起甫入朝出入不
平之疏力攻江李其意未嘗不在趙至是趙官吏部左侍
郎與文選郎顧憲成辨論人才以進賢退不肖為己任物
望益附之駸駸有柄用之勢政府忌之而所絕婚吳之彥

者為太倉同里其子鎮已別娶久矣及是窺太倉意指遣鎮疏其事於朝且具綵輿鼓吹至趙寓迎女都門喧傳其事皆不直吳而太倉反右之給事中張貞觀御史陳朂望風劾趙而朂尤極力醜詆兵部郎中伍袁萃首疏太倉不持公論不恤人言斥朂為向火乞兒閒數日朂遂外轉則顧選郎力也虞山旣罷位吳之彥父子竟無恙公論益不平攻者四起太倉遂大肆辣手盡謫朝士之持正論者而弃賢保佞太倉相業為世大詬矣

萬曆二十一年七月禮科給事中張貞觀疏銓臣被訐大閑風化事本月十九日接得監生吳鎮疏為侍郎趙用賢論財遂

婿蔑法廢倫等事奉旨這本有關風化該部從公看明了來説
户部郎中楊應宿疏男女之倫等於父子並於君臣忠臣無
二君烈女無二夫趙用賢弃禮義而不顧教女背夫諸臣又
廢律令以反經合道為權是天地綱常一絶於趙氏再絶與
諸臣此風既倡悔親者以用賢為口寔斷獄者以今日為成
案幾何不盡中國而為夷狄舉人類而入於禽獸也
御史趙𢭃疏趙用賢之過繇吴之彥之激而成以法言用賢
曲而之彥直以情言用賢狹隘而之彥陰巧用賢終不失為
君子而之彥則小人中之尤者而臣獨慨古之求人也甚恕
今之求人也甚刻使陰柔之小人伏危機於十年之前陽剛

君子遭陷阱於一瞬之頃萋菲肆行青蠅得志長奸壬之雄心隳直士之節氣若不蚤加隄防安所底止也

戶部郎中鄭材疏論趙用賢及左都御史李世達戶部右侍郎李禎

鄭材初見趙少宰駸駸大用夤緣趙長郎拜為兄弟稱趙為老太師深自結納趙甚厭薄之會趙與太倉相左適有吳鎮之訐李禎疏救不報材禎屬吏也雅不為所重材逆之趙必去遂出疏劾趙并及二李極力醜詆以媚太倉云材曾官南京己亥南察少宰李廷機考功郎蔡某為政黜之

大學士王錫爵疏趙用賢之失在絕婚輕易使人難堪吳之
彥之失在聲言不蚤使人難處今趙女既嫁無復歸前夫之
理是彼告之體面當惜也吳男未婚無反坐告誣之律是原
告之情法當原也若從臣等折衷至公之言將用賢准其乞
休痊病起用之彥免其降處則兩造俱得其平矣奉旨趙用
賢准回籍調理病痊起用吳之彥姑免降處
鄭材再疏論左都御史李世達以蔽護趙用賢故
戶部右侍郎李楨疏彼吳鎮者一便儇豎兒耳許大臣於朝
而遂之去此何等景象也近日下陵上替之風倒柄逆施之
事不敢泛引姑就鄭材論材婦遠嫁萬里歆於阿承不能幾

諫乃父鄭維因鼇乃毋王氏曾被言官論列今反議人婚姻并議事者而大加譏讓此臣所謂怪也

揚應宿疏論李楨書生非治事之才腐儒非臣時之器在卿黨則壞風俗在朝廷則壞紀綱有臣如此不如無有奉旨揚應宿屢疏奏辯語侵臺官有乖体統姑着罰俸一年

鄭材疏論李楨及李世達言世達無耻已久首推冢宰皇上兩用他人明示之以不職一可去世達保舉銓臣皇上特斥為民顯示之以辱二可去朝廷設總憲為法官而世達不法為郎署所糾三可去用賢絕婚法在世達弃律法已有旨罰俸半年

十月左都御史李世達罷

十一月行人高攀龍疏臣自去冬奉差迄今復命不及期年

朝廷之上善類賓斥幾至一空大臣則孫鑨李世達趙用賢

去矣小臣則趙南星陳泰來薛敷教張納陛于孔兼賈巖斥

矣近李禎曾乾亨復不安其位而求罷矣文選郎中孟化鯉

等又以擢用言官張棟等空署而逐矣中外辟言不曰輔臣

欲除異己則曰近時不利用正人輔臣王錫爵等迹其自待

若愈於張居正察其用心何以異於五十步笑百步臣恐輔

臣聲音笑貌之間雖是開誠布公之意而精神心術之隱賓

不勝作好作惡之私又言君子小人勝負之機關間不容髮

小人稍長則君子立消一年之中劉道隆不已而為陳鼎陳
鼎不已而為鄭材楊應宿至材與應宿而倡獗益甚假似是
之義理亂天下之真是非乘小人之邪謀攻一時之衆君子
應宿復假不附吏部之名飾其阿狥閣臣之實反謂近日一
種小人專以抗閣臣為主裁趨吏部為得計其為說愈長其
為害愈深伏望皇上明察其害正之陰謀輔臣勿喜其阿承
之私意亟加顯斥以儆奸邪
楊應宿既辨奉旨近來小人不修本等職業專鬬是非這本
着部院會同該科從寔問他何以見得吏部有許多贓私及
高攀龍為頋憲成所使又高攀龍何以見得朕一事不管親

批親點俱出輔臣之意明白參看了來說不許徇私黨護
部院參看疏上奉旨高攀龍着降雜職用楊應宿降三級調
外任用
御史吳弘濟疏乞扶正抑邪容賢遂佞以正人心事參楊應
宿奉旨此事已有旨了自合聽朝廷處分吳弘濟這廝黨救
瀆擾擅敢定擬着降二級調用
御史黃紀賢等公疏請留有旨黃紀賢等罰俸吳弘濟降邊
方雜職用
給事中吳文梓等公疏有旨吳文梓等都着罰俸吳弘濟着
革了職為民

刑部主事孫繼有疏奸臣敢于傾善閣臣果於容奸高攀龍楊應宿二臣之疏奉旨勘問據部院覆疏則攀龍寔有區々忠之意應宿寔為朋黨不根之說君子小人較若倉素乃明旨處分則輕降應宿重謫攀龍吳弘濟右攀龍則貶黃紀賢吳文梓等救弘濟則罰鄭材與應宿代異黨同傾陷善類論者謂當投之四夷以禦魑魅而了無處分則臣下不勝嘵々之歎夫攀龍疏內並無皇上不管一事親批親點俱出輔臣之意等語不知皇上何無所指而以此語罪之是何以服攀龍之心楊應宿肆口攻訐僅以降級處之何以盡應宿之罪夫皇上以公議付之部院部院未嘗不直攀龍曲應宿而皇

上處分又出部院議處之外竊不能為輔臣諱矣夫鄭材楊
應宿小人耳本兵經畧寔係安危豈容匪人尸之輔臣黨語
人曰本兵心赤而耳輭經畧志壓而胆怯已明知其不勝任
矣何不為皇上一言更置之謂其不傾善保奸臣不信矣奉
旨高攀龍顯然挾私黨護排陷忠良紊亂朝政朕深燭其奸
又曰首輔解救姑從薄處孫繼有這廝媚勢附奸冐昧瀆奏
好生欺誑本當重處姑從輕着降邊方雜職用
南京刑部郎中譚一召疏闗臣王錫爵再入輔政無月不逐
言者得罪弃置者六十餘人獨量復饒伸一人塞衆議耳近
者高攀龍楊應宿邪是正非行路曉然乃竟重罪攀龍輕責

應宿及臺臣吳弘濟論救輒入貶逐說者謂攀龍語侵閣臣
票擬此切中其膏肓者也自趙南星東公京察含怨積恨久
矣是以南星一掛彈章而斥孔兼等一申救而斥孟化鯉一
推張棟而斥冢宰孫鑨總憲李世達相繼而去今因餘怒而矧
事起於傾趙用賢重以李禎一跣益增其怒忮心甫發客氣
橫逞又安知是非公論耶而又內工排擠外托揭奏偏執不
為機械孰若蠲除私心共登大道人已兩平天下何以之有
奉旨近處高攀龍等係朕獨斷親批譚一召這畜詆誣閣臣
牽引趙南星往事明是與孫繼有朋奸黨惡共排善類布圖
援引情寔可惡姑從輕着革了職為民

南京吏部主事安希范疏趙南星孟化鯉銓臣之秉公持正非若劉希孟謝廷寀諸臣依阿納賄皆次第屏逐天下共惜而疑之趙用賢悔親一事雖出於絕惡之過而其人品之正天下皆知其賢止以吳鎮之疏一請而歸使鄭材楊應宿得窺意指交疏攻擊天下又共惜而疑之至如孫鑨之清修公正李世達之練達剛明李禎之狷介廉方鑨與世達先後去國禎不堪小人罵詈累疏乞休天下又共惜而疑近行人高攀龍一疏深惜諸臣之去郎中楊應宿塗面喪心黨邪害正乃應宿僅擬薄罰攀龍反蒙重斥至是而人心不勝疑且惜不得不責備於閣臣矣夫閣臣之職輔皇上以宰制天下天

下之事孰大於進賢退不肖今賢者已其異以而必欲盡斥之不肖者以其娟己而必欲曲宥之塞衆正之途開群枉之路悞國不忠莫大於此奉旨高攀龍等事情乃朕親自裁決安希范這畜掇詞旁牽逞臆瀆奏顯然譚一召等朋奸亂政此畜輩心懷救陳泰來疏留中不發故結黨逞刁疑詆輔臣蔑視君上好生欺悔可惡本當拿解來京究問姑看首輔具揭申救姑着革了職為民不許朦朧推用

給事中逯中立疏近來諸臣相繼而罷者率多砥行好修守正不阿之士如郎中譚一召疏中所云得罪者六十餘人有以爭國是而去者有以詆輔臣而去者在皇上則曰出朕獨

斷而輔臣王錫爵之自解亦曰皇上親筆臣謂所罷者非正人也則斷自宸衷固主上去邪之明即擬自閣臣正大臣謀國之忠若罷者果正人也出於閣臣之票擬而有心斥逐者為妬賢出於皇上之裁決而不能匡救者為竊位大臣以人事君之道恐不如是即如高攀龍一疏惓惓為國惜才部院大臣亦許其忠矣中外諸臣亦多為之申救矣孫繼有譚一召之疏不無過激而扶正抑邪之言不無可採陛下重罰二臣以謝輔臣輔臣能自安乎況泰交一疏輔臣不以淹弃請乎畱都冢宰以沈鯉推而不用昨尚寶司丞以李楙檜而不允鄒元標慷慨大節海內共仰而不能一日立於朝以陛下

之寬仁獨不能容一直臣乎以首輔見知於皇上獨不能為
國用一直臣乎奉旨逯中立這厮心懷結黨故捨詞市恩好
生可惡姑且罰俸一年
給事中葉繼美疏高攀龍譚一召孫繼有三臣雖非輔臣之
益友亦不足為輔臣損然欲安輔臣當自三臣始奉旨葉繼
美這廝蔓詞旁引黨救同類好生可惡孫繼有着革了職為
民譚一召安希范着錦衣衛差的當官旗扭解來京究問葉
繼美姑着罰俸一年
大學士王錫爵等揭救有旨譚一召安希范姑免扭解
安聞扭解之信一夜鬚髮盡白旣而得免繫鈴解鈴之法自

太倉倡之以後閣臣俱奉為秘密藏而閣體綠是大壞矣
錫山謹逐
錫山願憲成為文選郎秉公持正不阿政府意政府啣之
又以虞山事外轉御史陳曷太倉怒甚時太倉既斥逐諸
正人心不自安予告帰里上諭枚卜内有不拘資格等語
冢宰陳有年等會推王家屏沈鯉沈一貫鄧以讚馮琦而
有年與總憲孫丕揚預焉此舊例也蘭谿南昌閣中倡議
言冢臣簡入内閣原出特旨非綠廷推自萬曆十五年舊
冢臣陸光祖與科道謀同會推奉有嚴旨豈可沿為故事
而家屏向年以争册儲事深忤聖意罷帰至是覧有家屏

名顒不懌遂奉旨詰責以舊輔須奉旨特不得專擅且令
再推於是再推陳于陛等而王家屏為相有名若宰輔不
廷推將來恐開捷徑上怒復奉嚴旨重處憲成諸論救者
皆被譴而鄞縣沈一貫與內江陳于陛點用嗣是東林四
明互立赤幟左右之袒既分玄戰之釁始深矣
萬曆二十二年五月大學士趙志皐等揭奉旨近來司官自
逞己意通不繇堂官朕是以震怒已有旨輕處了又祖宗朝
簡任閣臣皆親自掄材委用近來小人刁結妄逞議論故陛
光祖謀同科道欲竊會推徇私自用此該部朋奸之弊且本
司屢屢市恩以公濟私未經重處又輒專擅蔑訓既卿等申

救該司官為首的着降雜職調用其餘姑着罰俸一年
吏部尚書陳有年疏臣病已深告已頻矣敢冒昧再陳會推
始末以求罷斥事始侍郎趙參魯訥奉御札添補閣臣至臣
私寓郎中顧憲成至問故事臣不敢多記獨萬曆十二年十
二月楊巍為尚書臣為選郎會推一次今輔臣王錫爵即是
年所推也又臣籍餘姚餘姚前輩有兩閣臣一為謝遷則弘
治八年冢臣屠滽奉旨會推一為李本則嘉靖十八年冢臣
聞淵奉旨會推先朝閣臣論資不拘翰苑論品不拘尊銜即
前屠滽聞淵楊巍皆列首推謝遷李本止官四品今雖時異
勢殊不可仰承聖意極一時之選乃擬王家屏等七員方謂

人以事君可幸無過及奉嚴旨而後知聖意淵微非臣愚所能窺也奉旨後兩侍郎與頤恩成又先後至臣寓謂新推孫鑨孫丕揚當遵旨刪下兩次會推諸臣當遵旨通寫臣方謂欽遵從事可幸追過及再奉嚴旨而後益知聖意淵微非臣愚所能窺也夫事固有主罪坐所繇今日之罪當自臣始乃舍臣而獨罪司臣憲成臣豈能覥然而已乎況國典孰大於卜相猶然不足以當聖心敢謂此外無他咎先朝置相雖不盡繇會推未有以會推為詔者當臣之身而以為詔患不在法在臣匪人耳此臣之不可不罷者也奉旨屢旨諭卿在任調理如何又來求去卿久疾在告會推事原無相干不必引

咎痊可即出供職

給事中盧明諏疏一朝而罝二輔典不為不隆乃以降責司官之故致聖躬違和於上非所以重二臣之始進也奉旨部屬官徇私欺玩這廝並無一言及至處分一二盧明諏這狂畜逞臆黨救市恩圖報好生可惡顧憲成姑且革職為民盧明諏着降一級調外任用

給事中逯中立疏孫鑨去陳有年杜門司官削籍而去者至再至三憲成又繼之前者將竭後者不繼人才凋謝可為寒心恐今後非如王國光楊巍也者則不能一日為冢宰非如徐一櫝謝廷寀劉希孟也者則不能一日為司官臧否混淆

此葉誤
恐在後
下

因有不平之鳴趙文炳復出疏反攻遂致紛紜之搆煩端
文謂年外計最快者莫如壬辰最可恨者莫如乙未云
萬曆二十三年十月文書房傳出聖諭朕覽尚書孫丕揚所
奏丁此呂訪単貪縱殊甚酷虐異常情甚可惡着錦衣衛差
的當官旗扭來京究問　此呂逮之下法司究擬
工部員外樂元聲疏畧曰權之所在雖踈必重權之所去雖
親必輕權在政府則有政府趨媚之小人為之爪牙昔日蔡
系周陳與郊之徒是也權在銓部則有銓部趨媚小人為之
爪牙今日黃運泰祝世祿强思之徒是也臣正月奉差還京
駟傳往來朝覲諸臣談及選功郎蔣時馨考察煩言臣知之時

馨為奸貪以誤丕揚及臣履任每聞時馨貪聲載道幾滿人
耳臣又知時馨為貪以誤丕揚御史趙文炳疏論其事時馨
不勝憤憤遂欲假借士大夫之公言以為駕御文炳之術奉
請多官會議憲臣秉貞吉既以為不可而御史嚴一鵬等疏
奏會議非體乃時馨計無所出而撤潑誣扯蔓引其間說波
及於沈思孝江東之等伏蒙皇上洞見熙時馨為民中外人
心靡不誦皇上英明睿斷於是刑部侍郎吕坤遂甘言以餂
文炳始倡為人害我之說以寃時馨以波及於李三才等而
臺省之心疑御史強思給事中黄運泰始倡言非排文炳有
我害人之說以寃時馨以攻沈思孝江東之等而臺省之心

愈疑至是而清濁邪正之分廉貪忠佞之别遂紛然淆亂而不可窮詰矣臣聞今年行取時馨極意揣摹一遇剛明公直之輩置之冷局而多取疲老愞熟平日不敢直言正色之人然後舉而拔之言路是銓臣不以公意擬臺省而以私意自擬臺省也銓臣自擬臺省則銓臣過失誰復敢言者黄運泰祝世禄即今歲錄推官待選强思即今歲錄知縣待選時馨所援引結納而擢為給事中御史者受職公家拜恩私室排指文炳則運泰反指文炳為鷹犬曲庇時馨則祝世禄强思反稱時馨為君子塗面文奸甘心遂臭臣敢臚列時馨罪狀以服運泰等之心可乎臣記昔年各省巡撫貪風横熾自皇

上
懲一秦燿而天下之為巡撫者始有所忌憚乃舉發秦燿
之贓私則衢州府同知沈鉄也為人多以小嫌由譴見嫌若
其惡衣粗食真不愧修業之吏乃時謦捏事誣陷竟以不謹
罪黜矣是借考察為秦燿報仇也臣又記昔年各省巡撫貪
風橫熾自皇上懲一祝大舟而天下之為巡按者始有所忌
憚乃勘寔祝大舟之贓案則刑部主事馬猶龍也猶龍為人
雖以淺衆狹量取忌而其才名操行衆稱廉幹之吏乃時謦
捏事誣陷亦以不謹罪黜矣是借考察為祝大舟報仇也又
如原任御史賈如式故輔張居正黨惡之尤者如式巡撫江
西趙娟陳炌朱璉二子俱以白丁中式曾經言官論劾二子

此葉應与上二葉調轉

舉錯倒置将使黜陟重典衹供權門愛憎銓衡重地止樹桃
李私門天下不知有是非人心不知有懲勸風流波靡莫究
所終矣至會推閣臣非是十九年始也皇祖二十八年廷推
六員而張治李本二臣即王錫爵之入閣亦會推也乃趙志
皐等不諳故典不惜遠圖妄為牽引熒激聖怒即揭救数語
譬之強笑而神不偕來欲以動人聽難矣奉旨逐中立這狂
畜逞臆憤激好生可惡且該部奉旨黜陟官員往々輒自驟
加推陞彼此互相私援顯然朋黨之故該司官黄滑同盧明
諏俱着革了職為民逐中立同章嘉禎王同休黄中色俱着
降一級調外任用

乙未外計

是歲主計者吏部尚書孫丕揚左都御史袁貞士考功郎中蔣時馨其所黜陟大違公論浙江副使丁此呂與馬猶龍沈鈇俱被黜丁此呂者前以御史論張居正子并及政府爲楊巍所參歙縣力請降謫者也侍郎沈思孝力争謂此呂係建言之臣不應察處丕揚弗聽而時馨貪穢著聞御史趙文炳臚列贓款入告時馨疏辯且請逐質丕揚又代時馨辯謂文炳之疏繇沈思孝主使高桂劉應秋江東之俱歸命思孝共造條欵托李三才授之文炳并進呈此呂訪单黄運泰等復和之上怒逮此呂時馨削籍樂工部

俱奉旨黜革為民而如式亦劣轉回籍此士林所不齒者乃竟以行太僕卿起用矣是惜起廢為小人向用之資時馨非有暮夜之金日中之市何病狂喪心至此也丕揚頗惑於時馨之說遂出頭以攻思孝思孝遂反唇以攻丕揚自是而後呂坤攻江東之東之亦攻呂坤黃運泰攻趙文炳文炳亦攻運泰以言官攻言官而言官之体傷以大臣而大臣之體傷言官大臣更相攻擊而朝廷之體傷臣為社稷計而因為諸臣計江東之褊心直胆原非容世之人人亦豈能容之臣為東之計宜去也呂坤曾有道學之望而蹈兩舌之機臣為呂坤計宜去也沈思孝素以氣節自負而志大財踈氣有餘而

識不足臣為思孝計宜去也孫丕揚高自標持以澄清天下為己任自謂抽籤一事可以報効朝廷乃大籤小籤之異制浮票暗計之異用弊孔百出臣謂丕揚誠秉至公何不以貞缺籤筒令聽選者自掣之一一待命於天無令退者有後言也即時時馨一斥丕揚不勝溺愛庇護之私驅臺省諸位鋒起而從之即雅負時望如副院張養蒙一入都門便呼文炳辱之抑之使不得伸其說叱之註籍告病消言官忠諫之氣長群狂狐媚之風紀綱倒置忠邪是可為社稷臣乎臣為社稷計則丕揚宜去也

御史趙文炳疏戒政侍郎沈思孝大理少卿江東之工部負

外樂元聲此三奸者俱以諫言欺世盜民一時賢者雅重其
氣節臣亦素聞其虛名而慕之今幸天奪其魄奸狀盡露臣
請為皇上陳之十月二十八日暮夜元聲使人報臣曰元聲
在戎政府就來講話俄而元聲果至問臣曰知丁此呂事乎
此呂已經法司打問毫無贓款當時兩衙門又無揭帖顯是
冢宰蔣郎中陷害省中有欲上疏救者公若先發則名益重
沈戎政意此機不可失百計說臣臣拒之益堅遂辭去已而
江東之復至亦勸臣救丁此呂且曰蔣郎中有親戚其為千
户者丁此呂曾拿問革職重責蔣故挾仇陷害此呂持蔣手
書可証今刑部迎合冢宰欲從重擬公若抗疏一言則其事

可解臣曰刑部堂上俱是大賢持天下之平自然不差東之復激臣曰公素稱不畏強禦今亦為權貴阻乎東之見説臣不動亦辭去臣燈下靜思之始悟曩時論蔣時馨之貪也東之元聲相繼言其事者果為丁此呂報仇也果是沈思孝為主謀也果是欲搖動冢宰也元聲先於初四日上疏假攻貪之名以自文又為臣攻曩時爭辯諸臣以媚臣欲以杜臣之口且上疏之後使人持札報臣謂已上封事稍為世道吐氣敢附聞於有道者本日元聲暮夜復至臣寓持疏稿與臣一觀臣恐無據使人邀元聲同年御史唐一鵬到臣寓同看元聲曰吾此疏劾言者為公吐氣公當置酒謝我一鵬　可為的

証而奸黨難爲遁情矣二十八日夜元聲出戎政之門入臣之寓江東之方註簿稱病亦同夜叩臣之戶皆勸臣救丁此呂出入形蹟手下班皂所共見者將誰掩乎元聲上疏自是公事何故以札報臣且夜至臣寓以稿與臣觀也此唐一鵬所見豈眞暮夜無知者元聲疏中既攻臣之所攻又攻臺省之與臣異者且極口譽臣彼謂此舉必得臣之懽心而不發其奸矣豈知臣一念忠赤爲國之心雖賁育不能奪乎

刑部覆疏欽奉聖諭事有旨丁此呂姑謫發極邊衞所充軍終身

趙文炳繇舉人爲御史疏論蔣時馨不法事士論方多之

少司寇呂坤素附太宰且與將善遂交搆其間謂趙疏出
沈戎政指盖以沈曾爭丁此呂忤太宰意也趙先有辯疏
指天日以自明矣時新進臺省皆太宰與將所選授給事
中楊東明又呂姻也一唱百乎攻沈不遺餘力趙見太宰
黨衆勢盛亟出此疏以謝過焉
奉燿嘗作紫檀文具二以賂政府共費四千金外鏤花鳥
山水之狀飾以金寶而玩好之物充仞其中奉以此得陞
楚撫
燿為御史郭實所劾奉旨聽用隨差劉曷等于所属十五
府屬州縣支取銀以萬計衡州府同知沈鈇臚陳諸賍欵

入告吏部尚書宋纁覆令革職勘問大拂首輔意適宋題序班劉文盛加詹事府主簿銜首輔出疏駁之謂詹事銜門最重其首領亦必慎選從未有以輔納得之者此端一開不惟褻詹事府亦褻內閣矣疏入隨宋告病又不即允遂欝欝而卒僉事李琯叅疏內云宋纁尚書中之清正者也何以告病張養蒙給事中之忠讜者也何以外轉巡撫秦燿首輔素所昵厚而纁議罷主事高桂首輔最所仇恨而纁議用故假詹事府主簿之誤而特疏糾正使纁不得安其位若果心在糾正則當楊巍之任吏部假官假吏動至數千何不出一疏以糾正之是陰擠宋纁而實為秦燿

報怨也徐泰時管理陵工賍私何止百萬張養蒙直疏其
罪立致外轉是顯斥張養蒙而明為徐泰時復仇也人謂
数語切中首輔心事云
特旨處分
自江陵殁而政府懼攬權之名不復問吏部吏部懼阿附
之名不復問政府遂至互相水火有外為不問之名而無
其寔者楊海豊是也則久扵其位矣有徑行不問之實而
致相近者陸平湖孫餘姚是也則不能一日安矣至復倡
為特旨處分惜天子之喜怒逞政府之愛憎善乎楊給事
之言也近來進為朋黨之說以激怒聖心扵是假托天威

肆行胸臆非顯斥於其言直指之時必陰中於遷除建白之際即有不墮其術中者亦必於別本帶世旨意陷害若謂斷自宸衷無能為力何其所屏逐者非夙昔之積怨即近日之深仇也如是而謂權在政府乎在吏部乎為集特旨處分因其事而考其人亦約畧可覩矣

萬曆二十年正月華文選郎中唐世堯員外陳遴等職為民時刑部缺主事推原任主事饒仲建寧缺推官推劍州判官萬國欽有旨近來推陞官員已有屢旨如何還推奉旨斥降的你部裡顯是狥私畏勢懼恸示恩好生不公堂上官且饒這遭該司官都着革了職為民不許朦朧推陞這

負缺還着另推來用
饒伸得罪太倉萬國欽得罪吳縣者
二十一年十月降文選郎中孟化鯉等外任用
時兵科等員缺推起原任給事中張中等有旨張棟等不
許擅自推用你部如何屢次抗旨示恩皇祖朝輙敢有此
否好生可惡堂上官着罰俸兩个月該司官都着降雜職
調外任用
大學士王錫爵揭救有旨降雜職都着調外任用
二十二年七月降文選郎中馮生虞等邊方雜職用
時刑部負缺外推南京通政司經歷有旨近來部屬缺人

往々推的都是降斥科道可見你該部扶同結黨好生可
惡何選着革了職為民堂上官姑免究該司官都降雜職極
邊方用員缺另推
吏部陞遷考選大計等項惟政府之命是聽而大璫干謁
亦委曲從之此故事也自選郎王教始力破情面政府大
璫俱不得關其說而顧憲成孟化鯉馮生虞皆劾之皆相
繼蒙譴以去後來司官深鑒前車遂得濟々斌々於卿寺
間矣
二十三年四月降吏科都給事中楊東明極邊方用
給事中劉廷彥疏劾戎政侍郎沈思孝生平只一建言歷

官曾無善狀如往歲寧夏告變思孝開府建牙乃遠駐慶
陽超趄觀望閉門流涕為大不武擁兵不進為大不忠既
調河南廵撫歸德陳知府倨之境上乃謾罵曰寧作娼優
決不做此官追其晉大理式司空結搆益巧所可異者王
右軍一手卷易以千金爐餅一座易以千四百金囊槖幾
何有此不貲之償也奉旨點用官員皆出自朕心簡任非
有他故且祖宗朝陞遷擢用亦不論品秩崇卑資俸深淺
每〻有量材擇用的如何近來奉旨點用一二官員這厮
每欲擅專威福竊弄權柄輙生擬議搜捏浮詞朋謀阻挠
好生無君可悪這畜所奏乃楊東明主使教唆之詞卿廷

彦姑且罰俸一年楊東明着降三級調極邊方不許朦朧
推陞
沈思孝與南昌善南昌力庇之故有此旨
二十三年七月太僕寺少卿王國調外任用河南巡撫王士
性調南京用
河南缺巡撫推王國以士性陪上點用士性士性疏辭奉
旨近來黜用官員乃朕心自簡既已奉旨往〻又矯情托
故遜避虛謙好生蔑視君旨沽譽無上且此本必王國有
使氣別故王國姑着對品調外任用王士性調南京用
王國為御史不附政府拳毆其私人於朝遂以杭直外轉

前陳泰來疏所指丁亥京察臺省揚廷相馬允登側媚當
路誣陷善類御史王國面斥之者是也惟伉直故不為政
府所喜推巡撫不用後因王疏追貶
十二月降兵科都給事中吳文梓職方郎中韓范等極邊方
用御史張同德等調外任用
時當軍政吳文梓題遵例糾拾以肅軍政事糾恭順侯吳
繼爵等奉旨昨覽兵部考黜留本中錦衣一衛内如副千
户木行題奏輒署四品之職該部附結市恩泛濫授與你
該科通若不聞職守何在好生尸位曠官吳文梓與該司
官韓范俱降雜職劉仕瞻曾偉芳等着降三級調極邊方

用不許朦朧推陞昨者區大倫張同德二畜以有君命的
故屢行瀆擾似如此欺罔擅冒的並無一言前者俞价强
思頻以無指寔之事叅劾阿附結黨至誣部司官趨媚假
官亦無一言其扵公而妄私何在區大倫張同德俞价强
思也着降三級調外任用
定國公徐文璧孟冬代郊晉爵太師大倫同德俱具疏劾
之而俞价强思則俱論沈思孝江東之者
降武選郎中江中信等調用華御史張同德區大倫職為民
兵部題南京後府掌印推西寧侯宋世恩安遠侯柳楙勛
奉旨宋世恩乃先年經科臣論勘奉旨處分過的該部如

何推用其中豈無受賄情弊好生無上市恩該司官同司
務官各降三級調用似如此的科道官緘無一言大倫張
同德還着革了職為民俱不許朦朧推用柳楚勛點了用
宋世恩着革任閑住
武選司官江中信程僖程楚産司務錢焜
四明屠隆為禮部主事縱放酒詩間宋世恩時為小侯少
年好聲詩相得懽甚兩家肆筵西宴男女雜坐絶纓滅燭
之語喧傳都下屠竟以此罷官世恩亦中白簡故云
吏部接出聖諭近來兩京科道專徇己私附和結黨以抗
違君命要直沽名為事每每以無指寔之事興疑惑衆無

上亂政且如昨者兵部欺君鬻爵朋奸結納箝口無言其於
糾發奸邪耳目之責何在好生可惡本當重治爾部查兩京
六科都給事中及十三道掌道御史姑且各降三級調用不
許朦朧推陞其餘的且各罰俸一年
吏部題欽奉聖諭事奉旨句了的炤昨旨着降調用不許朦
朧推陞其餘的遵旨罰俸策勵供職
科耿隨龍劉廷彥黃運泰黎道炤孫羽侯毛一公道有王
功綦才姚三讓吳禮嘉李宗延王慎德馮從吾顧際明袁
可立李本固南科伍文煥盧大中費必興南道柳佐聶應
科李文熙俱勾

吏部等衙門尚書等官孫丕揚等公疏言官盡處國體非宜
等事奉旨前旨責處尚姑從輕卿等如何又來煩詞故激着
遵新旨行
大學士張位疏春和布令懇乞聖明特宥言官事有旨卿如
何又來故激耿隨龍等都着降雜職極邊方用不許朦朧推
陞
降御史夏之臣等極邊方雜職用
吏部接出聖諭查原奉旨抄沒逆犯客用時等五城御史夏
之臣等都着降雜職調極邊方用不許朦朧推陞
五城為夏之臣朱鳳翔時皆行涂喬遷揚術中

客用時者太監張誠弟張勳之家人也張誠掌東廠勳恃勢横行又私與武清侯結姻誠名下内官王忠蕭玉用事頗怙寵招搖上知之震怒將誠降為浄軍謫居南海子王忠蕭玉喬進王詔張懋忠等及張勳〻之家人客用時霍文炳等皆下法司論死其原籍田産各籍没入官張勳王忠皆弃市之臣等以扶同隱匿故謫張誠張勳等旣奉旨籍没霍文炳家在明作明炤坊潛於坑底埋銀三萬五千兩為尾匠趙三所窺轉告王之良之良素從鄒德溥講學商之德溥遂同客起瓜分隨為夏龍所首巡城御史史某題条有旨鄒德溥着吏部条看了來説這侵匿官銀着刑

部追究如数解進不許容縱隱匿
鄒號泗山尚書聚所公子癸未春秋名魁時官諭德聚徒
講學儼然負道德之望自有此舉遂為士論所鄙有某代
為之解曰此偶然應迹耳泗山道大原無利心何足為累
聞者不平曰今有禦人於國門外者亦偶然應迹耶其道
不更大於泗山耶遠近傳以為笑
華御史馬經綸職為民降給事中林熙春御史鹿久徵林培
外任用
馬經綸疏臺省諸臣為皇上耳目之用何為一旦自塗其
耳目初降斥吳文梓等已降調夏之臣等又勾降耿隨龍

等旬日之間共謫言官三十四人去者不明著其應得之罪適以成其名留者不明開其姑恕之繇徒以增其愧以泥沙視賢才以艸芥待臺省辱國傷之體莫此為甚此萬曆二十三年以來第一大虧損事也皇上年來厭惡言官動輒罪以聒擾今忽變而以箝口不言罪之夫以不言罪言官言官何辭臣竊覩皇上所謂不言者猶淺之乎罪言官也乃言官今日之箝口不言有五大罪皇上不郊天有年曾不能排闥牽裾諍如故典是陷皇上不敬天者臣等言官也大罪一皇上不享廟有年曾不能排闥牽裾諍如故典是陷皇上不敬祖者臣等言官也大罪二皇上輒朝

不御停講不舉言官第言之耳而竟不能强得之是陷皇上不克勤政也大罪三皇上任賢不篤去邪不决言官第言之耳而竟不能强得之是陷皇上不克用人也大罪四皇上好貨有癖御下少恩肘腋之間叢怨畜変言官共慮之而卒不能批鱗諫正是陷皇上不克令終也大罪五皇上肯奮然勵精而以五罪罪言官之不言豈不當哉奈何所謂箝口不言者不於此而於彼也特旨御史馬經綸心與奸逆復故訕君無上借言申救恐負奸逆之私好生可惡此必平素黨類之人憲職重任如何置此奸肆之畜本該重治姑且降三級調外任用不許朦朧推陞其存留科

道葉繼美等必唆使情弊，都該拿問，姑念乏人，且各罰俸一年。
給事中林熙春、御史鹿久徵疏言路幾空，士氣重挫等事，有旨：馬經綸着降雜職調極邊，林熙春、鹿久徵姑着降一級調外任用。
南京御史林培疏慎喜怒，審好尚，辨忠邪，節採織四事，奉旨：林培掇拾餘沫，假借建白，寔報奸逆私恩，黨救同類，好生無上，本當拿問，姑且降三級調外任用，馬經綸着革了職為民。
二十四年五月，吏部接出聖諭：近來各部屬官不修本等職

業往々徇私狂妄煩言亂政捏詞窺採全無國体今日朱長
春以候補之官已有旨會議之事又瑣詞瀆擾此必前日樂
元聲見彼言未下故暗行囑使以淆亂朝政姑從輕朱長春
樂元聲都着革了職為民
元聲前曾疏論太倉後及東事有云當事者類以畚而負
山蘭谿忿甚為辭辯茲特假手於內旨云　時三殿兩宮
相繼災蘭谿慰安疏有大內深嚴旱魃何以得入之語浙
江督學某方試士因出率（宰）相須用讀書人題一生誤主李
林甫弄獐事督學批其卷云李相之獐趙相之魃此子之
論可謂三訛遠近傳以為笑

華給事中葉繼美王佐禮部郎中蔡宗明周嘉賓司務徐文
斗兵部郎中賈維鑰職為民
吏部接出聖諭近來科道食祿妄（忘）君受爵避難其於忠義何
在葉繼美這廝既說為主分憂宣力如何旨下數日未見推
上來及至回話猶然左右支吾推調好生不忠無禮本當拿
問重治姑從輕葉繼美同王佐俱着革了職為民劉道亨罰
俸半年禮兵二部堂上官各罰俸四个月該司官為首的着
革了職為民其餘的都降雜職調極邊方用
礼部尚書范謙跪自陳失職等事奉旨卿身為大臣義當効
忠盡職分憂釋惑如何以現奉旨尚爾畏難違背姑且不究

外該司官周嘉賓等司務徐文斗都着革了職為民
二十六年三月罷吏部司官王就學等
吏部尚書蔡國珍等欽奉聖諭事奉旨各官有黙的畱着用
勾了的為民其餘的你部裡斟酌調京南及外任用吏部官
作弊多端日久吏部官如何不行糾舉通同作弊招權納賄
好生可悪也着回將話來
南企仲王承光馬大儒梅守峻潘洙俱黙王就學錢守廉
王之棟穆深俱勾龎幼金李復陽羅朝國閔廷甲嘗道立
蓋國士梁見孟韓策鄒觀光唐伯元馮養志武之望曾愈
恭洪文衡嘗守信劉學曾張泮趙邦柱俱調南京及外任

用
龔幼金為考功郎素為政府所不喜適本司官有告假者
遂飾詞激上将就學等為民調外有差而禮部郎熊鍾文
朱敬循躐補文選考功二司郎中次年己亥大計敬循遂
掌計事而翰林劉綱中書丁元薦被黜大干輿論劉丁皆
抗疏直言時事機切政府故見中傷敬修會稽相公子也
吏科給事中劉為揖等回話事奉旨劉為揖等言不稱職既
認罪姑從輕為首的降二級其餘的俱着吏部分别調外任
用
三十年三月吏部接出聖諭朕連日覽文書見新進兩衙門

狂畜飾詞蔓引掇拾餘唾擅逞胸臆示恩激擾好生可惡蕭近高余懋衡李培本當拿究重治姑且各罰俸一年其先年降斥狂妄詁名之畜鄒元標等有推陞見任四品至六品姑且都降二級用七品至九品姑都降雜職用雜職的都革了職為民當差不許朦朧陞用如有從前借言牽引市恩奏擾的還一體重究不饒

内閣接出聖諭朕覽卿所奏已知道了朕怒南企仲扵君父有恙之日輙敢妄言狂肆無上今乃唆兩衙門新進官不論是非擅逞胸臆屢行激擾已從輕處了卿今在告既來懇奏降二級的姑且罰俸一年降雜職的各降一級用革職為民

疑有脫誤

的炤舊留用卿可傳示吏部知道再有黨救瀆激的一體重究不宥

時上抱病甚篤中夜自悔傳諭盡撤礦稅諸奄幷釋以諸被逮者既而反汗南企仲等疏言其不可故云

乙巳大計

冢宰李戴去後上懸其缺不補少宰楊時喬署部事楊素非四明所喜而總憲溫純曾特糾御史于永清四明客也力庇之得無恙計典届期四明欲揭請大司馬蕭大亨主計歸德不可而止仍用楊主計及計典上錢夢皐張似渠等皆被黜皆歸四明之門者四明大怒假中旨格弗下反

留用錢夢臯等國家二百餘年重典不難弁髦以快私憤
南北臺省相顧莫敢發錫山劉郎中首出疏剖陳奸狀龐
主事朱御史從而和之士氣未斬公論昭明計典終弗能
格也嗣此公論日嚴與廟堂之水火日甚玄黃之釁既深
而國事亦不可為矣愚故表而出之以見門戶之禍決於
此舉為千古炯鑒焉
萬曆三十三年正月吏部署部事左侍郎楊時喬疏計期逼
近等事奉旨京察着於本月二十八日行楊時喬久署銓事
着管理察務不必推讓大計給事中李應策洪瞻祖浮躁徐
觀瀾錢夢臯不及御史張似蕖曾舜漁顧龍禎浮躁楊文洍

蔣以化蕭重望不及于永清不謹例轉給事中鍾兆斗拾遺兵部尚書蕭大亨總督侍郎邢玠尹應元三月吏部都察院接出聖諭朕覽今察各官本內不称的甚煩豈皆不肖內必有狥私之弊因念恚以滅之者有之因結黨而去之者有之欲樹黨以挾人者有之欲立威以制人者有之不然何乃至此朕不能無疑且大察朝廷之公典非以公濟私之案牘大臣當尊君體國為要以詳慎休容為美今次已有旨了爾大臣務去成心同寅協恭共濟時艱以成平明之治故諭

四明既邀中旨被察諸臣俱行留用并留鍾兆文而蕭大亨等內援甚固反奉旨切責科道真翔見奇事云

少卿馮渠詭故不情為番禺知縣敝袍鈌帶謁代巡詰之
則以家貧對代巡曰縣官常祿不堪置耶將亦不受耶馮
惶恐無以應而陸太宰頎以為能甘清苦也以卓異薦之
超遷至京卿居都門出入乘蹇驢客至令其子捧茶餙名
邀譽如此及是亦被黜蓋楊少宰與同鄉知其素履云
被察給事中錢夢臯疏逆罪已彰横議復作等事叅原任礼
部侍郎郭正域御史林秉漢有旨錢夢臯盡職建言忠義可
嘉着炤舊供職　　林疏及　　余旨詳六卷
夢臯已掛察典思為留用又有田大年為四明所憾之人
而察典不及適林御史疏復言楚事故遂上此疏内云郭

已下七頁乃綏寇紀略之文何以誤訂于此
戊寅冬日茚父

下膏腴有新舊二城ゝ外列肆賈區子女珍寶累萬ゝ高放手剽掠人屠膾日以百数保者恐授兵登陴誓死守進士鄭元勛自負才地為鄉里服且憂拒守而城未必全鋭然出身遊説兼欲自異毋待俱死高聞鄭至大喜置酒酣飲達旦厚遺金帛且言欲定居維揚非有他意相與約結而後入鄭因自詡得高要領氣揚ゝ語衆曰高帥來勅書召之也彼出馬相國聘札相示且言入城當鎮慰父老無妄動苟如是即南京且相安况揚州乎百姓聞之呼譟曰元勛與高反賣吾城以市德捽其首臠割之殆盡時史公方渡江視師高見楊人暴

骨載道慝公責以非法趋其下胥坎而埋之見公升帳洒然
变色易容既庭謁見公平易誠朴人〻引見加慰劳乃大喜
而心浸易之久復露現桀驁固以元勛死無罪請公誅首悪
開城門納其軍公弗許謀止公以要之漸屏左右以已之親
信仗刀侍側公談笑自若不為動徐草奏予以爪步城衆稍
慴服公遂進而按部淮安劉澤清抵淮安過安東守將丘
磊邀取其輜重澤清恐貽儕偶笑匿不言史公至諸將具櫜
鞬迎視高更為恭謹顧其兵士虛夸不足用公自念誰可與
圖大事者属意興平而不虞其與靖南之交悪也靖南分地

在儀真廣昌在壽州兩人相交合澤清與高杰頗爲唇齒之
依登萊總兵黃蜚南下道出維揚俱爲兩人所脅而素與得
功善貽書請靖南以兵逆得功即領輕騎三百來會三义河
守備高之裨將也即以告之高〻内疑土人叛已且忌黃威
名得百姓心驟聞黃至驚曰是殆欲襲吾耶遣勁卒伏半道
别出千人間走擊其城而黃不知也至土橋解鞍下馬作食
高兵伏道旁者猝起得功角巾緩帶出不意擐甲上馬飛矢
雨集所乘馬值千金中矢而踣騰上他馬馳去高之遣兵也
戒之曰若擒得功必生致之既合戰有十七騎皆梟卒追及

得功注槊未下黃大呼返闘發腰間所餘七矢殺七人矢盡
揮刀復殪其三且戰且走已至本營得免隨行三百騎皆歿
高所遣千人襲儀真者夜至城下守將丘鉞馬岱偵知設守
令軍中且食且休于城外甚置炬火為疑兵高兵知有備不
敢進又望見炬火以力攻夜半力將盡兩將出兵夾擊盡殲
之黃歸聞之益大怒按刀嗔目切齒自以于同事從無纖介
忽然見襲又慨念揚人之荼毒危偪而思救之也引廣昌為
之助誓必與決高一死戰万元吉偕故將張文昌李棲鳳調
停于兩家者百端諜報曰天長有傳烽得功引真州之兵疾

趋為防禦計高劉亦皆整兵俄傳無警得功帰思報復高怡然驕語曰昔所遣千人皆維揚猾少吾故驅之假手于彼若吾之卒詎至于敗黄不足擒也元吉側身講解文昌棲鳯各以其衆来曰两兵交綏吾屬置横陣以止鬭即閤部亦不已于行也會得功有母之喪史公入弔立而語之曰士橋之釁無愚智知其不義命将軍以國故親故蠲盛怒是帰其曲于高也而将軍從此收名于天下得功色稍和尚以失亡三百騎為恨公命監紀應廷吉陸遜之沈汞遂戴一清入高营曰靖南聽我矣君何愛幾百騎而失大義乎高如命出馬〻羸

多倒斃公自以二千金償之又令高出千金爲黄毋賻兩蜮暫時戚睦中未釋也四鎮中興平最强公鋭意中原欲委任之以當一面其人雖暴横然慷慨識机變可説而用之也有僧德宗談禍福奇中高亦折節稱弟子常于史幕中與諸監紀同坐高違至敢茶及餅高問僧曰弟子他日得免于禍乎僧曰居士起搶攘今爲大將封通侯此不足爲居士重惟卒從史居士儒家所稱聖人我法所稱菩薩與之同心併力可謂得所歸矣若能一生不受沉湎之累斯甚善矣何問老僧爲高歛容起曰敬受教因指四監紀問曰師謂四人云何師

曰陸監紀目下有厄防出入沈監紀無子而長年奈有病何
況吟久之曰會須林下作閒人謂應曰君有終天之恨恐不
能為國家効力謂戴曰君遠行須速歸公謂高曰四監紀事
驗之非遠不旬日應元吉以艱歸戴一清奉部劄提餉高巽
之乃拱聽調遣高之妻邢夫人饒權智高常語人曰邢有將
畧吾用以自助非聽婦人言也邢見史公出至誠因勸高傾
心任事公喜曰吾得高而馴擾之大事集矣乃命王相業監
其軍奏李成棟賀大成王之綱李本身胡茂楨為大將曰公
速行可以專制河南高曰杰既以身許公而將吏妻子暴露

野次非所以安内顧也敢終以揚城為請揚士紳復震動守土以未除館為辭公遽遷于東偏虛已府以為之舍邢夫人約其軍聽節制士民安堵高乃趣治裝行九月初十日祭旗疾風折大纛西洋砲無故裂應廷吉私謂友人曰明年太乙在震角亢司垣始擊掩廹壽星之次當蹶上將吾惧沮衆不敢言睢州許定國年七十餘太康人以故總兵赦罪出獄收其兵縱掠考城被毒尤慘毁家養士負其功不得封上書詆高為賊高由是怨許嘗曰吾見許必手刃之聞公遣高圖中原定國惧罪上書閣部求自全計公語其使曰許總兵何地

不可居而必睢州乎與平于十月十四日過徐州以馬士英指斬程肖予肖予名繼孔蕭縣健步也宿州有乾賊作亂肖予之仇誣告肖予與之通官府不察捜捕激變即據所居之梧桐山為亂士英為鳳督俘以獻未及誅而京師破肖予脱歸以恢復為名聚衆為豐沛大盜定國聞之益惧乙酉正月十一日高至睢州定國于數十里外跪馬首迎高扶之起曰若總兵何行此禮頋尔衆何在許故墮其軍以羸見高嗤之曰既有此軍何不以之開藩乎居明日召詢之若豈不知吾之將殺汝而頋不去何也許頓首曰定國固知公之怒也然

不知其罪高曰若果疏名我爲賊安得無罪許曰此定國所以不去也定國目不知書倉卒中假手請字而代者入賊名定國寔不知疏中何等語也若以此殺定國不亦寃乎高索記室姓名許曰彼知公之怒也先期遁去彼去而定國不去以明向之毁公者非定國意也高性粗而豪見其詘服且憐之聞嫚語果信其無有某千户者遮馬投諜云定國謀汝與平故以示勿貳爲前筲之六十送許誅之遂刑牲約爲兄弟定國篩美姝進與平屏不御笑謂許曰軍行無所事女子汝畜之俟我功成後娯老可也定國唯唯退時與平大營去城

二十里懸王命旗于城闉非有令不得入從興平入城者左右驍健三百人十三之夕定國設宴張灯具鼓吹以飲興平令其少弟飲諸親將于他所婦女賓客雜坐酒半酣定國之弟動静失常坐者覺起而耳語興平曰今夕之宴視其弟舉止失次得無謀我手興平以手推之曰去夫誰敢親將退而意亦安之三百人皆大醉興平所居為雎人甲第墻垣高峻四圍有複室許于室後藏人故不及知將士俱寢别室卧榻之旁惟二三治文書者與傳事小兒而已漏將殘聞屋瓦有聲驚起出視則壯士踰垣下者數十人興平有護身鉄棍索

之不得猶奪他人鎗刀奮鬭力盡被執從騎三百人皆死一人伏床下床陷而免出為人説其事定國蹀血南向坐曰三日来受我屈辱已甚今當如何與平大笑曰吾乃為豈子所算呼酒来當痛飲而死明日〻中門不開李本身王之綱郭虎攻東門入定國已渡河北去雖人知其事者皆已行諸将致疾于旁之二百里悉屠之閤部至徐州初不信既而審知其死料中原不可復圖乃大痛哭還師以返救根本東平大治淮邸極宫室之美妻妾之奉諸生争献詩歌稱功頌德天下事置弗問也匿丘磊之慾中之以他事就縶所置酒歡飲

卒文致之以至于死向特以計厚與平聞其死與二鎮謀曰我惟豎子不足立固當分其衆将之馬士英持不可曰彼所部豈肯輕屬于人亟假諸将以軍號待高元爵長而還之以兵揚之人聞高死酌酒相賀靖南攘袂起曰固當以州還我引兵次境上三月十五日史公還自徐州令同知曲從直中軍馬應魁入黄營問其故黄曰我為國大将功最多僻處瀕江一小邑高杰有何勞績而食数城若念其不終畀之三縣足矣餘地非高有也公曰我豈不知将軍功又非愛高而故右之也彼士馬多而令不一今日驟奪明日必亂亂且曰首

難自将軍始其所以畀于興平者几何且将軍賢者有遠畧又何在乎兹土其争之也黄揮兵少却會高盧二太監以王命来解因罷去然其中不無怏怏為阮因之故靖南遂為其所用嗟乎自古釁難之生非人力所能弭今觀四鎮之事土橋則高曲已甚睢州乃不戢自焚在晉師以大計用興平而靖南未能以苦心諒師相曰詩赳赳武夫公侯腹心甚哉其為腹心之難也

定陵註畧卷之四

礦稅諸使

宋張崇公對策至晡未畢貂璫促之崇公曰未也方談及汝等故其策曰閹寺之不祥也堯舜閹寺不聞於典謨三王閹寺不聞於誓誥豎刁聞於齊而齊亂伊戾聞於宋而宋危嗟乎閹寺聞名猶謂不祥況巨璫擅命口含天憲而幺麼小豎亦四出橫行吸髓飲血其為妖孽不祥孰大焉乃愚更不能為當日閹臣解也方稅使初出自應相繼力諫諫而不聽則辭其位而不居可也而阿諛順旨漫無短長亦將焉用彼相哉為集礦稅諸使嗚呼天王聖

明寧不知此輩之為民害而護如驕子者則貨利蠱之也
故繼之以内庫進奉
萬曆二十四年六月差户部郎中戴紹同錦衣衛僉書楊金
吾往河南開礦
時政府為蘭谿趙志皐南昌張位南充陳于陛鄞縣沈一貫
差承運庫太監王亮同錦衣衛官張懋忠往真保薊永等處
開礦
疏兵部尚書石星疏開礦往事自洪武十五年錮閉永不許
開載在祖訓成化年間開而即罷嘉靖年間兩開兩罷誠
見於開採不已必至蔓延蔓延不已必至搶攘其患不可

勝言臣恐天下從此多事矣不報　凡疏言礦稅者非奉
嚴旨則留中
九月錦衣衛百户仝時雍奏昌黎縣出金礦又産石青遷安
縣荆家峪出銀礦有旨着太監田進會同該地方官作速
前去開採差太監王虎于真定王忠于昌平錦衣衛千户
陶壽于房山淶水等處各開礦
疏給事中戴士衡疏末云頃千户鄭一麒奏開昌平礦洞該
部具覆奉旨其地方果係関陵脉處所務要詳細踏勘不
許[illegible]動夫陵寢形勢既雄發源必遠少有身家者尚思竭
周旋保護之力以垂久遠之利矧燕翼貽如陛下乃以刀

錐細利遽行開挖有如來龍之脉一傷則金陵之氣盡索
嗟臍之悔其何及乎宜如道臣之請降旨停罷庶足以妥
九廟之靈貽千萬世之安也
差太監曹金同原奏把総韓太極往浙江觀海孝豐諸曁等
處開礦
差太監趙欽同原奏百戶段大金往陝西西安臨潼等處開
礦
差太監張忠往山西開礦
差太監韓濟同原奏百戶鄭惟明往天津等處查収店租
錦衣衛百戶丘継勲奏陝西藍田縣湘子山黒龍峪香子臺

白羊叚龍家口等處有礦百户典守正奏河南禹州信陽等處有遺漏礦洞有旨着差去陝西河南官一併查驗開採

差太監陳增往山東魯坤往河南各開礦

疏給事中戴士衡疏陛下頃因武弁之言特下開礦之令中外四出所在驛騷安危之機未之所底又有借陳礦務干政擅權太監陳增之疏則曰一應事宜聽臣便宜行事事竣之日承委文武職官會同撫按分别舉刺以示勸懲魯坤之疏則曰各官既承事使於臣宜有所轄是欲以撫按自處也是欲立於監司之上也堂堂天朝柰何令刀鋸之

餘品題天下豪傑哉恐振壇復見於今成彬再起於後禍
播生民毒流薦紳有不可言者矣

差承運庫太監王忠往横嶺開礦
錦衣衛百户李綸奏請差内官四川採木
疏左副都御史張養蒙疏陳五事内一款云撫按之任漸輕
夫撫臣擁旄專制按臣持斧代巡祖宗朝有專設有特遣
信任固甚重也年來似漸輕矣勿論減免舉劾等疏往往
見格即如開礦一事各省直撫按無不嚴旨切責猶曰君
父有命不敢違也鄭一麟千户也輒奏督撫孫鑛等遲玩
此下疑有脫誤
是千户制督撫之命矣王虎中貴也輒叅巡撫按之私民

也昔祖宗之民採天地之財以結貂璫之歡而適陛下之
意苟可靦顏誰不攘臂傾肯忤近倖抗至尊以取罪戾哉
懼其生事釀禍以貽陛下之憂而甚異日封疆之重罪耳
一璫得志諸璫効尤一處鴟張各處虎噬撫按斂手又何
有於監司郡邑萬一山洞騷然變生倉卒此時雖啖其肉
亦何救於敗乎臣願陛下重撫按之權勿再惑於讒佞之
說凡開礦地方聽彼便宜約束差出監衛各官但有不遵
詔旨縱役擾民仍聽彼具實參究處治庶紀綱有寄而禍
端可以潛消矣太祖戒內豎之官不許干預外事何其嚴
也浸淫於正統之初濫觴於正德之季賴世宗英斷立掃

而革之海内蒼生始獲蘇甦陛下在御二十四年而天下晏如也邇來中使復紛然四出矣有開礦者有勘寄者有查店房者乞請之章無日不上批答之旨無日不下惟陛下有藉大工以實内帑之心故左右藉京弁以營差京弁藉左右以罔利陸松請并差内臣即差内臣趙承勳請差張燁即差張燁百言百聽如取如携豈衛弁皆急君之義而朝紳盡悞國之臣乎採礦不已漸及採珠皇店不已漸及皇庄繼而營市舶繼而復鎮守内可以謀坐營外可以謀監軍正德弊風其鑒不遠臣願皇上蚤燭群豎之奸慎勿再遣已遣者宜即撤還或嚴加戒飭勿得信凴牙爪荼

毒蒼赤庶地方相安而紀綱不至淩替矣

二十五年二月差御馬監太監王朝用往天津收商稅

冨峪衛指揮王守信奏請開山西平定稷山等處礦洞下王虎并採

濟州衛指揮劉應武奏請開山西代州等處礦洞下張忠并採

太監王虎田進互相訐奏撤田進回京

金吾衛指揮張一蘭奏請開珠寶窩山礦洞下王忠并採

五月河南巡按姚思仁疏請停罷開礦一礦盜哨聚召亂可慮二礦頭累極土崩可慮三礦夫殘害逃亡可慮四礦兵

缺粮鼓譟可慮五礦洞遍開浪費可慮六礦砂銀少逼買可慮七民皆開礦失業可慮八差官肆横激變可慮末云鹿臺積而商郊墟私藏盈而漢社傾雒口充而隋祚絶瓊林滿而唐業衰錙累銖積晝筭夜籌求足帑藏而富府庫曾不得其半通一輪之用適足為盜賊資藉耳

二十六年五月撤回浙江開礦太監曹金以劉忠代之

六月兵仗局副使宣武門官王朝奏請開採珠池奉旨差内承運庫僉書内官李敬同先前原奏葉本立等前去採辦户部查炤先朝事例寫敕與他

七月神武門千户朱仁奏請徵江西湖口縣舡税

武驤衛百户劉應武奏請採取山陝木税章下部
差太監馬堂往天津臨清等處抽税
二十七年二月差内官監太監李鳳同原奏府軍右千户陳
保往廣東開礦兼理市舶司徵税
差内官暨禄同原奏百户馬承往儀真抽税
差奉御劉成同原百户張宗仁往杭嘉等處徵收客貨魚課
命原差魯坤同原奏千户王官徵收彰德鄧州等處土産馬
匹
差御馬監監官王相同原奏千户王三槐徵收廣東從化縣
地方租税

差尚膳監監官楊榮同原奏千户張國臣往雲南開採金銀
礦洞
差御馬監監丞梁永同原奏千户樂綱往陝西徵收名馬貨
物　差御馬監監官丘乘雲同原奏千户翟應泰往四川
徵收貨税
差尚膳監監丞高淮同原奏千户閻大經往遼東開採金銀
礦洞并徵收馬匹方物
命蘇杭織造太監孫隆督同原奏百户陳道元徵收蘇杭常
鎮貨税
命原差珠池内官李敬督同原奏經歷胡奉正開採廣東自

置礦山

命原差太監王忠督同原奏百户柳勝徵收密雲等處貨物

差奉御李道同原奏千户朱仁徵收江西湖口舡税

差奉御孫道同原奏指揮王銑徵收太原等處貨税

差奉御潘相同原奏百户趙應璧往江西開採南贛等處礦

塲　差奉張燁同原奏百户劉思忠徵收蘆溝橋等處貨

物馬匹

業差事下道照行

此行移自上接行

通州張家灣等處客税

差太監魯保往揚州徵收税淮塩税

差御馬監監丞高寀往福建徵八府一州市税兼管礦務

差御馬奉御陳奉同原奏總旗甲敏往湖廣開礦
差內官監官張忠同原奏百戶吳應麟往山西蒲解二州
安邑等十縣徵收鹽課餘積銀兩觧進
七月命南京余大壽等開採寧池礦洞徵收南直地方舖面
銀兩
差內官監監丞張慶同原奏百戶范蒼往貴州徵收稅銀尺
觧進名馬
忠義右衛百戶高時夏奏請查觧浙福鹽課餘銀等事
疏戶部尚書陳蕖疏鹽筴一悞豈容再悞事國計莫急邊儲
邊儲最要無過鹽筴兩淮春夏鹽課該二十餘萬今歷十

月尚無纖毫觧部若河東塩課小人爭变其稅官商俱困
業已大壞臣等方切隱憂勢必延及福浙忽見百户高時
夏謬陳浙福塩場屡年積蓄淮塩壅滯引目約有銀三十
餘萬兩即蒙允行又徐州沿河舡料等項積有餘銀扛濟
漕計何至餘銀六七十萬小人巧中朝廷心殊可誅皇上
博覧古今如此景象天下可保無事否

十一月更給湖口稅監李道閑防

二十八年正月武功右衛千[illegible]謝應魁奏獻湖廣金銀真礦
下陳奉開採

指揮王承謨奏陳廬州四府遺稅下 稅監暨禄帶徵觧進

百户李鑾奏請開湖廣銅礦下税監陳奉兼管鑄錢解進

百户張欽奏獻彰德等府遺礦三十二處下礦監魯坤開採

百户吳鎮奏徵長江遺税下税監暨祿帶管徵收解進

百户王體仁奏徵湖廣遺漏船料税課下礦監陳奉徵收解

進　千户李承恩奏據河南周府審理徐燁脩知河南諸

王之嗣者歷年積下住支祿銀遠或百年近或數十年俱

在布政司絶王庫内收貯約百餘萬兩乞敕廉幹正直内

臣如尚膳監丞王忠與臣前去會同布政司炤原收庫册

清查押解上進以濟急需有旨便着彼處欽差官湖濵會

同撫按等官勘明具實奏請定奪

指揮袁順時奏獻徽寧二府稅契可得銀十五萬兩下南京
守備太監邢隆查勘收解進用
中書田應壁疏奏獻兩淮餘鹽并薦舉御馬監少監魯保有旨
准着魯保掣賣兩淮餘鹽魯保請得節制有司如巡鹽御
史例允之
魯保又請疏専敕關防兼督浙直織造歸德持不可而四
明票旨兼與之禮部事侍郎郭正域抗言曰織造額稅之
別名也保得關防是總督四省也勅可與關防不可與四
明陽應曰好而使文書房近侍以上命脅郭郭持之益力
四明告歸德曰上怒甚必有處分歸德曰郭以此去官可

矣四明慙并恚歸德既而上顧司禮曰保不要閑防也罷

郭侍郎是好官四明疑郭有奥援緣是益忌之

三十年二月上有疾召見輔臣沈一貫于隆宗門是月十六日己卯夜半傳出聖諭開礦抽税為因三殿兩宫未完帑藏空虚權宜採用今着傳各處礦税織造燒造内官有御用及婚禮袍服俱着烙舊已採徵收在官金銀等件并織完緞疋燒完甕器着原差内官押觧進用如有奸悪截阻及驛遞應付遲慢者指名紀處分刑部及鎮撫司干連前項犯人都着釋放各還職業建言諸臣都着還職起用科道俱着補用兵部尚書田樂户部尚書陳蕖俱着即出供

疑有脱誤查明史

甆

職工部尚書楊一魁失塞黃河堌口衝我祖陵着革了職
為民該部院知道
反汗聖諭內閣朕前眩暈召卿面諭之事其礦稅等項為因
兩宮三殿未完帑藏空虛權宜採用見今國用不敷難以
停止着照舊行待兩宮三殿落成該部會請停止其餘事
宜卿再酌量當行者擬旨來
前諭既出中外歡呼如更生聖意旋悔欲追回成命司禮
太監田義不可奏業已須行豈可反汗上怒欲手刃之遣
內奄二十餘輩至閣中追取四明猶豫未定內奄輒自相
撲流血被面四明惶懼亟將前諭繳納大為田義所鄙比

四明相業第一事也

附有林章者福清人見礦稅四出逮繫相望謂大工軍興縣官仰屋不當空言聒噪徒激明主之怒因抗疏請止礦稅兼陳立兵行鹽之策上閱之大為感動下內閣票擬舉行四明承內奄指寢其事密揭請逮治章望闕長歎撫膺憤慟即日下獄暴病而死天下寃之

疏

太僕寺卿南企仲疏論吏部尚書李戴刑部尚書蕭大亨冢云本月十六日內閣奉聖諭停止礦稅諸使釋放羈候人犯盡復建言諸臣臣等舉手加額咸頌聖明舉動並美帝王乃令數日不聞吏部復職者何人有賢不舉是為曠

官奉旨不行是為蔽賢臣以為李戴當罷也刑部被逮諸
臣關三木而頭搶地鼎于天地之和一蒙寬宥奚啻再生
乃大亨弗聞也者臣以為大亨當罷也
聖諭內閣今日覽文書太僕卿南企仲不以君父為重專市
私恩新舊建言降革諸臣都不准復職其礦稅干連人犯
着刑部鎮撫司炤舊牢固監候不許縱容南企仲本當重
處姑降一級調用不許朦朧推陞李戴蕭大亨奉公守法
都着即出炤舊辦事不許煩辭奏擾
疏
户部尚書陳蕖疏惟天眷聖天啟聖衷革茲弊政病安而
改何以荅天不可一絲綸已布渙汗難收朝令夕更成何

政體不可二海内久苦礦稅如在水火罷而復行詛怨為
甚不可三前諭已須耳目難掩中使謝政且去孰肯聽其
再留百姓擲尾相辞孰肯聽其再剥不可四朝廷既失信
於百姓後雖有罪己恤民之言亦皆視為故紙不可五

疏

給事中蕭近高疏皇上試思病篤之時珠玉滿前誰為續
命之膏奇衮盈目孰是延生之藥所積者區區無用之物
所失者堂堂帝王之信皇上永堅最初之一念俯答臣庶
之祈籲將原傳停稅逮繫起廢三事一一施行將人心悅
而天意回祈天永命之道計無要於此矣

疏

御史李培疏頃從邸抄見聖諭聖躬康泰仰承聖母眷視

加恩武清伯李文全俸米三百石伊子李承詔陞指揮使
欽此臣竊以為皇上孝事聖母不當以一己之孝養為孝
當合四海之歡心以奉聖母乃為大孝今四海蒼生自有
礦稅以來中使橫行群小肆志離人父子折人妻孥掘人
坟墓毁人田廬種種慘狀聖母聞之久有愀然不樂者柰
何旋行而旋停暫開而復閉也至於千連礦稅人犯或失
於逢迎或過於杭峻授閒擿隙朝上夕下囹圄之苦度日
如年聖母聞之久有惻然動念者柰何甫解三面之網仍
靳泣罪之仁也若夫逮言被廢諸臣言雖過戇而罪有可
原即曰人之才品不同之真僞亦異是在一甄叙其流品

綜核其生平媸妍蒼素莫能遁矣柰何槩擯之田間終老
之牖下也

疏

御史余懋衡疏皇上四海為家即有工役豈必礦稅不如
明敕戶工二部曰三殿未搆除發內帑外爾部可為區處
錢粮一切礦稅盡行報罷工部會計財用若干移咨戶部
戶部通行各省直撫按量行派助陸續解部約以四年為
期民未有不欣然從事者也何也與其礦稅不撤貽禍天
下孰若田地人丁量攤協濟分為四年徵解天下固將安
之有吉蕭近高余懋衡李培本當拿究重治姑且各罰俸
一年

七月百户王遇桂奏請徵解南直十四府田房税契銀約二十萬兩并高淳等縣馬場閑地変賣可得十萬兩下南京太監刑隆查勘解進

疏

户部尚書趙世卿疏前者奸徒袁順時等揑奏徽寧二府税契銀六萬兩臣部與撫按諸臣屡疏請停未蒙命允未幾而王遇桂等十四府税契銀二十萬之奏下矣今内臣邢隆疏再奉前者而江南江北撫按諸臣之疏纍纍至矣盖契税原為民間貿易田産而設也一歳之貿易稍多則税亦多一歳之貿易偶少則税亦少安能强為定額往年東征闕餉臣部立法稽查歷年所解多至数萬少僅数千

何故一旦頓增二十餘萬也稅契明例取利甚微而錢粮徵收稅尾難滿豈前此皆為烏有今日始為徵收此不過細人奸弁礦稅之外苦於無名不論有無巧立名得旨之後或以遠年田產指為隱匿或以睚眦小釁蔓肆株連暗取者倍於明徵恐嚇者多於輸納用以强足此二十萬之数耳其攫取而潤私囊者不知有幾十萬矣蕪松之間賦額煩重江北一帶災沴頻仍所存只此民力耳而目前漕運白粮金花折色袍段織造種々課程皆其出辦茲且重之以二十萬之稅區々孑遺何以堪之臣以為王遇桂等之罪不容誅也此疏在次年四月

附此見誣妄之証　南京守備太監邢隆奏繳関防事先該指
揮袁順時奏稱嶶寧二府買産税契約銀十五萬兩又該
百户王遇桂奏稱南直十四府買産税契約銀二十萬兩
并前一并觧進除欽遵外隨經會同各該撫按嚴行各府
州縣将買産税契一查共徵過銀八萬四千二百九十四
兩一錢已經四次差官恭進續准撫按揭稱前項税契原
係大造年分積累所貯今已盡觧須待十年之後民間另
有推收方可復徵税契欽奉勅諭関防一并進繳則奸棍
絶覬覦之念良消疑畏之心有旨這所奏税契銀兩須待
十年後民間另有推收方可復徵既經内外官員會同依

擬行敕諭閔防着進繳　此疏在三十二年六月

百户張仁奏獻替補銀兩事總旗替補三百名小旗六百名可徵銀三萬兩校尉三千名可徵銀四萬兩有准替一半

百户閻應龍奏福建海澄縣界外機陽山每年積金十萬兩紋銀三十萬兩下税監高寀查勘觧進

後高寀覆奏遵旨差官過海勘明機陽不產金銀等事奉

旨張嶷這廝外省奸民潛來京師交納職官虗誑朝廷蓄謀叵測好生玩法便着内官高寀會同撫按差官拏觧來

京同閻應龍一并究問吕宋酋長答送差官區甲銀盔短刀着内庫查收

内官監監官王朝秦開山西煤窑每年變價五千兩年終解
進有旨准開取以濟工用如有附近勢豪侵霸違抗的着
指名參處究問十一月命太監魯保帶徵浙直等處歲造
羨銀解進内庫
千户李英奏獻牧馬草塲遺租二萬兩下御馬監官王昇查
勘疏
禮部侍郎郭正域疏我朝列聖享國長久無如世祖陛下聰
明英武當法世祖臣謹按實録寶訓嘉靖初年御史陳實
言廣東珠池宜罷御史盧瓊言各處鎮守當撤疏入俱報
聞先是陝西鎮臣廖堂誣奏華州知州劉錦御史喻懋賢

白其事隨得旨劉錦復職夫珠池有利一言即罷鎮守有
官一言報可劉錦有司耳一言即復此世祖〔宗〕初政一日而
天下改觀也又嘉靖八年三月御史毛鳳詔疏言内臣外
差太冗上命如議已兵部議所當裁者宣府監倉北路東
路守備各一薊鎮昌鎮劉家口太平塞欒陽營鮎魚石匣
魚崖口峨眉山守備各一寧夏遠東鎮守各一浙江市舶
提督一得旨盡革夫鳳詔一言而所罷不下數十餘處不
下數十餘人凡此皆太祖之所無武廟之所增今一旦盡
革數十年之弊政真大聖人之作用也又嘉靖九年五月
鎮守雲南少監劉福安赴任請以家人五十名自隨科臣

張潤身以非例劾奏詔降福安三級家人皆以下法司究問已而詔革雲南鎮守官夫福安所請者家人耳非投充之比。又五十名耳非數百人之多也世祖既逮其人又革其官誠恐擾害地方小民窮苦無處控愬激成大變故重加創懲也是年七月南京內臣高陛進貢魚笋索舟夫不遂詈筍不進兵部言陛等騷擾違旨詔下南京法司勘問夫高陛進貢魚笋原係上供之物而需索舟夫似可借口以卸禍於地方世祖不罪有司之怠玩而罪陛等之害民誠見供億維艱不可不念需索之端不可開也又嘉靖十三年四月南京織造太監李政奏請增官下法司逮問夫

增官織造非預民事也輙從逮問況事干小民曰奪其命
日傷其心豈可輕易增人又嘉靖十七年武定侯郭勛請
復各處鎮臣并令開採上曰各處鎮守内臣不係太祖定
制既而科臣朱隆等劾勛所言黷貨殃民上是其言已之
夫郭勛小人但知言利取寵不顧國家大計若非聖心獨
斷則嘉靖數十年聖政為小人一言壞盡矣又嘉靖二十
年六月致仕通判趙壁儒士王政教王文登等各言浙江
觀海衛於潜開化松陽遂昌各縣銀礦可開上命錦衣衛
千户蕭堂往勘廵按王紳以所屬銀場僻在山峪溪谷小
径恐流徒四集刼掠村落乞行封閉南廵撫汪文寧亦言

唐瑀所奏大理開採俱妥宜重懲之上曰各處銀場既有損無益即如舊封閉趙壁唐瑀等俱下御史提問凡此數條載在國史昭如日星臣再四捧誦反覆思維世祖〔宗〕舉天下鎮臣一朝盡撤皇上奈何以此輩布滿天下世祖〔宗〕不難盡革前朝之故政皇上何難更新自己之往事令內外官員稍有志氣者亦思砥礪名節流芳後世陛下貴為天子聰明過人柰何不効世祖也不但當法世祖〔宗〕又當法高皇帝洪武初年有言山東銀場可採高皇帝曰銀場之利我深知之利官少損民多況今生民凋瘵豈可重勞言者慚退洪武七年彰德府某言民間瓜菜柿棗畜牧有利高皇

帝曰聚斂之臣甚於盜臣命執而罪之一日覽宋史見太宗改封樁庫為內藏室謂侍臣曰人君以海內為家何有公私貽謀如此何足為訓高皇帝之言如此陛下柰何不上法高皇帝伏願陛下與天下更始凡遍年弊政盡行報罷其無故被逮諸臣盡從寬宥以順民心以謝天下如其不然一方有事而後撤一內臣一方有事而後易一撫臣一方有事而後下一明詔臣恐撫臣不勝易也地方作難內臣不能撤也百姓又不可家喻而戶曉也但願陛下以太祖世祖為法以百姓為本勿吝改過臣愚不勝大願

三十一年正月疏

三十二年八月百户陳其鳳奏巨材充用等事奉旨上天示警朕正修省舉行施恤民德政陳其鳳這厮糾集棍徒奸黨指稱採木誑惑朝廷希圖利己好生欺玩陳其鳳姑着革了職爲民其餘奸黨便着廠衛巡捕緝事衙門嚴行訪拿驅逐

三十三年十二月户工二部接出聖諭朕以頻年天象示警心嘗競惕責己省愆不遑寧處昨覽該部再疏題請興建殿門以完鉅典因思物力難支何時就緒連日熟計見今城工河工一時並舉工程浩大錢粮數多帑藏俱匱民窮財盡困於徵輸致使正供錢粮反無所出京邊之費一時

多之朕心惻然已遣内官監經理内官查清通灣見貯木植回奏且大工浩費不支其開礦抽稅原為濟助大工不忍加派小民採徵天地自然之利今開礦年久各差内外官俱奏礦砂徵細朕念得不償費都着停免若有現在礦銀就着内外官員一并解進馳驛回京原衙門應役凡有礦洞悉令地方官封閉培築不許私自擅開務完地脉靈氣其省直稅課俱着本處燒舊徵解一半并土産解進内庫以供賞賜供用之需一半解該部以助各項公費之資其各處奏帶員役止着押解催攢錢糧不許私設關津指稱委官容令地方棍徒肆行搶奪以致小民不安商稅不

行反虧正課撫按官還同該監官不時訪拿治罪明顯朕
仰體上天仁愛祖宗監臨敬畏修省實政昭示朝廷權宜
濟助大工各省直內外通知毋忽故諭
時礦稅病民已極海內人心洶洶思亂閣部撫按臺省爭
之皆不能得歸德因天變揭請止令撫按採榷召回諸奄
是亦權宜救急之務也

內庫進奉

萬曆二十五年十月薊永礦務郎中戴紹科進內庫銀八百
十兩
山東礦監陳增進內庫銀五百三十兩

河南礦監魯坤進內庫銀八千四百五十兩
二十六年二月山東礦監陳增進內庫銀一千兩請給程守
訓冠帶
山西礦監張忠進內庫銀八千零四十兩
保定礦監王虎進內庫銀一千五百兩
六月山東礦監陳增進內庫金一百二十八兩銀二千一百
七十兩寶石六兩五錢　優詔獎之
真保礦監王虎進內庫金五十六兩一錢銀三千五百兩石
青三十斤
河南礦監魯坤進內庫銀五千兩　優旨獎之

山西礦監張忠進內庫金三十八兩八錢銀一萬五千九十九兩

七月西山煤監王朝進內庫銀三千兩奉旨以後府衛首領州縣佐二以下都兵千把總等官聽你責委如有跡虞必罪不宥通灣稅監張燁進內庫二千四百兩

山東礦監陳增進內庫銀四千七百五十兩

八月河南開礦指揮楊宗吾進內庫銀三千六百五十八兩

橫嶺礦監王忠進內庫銀五千七百十八兩

河南礦監魯坤進內庫銀三千七百十九兩

山西礦監張忠進內庫銀七千五百兩

真保礦監王虎進内庫金二十五兩銀三千五百兩石青五
斤　山東礦監陳增進内庫金二百六十八兩銀二千五
百四十八兩
薊永礦監王亮進内庫銀五千兩
湖口稅監李道進内舡稅銀三百零七兩
兩淮塩監魯保進内庫羨餘銀二萬零二百兩
十二月天津稅監馬堂進内庫銀八千零一百兩又進故監
王朝銀三千七百八十兩
浙江礦監劉忠進内庫銀一千四百兩
横嶺礦監王忠進内庫銀三千四百兩又公費餘銀五百兩

兩淮鹽監魯保進內庫銀三萬零二百兩

山東礦監陳增進內庫金三千零一兩銀四千零四十六兩

二十七年二月天津稅監馬堂奏天津臨清每年加稅銀二萬兩

兩淮鹽監魯保題徽州監生吳養晦開許伊祖吳守禮存日致富百萬有餘祖生伯父叔五人時修時佐時煒時仲時俸每人應分二十餘萬伊父時偉未得分給乞於時修名下追斷匿課二十五萬又追給養晦應得二十萬於內願獻五萬兩助工有旨着魯保追完解進

四月河南開礦指揮楊宗吾進內庫銀三千三百兩

山西礦監張忠進内庫銀一萬五千兩
浙江礦監劉忠進内庫銀一千八百兩
河南礦監魯坤進内庫銀四千七百三十二兩
閏月真保開礦户部郎中戴紹科進内庫銀四百二十兩又
　廩給銀一百三十四兩
湖廣税監陳奉儀真税監暨禄進内庫樣銀各五百兩
廣東珠監李敬進内庫大珠三顆一顆重九分一顆重三分
　三厘一顆重六分二厘又珍珠一千一百十兩

　附
初秦府有徑寸之珠二顆一重七錢七分名曰太歲彈成
化末取入内庫至是石城縣有某者行海濱拾一巨珠重

一兩三錢方之秦府二珠尤為布有後為李敬取去

陝西礦監趙欽進內庫銀金四十七兩銀一千一百兩

真保礦監王虎進內庫礦金三十六兩銀四千七百兩

山東礦監陳增進內庫礦金三百四十二兩銀六千三百兩

馬十七匹

遼東礦監高淮進內庫樣金　兩馬十七匹

江西稅監潘相進內庫樣銀五百十四兩

山西稅監孫朝進內庫樣銀六百兩店名與做福遠

陝西礦監梁永進內庫樣銀三百兩

廣東稅監李鳳進內庫市舶稅銀一千五百兩

河南礦監魯保進內庫銀四千四百兩又掘錢二十九千文
價一百八十兩
七月廣東珠監李敬進內庫珍珠五百二十七兩一錢
山西稅監孫朝進內庫銀一萬兩又進大小木二萬餘根
遼東礦監高淮進內庫樣金十六兩樣銀一百五十兩貂皮
二十張
兩淮鹽監魯保進內庫銀一萬三千二百兩又吳自修罰銀
十萬兩
河南礦監魯坤進內庫銀一萬一千六百六十兩
杭嘉稅監劉成進內庫銀一萬零二百兩

通灣税監張燁進內庫銀一萬零九百二十兩
湖口税監李道進內庫銀一萬三千四百八十兩
直保礦監王虎進內庫銀三千兩金三十兩
八月山東礦監陳增進內庫金三百兩銀五千兩
陳增題長蘆商人錢桂自置住房一所價值千兩願獻入
官作為普寧分店有旨錢桂忠義可嘉准給官帶協同委
管徵収税課　陳增又題冠帶儒士程守訓進獻助工銀
一千兩開採礦務勤勞年久比例乞恩有旨銀着內庫查
収程守訓准授武英殿中書舍人仍理礦務
横嶺礦監王忠進內庫銀三千二百兩

陝西稅監梁永進內庫銀二千兩

天津稅監馬堂進內庫銀一萬零四千四百兩馬三十匹

四川稅監丘乘雲進內庫礦金四兩礦銀四千兩又稅銀一千兩

十月湖廣稅監奉題百户仇世亨揭據原任守備戴燁稱湖廣十五府所屬各項存留羨餘遺漏稅粮贓罰例應入官空兵餉銀絕户産銀河州場田價漁稅等銀何止億萬宜委專查又據興國州土民漆有光周希容揭二十六年四月居民徐勇宋朴陳郎李六姚文六陳謨甫等朋挖黃金萬餘兩内有唐相李林甫夫人楊氏誥命金牌一面方二

尺厚二寸金童一對烏金爐屏燭臺金茶壺金面盆重六斤半金大盆重二十四斤金古錢金木魚尚有左右窖未開隨有徐顯報官豪賄巡簡廖天喻虛詞掩飾等因有旨着陳奉督率仇世亨戴燁漆有光等前去會同撫按并經管有司官員查明一半留與本省兵餉賑濟支用其一半金銀等件一并觧進應用寫敕與他

二十八年正月四川稅監邱乘雲進內庫礦金四十三兩五錢礦銀一百五十兩稅銀一萬五千兩漏稅銀一百五十兩

又手怕羊皮金等

三月蘇杭織監孫隆進內庫銀三萬兩

廣東稅監李鳳進内庫銀二萬四千四百兩

雲南稅監楊榮進内庫銀四百三十一兩

湖廣稅監陳奉進内庫銀五千兩

通灣稅監張燁進内庫銀七百兩

遼東礦監高淮進内庫故監王彦子粒銀七百零二兩人參七斤

山東礦監陳增進内庫礦銀二千兩絶産銀一千一百三十五兩

真保礦監王虎進内庫仙金二十九兩礦銀五千兩稅銀四千四百兩

儀真稅監暨祿進內庫銀二萬零二百兩

杭嘉稅監劉成進內庫銀二萬兩

六月九月南京守俻大邢隆進內庫樣銀一千二百兩樣砂

六十斤

山東礦監陳增進內庫稅銀二千八百九十兩

廣東稅監李鳳進內稅銀三萬六千兩

山西礦監張忠進內庫礦金二十一兩六錢銀一萬六千九

百八十兩

通灣稅監張燁進內庫租銀五千五百五十九兩邊山牧馬

地土銀三千一百七十兩稅銀一萬五千五百十兩粒銀

一千七百十六兩
廣東珠監李敬進內庫礦金三十兩銀二千兩助工銀六百
兩珍珠一千二百顆
山東礦監陳增進內庫銀二千兩絕産銀一千一百三十五
兩　通灣稅監張燁進內庫銀四萬二千四百兩無礙銀
三千兩馬三十匹
山西稅監孫朝進內庫銀一萬六千二百兩無礙銀二萬零
四百兩木植脚價銀五百兩
十一月南京守備太監邢隆進內庫銀四千一百兩贓罰銀
七百兩

廣東珠監李敬進內庫礦金五十二兩礦銀一萬一千兩
真保礦監王虎進內庫稅銀四千三百兩
福建稅監高寀進內庫礦銀二萬兩鹽引價四萬兩
雲南稅監楊榮進內庫寶石琥珀
山西礦監張忠進內庫金二十一兩六錢銀二萬五千五百
八十兩鹽課銀一萬兩餘課存銀一千六百兩
江西礦監潘相進內庫稅銀三萬七千五百兩額外銀餘三
千七百三十兩礦銀四百三十兩又樣金二錢三分
二十九年正月天津稅礦監馬堂進內庫租稅銀六萬五千
兩新增鹽課銀六千五百兩無礙銀四千五百兩節省銀

二千兩助琉璃橋工銀五百兩

四川稅監丘乘雲進内庫礦金四十四礦銀一萬五百三十五兩盐銀三千八百兩額外茶盐稅銀四百五十兩漏稅銀一百五十兩

通灣稅監張燁進内庫牧馬子粒等銀二萬四千三十兩長蘆盐稅銀二千六百兩雜稅銀八百七十五兩

二月湖廣礦監陳奉進内庫金銀様砂一百十斤礦金十二兩五錢礦銀三千兩公費銀一百二十五兩罪贖銀一百五十兩水晶二十斤

浙江礦監劉忠進内庫土司青一百三十七斤掘獲銅錢一

千二百
廣東珠監李敬進内庫礦金五百二十五兩銀五千四百四十兩又珍珠一千二百六十九兩
四月五月六月薊永開礦指揮張忠懋進内庫銀三千三百兩
通灣稅監張燁進内庫租稅銀九千五百五十兩罷贖銀八百九十兩
山東礦監陳增進内庫鹽課銀三萬七千兩稅銀二千七百七十兩
山西礦監張忠進内庫無礙銀六千九百兩
廣東珠監李敬進内庫無礙銀一萬二千兩

湖口稅監李道進內庫船料銀一萬四千兩
雲南礦監楊榮進內庫存餘銀一萬五千二百兩又寶石等
福建稅監高寀進內庫礦銀一千六百四十兩
浙江礦監劉忠進內庫煤價銀四百三十三兩石青三百三
十四斤
陜西礦監趙欽進內庫礦金四百二十九兩掘地獲窖銀一
百三十七兩
山西稅監孫朝進內贓罰銀一千一百五十兩
山東礦監陳增進內庫稅銀二萬五千兩金剛鑽二顆
山西礦監張忠進內庫鹽課銀一萬二千兩礦銀一萬三千

九百七十两
雲南稅監楊榮進内庫金二十两銀一萬五千四百二十两
様銀一百六十两
儀真稅監暨禄進内舡料銀二千九百两遺稅銀一萬七千两
廣東稅監李鳳進内庫舡稅銀一萬零八百七十两塩稅銀
一萬四千两年例存餘等銀三千两
遼東礦監高淮進内進庫銀一萬两羨餘五百零二两又龍
鞍馬方物等物又盤獲漏稅貂皮布疋等物馬一匹
廣西稅監沈永壽進内庫礦金一百零五两礦銀三百五十
六两稅銀三千两罰贖銀五百五十两古窨銀二百零五

兩丹砂八兩五錢

河南開礦指揮楊宗吾進内庫銀六千一百四十兩廪鑛銀

六百兩

山東礦監陳增進内庫金五百十四兩銀一萬二千八百六

十兩贓罰銀七千三百六十兩額外盐税銀三千零五十

二兩又無礙銀一萬六千七百兩税銀一萬八千四百兩

漏税紗羅四百十疋馬十四匹

儀真税監暨禄進内庫銀三萬五千零四十兩遺税銀五千

九百三十八兩六錢贓罰銀一千九百二十六兩

廣東珠監李敬進内庫珍珠一千八百五十八兩六錢又变

價銀三千一百五十三兩礦金一百九十兩礦銀三千兩
賍贖銀三千兩助工五百兩
七月至十一月四川稅監丘乘雲進內庫礦金四十五兩三
錢礦銀一萬六千零五十一兩額外稅銀七千七百兩罰
贖銀三百二十兩節省銀一千兩
浙江礦監劉忠進內庫銀二萬零三百兩
蘇杭織造監孫隆進內庫銀三萬一千兩
湖口稅監李道進內庫銀二萬五千兩節省銀六百零九兩
遼東礦監高淮進內庫樣銀二百兩達馬二十一匹又馬十
四匹

山西礦監張忠進内礦銀一萬零五百三十九兩

薊永礦監王亮進内庫礦金十兩銀三千一百兩

江西礦監潘相進内庫礦金二兩銀六百一十兩稅銀三萬

七千五百兩

天津稅監馬堂進内庫稅銀五萬三千兩鹽務銀六千五百

二十六兩節省銀八百八十兩

兩淮鹽監魯保進内庫引價銀五萬六千兩稅銀一萬六千

九百三十九兩補解銀七百五十兩輸獻吴時修等銀九

萬兩

雲南礦監楊榮進内庫稅銀一萬五千四百兩礦金三十兩

礦銀一千九百三十七兩

山西礦監張忠進内庫礦銀一萬八千兩塩價銀一萬三千

兩無礙銀六萬九千七百兩

承天守備太監杜茂進内庫税銀二萬四千四百兩舡料銀

五千兩存餘銀三萬一千五兩買辦方物銀一萬三千兩

三十年正月至三月河南税監湖濵進内庫礦金四兩礦銀

七千一百兩税銀三萬五千兩紙贖銀一百二十兩古藏

銅器叏價銀一百兩

遼東礦監高淮進内庫貂皮五十八張夷人皮袄十件

江西礦監潘相進内庫礦金五兩礦銀七千一百兩

天津稅監馬堂進內庫贓罰銀一千兩節省銀六百兩

陝西稅監梁永進內庫銀四萬兩絨五十疋馬四匹

遼東礦監高淮進內庫積存銀五百兩

廣東稅監李鳳進內庫鹽稅銀六萬兩

山西稅監孫朝進內庫助工銀二百兩

福建稅監高寀進內庫年例銀二萬兩礦銀二千一百五十

兩　福建稅監暨祿進內庫稅銀三萬三千三百兩積存

銀五百六十兩

廣西稅監沈永壽進內庫銀三萬四千兩礦金九十三兩礦

銀六百兩

兩淮塩監魯保進內庫銀三萬六十六百九十四兩又一千
六百四十兩
南京太監劉朝進內庫各府認解礦銀共七千七百兩
廣東珠監李敬進內庫礦金一百五十兩銀五千兩大號珠
一兩一錢二號珠九百零四兩又提舉胡煃助工銀一百
兩　浙江礦監劉忠進內庫樣金十二兩樣銀五百兩礦
銀七千五百六十兩土回青五百六十斤
通灣稅監張燁進內庫租銀九千七百兩稅銀二千五百兩
魚葦銀二千四百兩艸場銀一千四百兩
四川稅監丘乘雲進內庫礦銀一萬五千兩稅銀七千兩漏

稅銀二百五十兩
山東礦監陳增進內庫稅銀二萬零三百兩礦金一百三十
兩礦銀六千四百兩香稅銀一千兩紙贖銀十六兩贓罰
銀十兩
南京守備太監邢隆進內庫蘆田銀六千三百七十三兩子
粒銀一千零二十四兩新增銀二千六百零三兩
湖口稅監李道進內庫稅銀一萬二千三百零八兩紬緞紗
羅二百疋夾紗圍屏二架各色汗巾二千條
四月至六月蘇杭織稅太監孫隆進內庫銀三萬各樣袍緞
四千四百疋又土物二十箱

山東礦監陳增進內庫礦金一百八十兩礦銀八千四百兩
陝西礦監趙欽進內庫礦金五百五十兩礦銀一萬三千九百兩
兩淮鹽監魯保進內庫吳時修等代納輸獻助工銀三萬七千兩
山東礦監陳增內庫歲課銀一萬五千兩
廣東珠監李敬進內庫珍珠五百六十一兩礦金一百五十八兩礦銀三千兩
廣東稅監李鳳進內庫鹽稅銀三萬兩舡稅銀三千四百兩助工銀一千兩

八月至十一月薊州永開礦指揮張懋忠進内庫銀二千二
百兩
四川稅監丘乘雲進内庫礦金四十兩稅銀一萬五千兩額
外茶鹽銀五千八百兩礦銀一千一百三十兩
湖口稅監李道進内庫銀舡稅銀二萬五千一百兩
蘇杭稅監孫隆進内庫鹽課銀一萬三千兩稅銀二萬兩
廣東稅監李鳳進内庫福舡番稅銀三百六十兩
遼東礦監高淮進内庫無礙銀六百八十兩馬四十匹
陝西礦監趙欽進内庫金五百七十三兩銀一萬四千四百
兩助工一千兩

福建稅監高寀進內庫稅銀一萬二千兩餘盐銀一萬三千
三百九十礦銀四千兩
廣西稅監沈永壽進內庫春冬二季稅銀三萬五千兩無礙
銀八千三百五十兩銀壺礶匙等罷九十六兩罰贖銀五
百零四兩礦金七十兩零伍錢礦銀三百四十兩
兩淮盐監魯保題獻諭銀兩等事奉旨這奏內吳時修并進
獻諭工銀九萬兩既已完解准炤户工見行開納事例吳
時修已故吳時佐年老伊男吳養春養節准授文華殿中
書弟姪吳時俸吳養京吳繼志准授武英殿中書實授辦
事以風忠義

遼東礦監高淮題遼東義民張柱輸獻銀一萬兩奉旨這所
奏張柱捐資一萬以助大工忠義可嘉銀着内庫查收張
柱年老伊子張國官國宦與做武英殿中書以風忠義
廣西税監沈永壽進内庫夏秋二季税銀二萬二千四百兩
罰贖銀四百五十三兩掘出古窖六百兩礦金五十二兩
銀一百三十三兩
三十一年正月四川税監丘乘雲進内庫礦金三十五兩礦
銀一千二百兩紙贖銀三百兩茶塩税銀六十兩
儀真税監暨禄進内庫遺税舡料銀一萬七千兩
河南税監胡濱進内庫税銀三萬五千兩無礙銀二萬五千

八百三十両礦金十一両礦銀三千両
天津税監馬堂進内庫税銀一千五百両租銀一千一百両
節省銀三百七十両商税銀三百両盐務銀一百三十両
利國銀六十両粒銀三十両
江西礦監潘相進内庫税銀三萬七千五百両額外餘利銀
二千七百両礦金五十両礦銀三百五十両
四月至六月薊永開礦指揮張懋忠進内庫銀一千五百両
浙江礦監劉忠進内庫税銀七千三百両煤價銀三百五十
両
雲南礦監楊荣進内庫銀一萬三千九百両

山西税監孫朝進内庫銀二萬六千三百兩漏税銀三百兩
福建税監高寀進内庫礦銀一千二百九十兩
通灣税監張燁進内庫魚葦課銀五百四十一兩
承天太監杜茂進内庫買辦銀一萬二千兩税課銀三千九
百兩
陝西税監梁永進内庫税銀三萬五千兩盐課銀三千兩
蘇杭税監孫隆進内庫盐税銀一萬三千兩
南京太監邢隆進内庫棚廠銀四千八百兩
遼東礦監高淮進内庫礦金六十兩税銀二萬三千兩子粒
銀一千八百兩羨餘銀五百兩又馬匹貂裘等物

河南開礦指揮楊宗吾進内庫銀五千零五十二兩

廣東稅監李鳳進内庫盐課銀四萬四千八百兩市課銀四千四百兩積餘銀一千兩

廣東珠監李敬進内庫珍珠一千二百顆礦金四十兩礦銀七千二百兩贓贖銀四百兩

聽選中書阮齊賢輸助河工銀三千兩

疏

給事中祝世禄疏畧試考祖宗朝有遣中使礦於山榷於市窮天遍地動揺萬衆如今日者乎不及今改弦易轍一旦禍亂突發噬臍何及耶

疏

户部尚書趙世卿疏國家錢粮徵收有額曰稅粮曰馬艸

曰農桑曰塩鈔四者為正課各運司者為塩課各鈔関者為関税課契贖鏹香商魚茶屯折富户等項為雜課除徑解邉鎮外大約三百七十餘萬此外則開納樽節軍興搜刮等銀為非時額外之課大約五六十萬不等合此四項方足四百餘萬之数以當一歳之出近来榷宜開採之命一下各處撫按司道有司皆仰體皇上不忍加派之意遂將一切雜課如每年山東之香税商税一萬五千五百餘両福建之屯折等銀三萬四千八百餘両徽寧等府之税契銀六萬両江西之商税塩課等銀二萬六千七百餘両倂歸內使而臣部之雜課失矣其間雜課不敷徵求無藝

百姓不得不以應徵之正銀暫免箠楚有司不得不以現在之正稅量為那移為上官者亦量皇上愛民萬不得已之衷而曲為彌縫以致三年之間省直拖欠一百九十九萬有奇而臣部之正課虧矣山東運司每年割去銀一萬五千餘兩兩淮運使別立超单八萬引而臣部之鹽課壅矣原額關課三十三萬五千餘兩二十五年新增銀八萬二千兩今則行旅蕭條商賈裹足止解完二十六萬二千餘兩而臣部之關課奪矣高淮開納中書李敬開援指揮而臣部事例之課分矣開納軍興樽節等銀每年七萬餘兩盡抵礦稅而臣部額外之課虛矣如蘇州四府十九州

縣自萬曆十四年起二十九年止袍價軍餉造船等項借過本部銀三十八萬七千六百餘兩浙江自十四年起二十九年止袍價借過本部銀三十三萬八千五百餘兩陜西羊羢協濟自二十三年起三十年止共用過銀十四萬二千五百餘兩四川議留陜西濟邊銀兩自二十五年起二十九年止俱於太倉補發過銀十五萬餘兩雲南自二十年起三十年止每年留提舉司解京課銀五十七萬兩而臣之逋課又如此其多矣國家利源止此數項而處處握於中官天下錢粮止此額數而處處自為那移當此之際欲開利孔則無可復開欲急催徵則勢难再急譬如縛

手而求持縶足而求走也抑亦難矣况年外征悖之費用過銀一百餘萬兩征倭之費用過銀五百九十五萬四千餘兩征播之費共用過一百二十二萬七千餘兩鋪宫典禮之用過銀三百六十餘萬兩節年添進買辦共用過銀三百六十餘萬兩節年添進買辦共用過銀五百餘萬兩入者如彼出者如此即全盛之世尚不能堪况今日乎皇上誠穆然深思毅然立斷遠者不敢望第循行十年前之政事臣部得遵十年前之職守内釋匱乏之憂外弭無形之變是在皇上一轉移間耳

真保礦監王虎題先於三十年八月初九日進銀二千八百

二十五兩金十兩又於本年進銀二千一百五十兩金十
兩又三十二年進銀二千六百二十四兩金十兩俱未蒙
御批有旨前項進到三次金銀俱收用了奏内有礦去處
開採日久出砂微細既難取盈准着各州縣量包納銀類
總觧進
七月至九月廣西稅監沈永壽進内庫礦金十二兩五錢礦
銀一萬兩罰贖銀三萬五千兩冬季稅銀二萬三千六百
六十兩
廣東珠監李鳳進内庫方物銀三千零七十二兩
天津稅監馬堂進内庫租稅銀五百兩節省銀三百十五
兩

通灣稅監張燁進內庫雜課等銀共九千二百兩

浙江礦監劉忠進內庫礦金五十六兩六錢銀六千六百兩

杭嘉稅監劉成進內庫稅銀一萬三千兩

山西礦監張忠進內庫塩價餘銀十萬四千四百兩無礙銀

九萬兩

儀真稅監暨禄進內庫稅銀三萬一百三十兩舡料銀一萬

七千兩

河南稅監胡濱進內庫礦金三十兩銀四千二百兩稅銀三

萬五千八百兩

湖口稅監李道進內庫舡稅銀二千四百兩公費銀五百兩

漏稅銀四十二兩

陝西稅監梁永進内庫稅銀二萬五千三百兩馬八匹羢五

千疋

山西稅監孫朝進内庫銀一萬八千六兩百兩

兩淮塩監魯保進内庫引價銀六萬八千兩稅銀三萬零九

百兩

山東礦監陳增進内庫金一百三十兩銀二千八百八十兩

歲課銀七千五百二十七兩香稅銀四千二百九十二兩

無礙銀一千五百兩

江西礦監潘相進内庫金四兩七錢以後包折銀毎年一百

六十兩外税銀三萬七千五百兩
江西礦監潘相進内庫金四兩七錢以後包折銀每年一百
六十兩外税銀三萬七千五百兩土青石羔價銀八百四
十二兩
廣東珠監李敬進内庫礦金三十兩礦銀二千兩年例節省
銀二千兩又題省祭官魯一平先助工銀六百兩今又三
百兩應授指揮僉事

疏

漕運總督李三才天変人離疏畧曰日者迅雷擊陵大風
抜木洪水淊天萬民為魚可不謂天变乎趙古元方礫於
徐李大荣復衆於亳睢盗更有異志異人更多秘謀可不

謂人離乎天天人共憤大難將作臣有不容不言者欲言
惟願皇上速罷礦税而已蓋此爲萬民剥膚之災國家燃
眉之禍須急下令稍收人心其餘大政次第再舉耳臣見
皇上每有催徵必曰内府闕乏不知天下百姓更闕乏也
皇上所爲缺乏者黄金未遍地珠玉未際天耳而天下百
姓之所闕乏也朝夕不一飽父子不相守以此較彼孰乏
孰足孰緩孰急且皇上加意京邊每日催惟正之供使皇
上以此責户部户部以此責撫按豈不光明正大今者千
頭萬緒搜刮無遺百孔千瘡膿血殆盡而猶責之以惟正
惟正不亦難哉若既夢取又足正供祖宗之朝當先爲之

矣然先朝列聖所以不敢如此者正恐天变人離致有
今日耳臣無暇遠及姑就臣境内言之淮徐豊沛臣浸千
里鳳泗潁毫閭閻一空壮者散之四方老弱轉乎溝壑乃
取之礦税取之蘆洲取之塩課取之田房納之公家者十
一吞之群小者十九何取非財何財非民是不数倍於正
供耶不但已也有進貢之夫有皇簰之夫有修陵之夫有
挑河之夫每差不下数千每家不下数両何夫非財何財
非民是又不数倍於正供耶其餘本地存留如官吏之俸
粮兵役之食餉驛遞之馬匹城池之工料又不可屈指数
矣即此無食無衣之民尚加以見徵帯徵之役就此且逃

且死之衆更責以如山如河之求箠楚不停声桎梏滿路衢官惟求罷民惟求死此等景象凡有見聞無不下淚況以皇上之仁明有不出涕者乎皇上又無謂前日已有停止之旨遂可以塞心人也一日不停則百姓受一日之害一日不止則國家釀一日之禍況今九邊有告急之文徵觧有老成之難叅罰官吏催比里甲萬室真如倒懸百姓實在水火又何可聲音笑貌覊縻而籠絡之也為今之計惟皇上豁然天開斷焉毅勇大彰明信一申前旨凡屬礦稅盡行報罷凡自近年以來但有不便扵民者令各處撫按據實疏奏一一改行俾二祖列宗安養之衆猶得還定

而安輯四海九州卅澤之雄無藉口而生心凡在有位方且將順奔走之不暇何至以貽瀆取憎哉

十月山西巡撫白希繡疏山西每年額解正稅銀四萬五千二百兩餘俱已盡數解納乃稅監孫朝止進銀一萬五千八百兩餘銀侵匿不進假稱拖欠又收兵快百餘人用銀四百兩買民房數十間建造中軍所以盧起鳳爲中軍官又原任府尹田疇九列大臣也因宗室新庄地土小嫌妄有私開木廠盧起鳳輒差兵快四十名假稱奉旨抄沒執持器械圍繞房屋搜簡財物罄掠所有又波及隣人吳一方等十三家滿路騷動晋民獷悍激變旦夕間耳

承天守備太監杜茂進內庫礦稅船料銀共三萬八千九百
　兩買辦方物銀一萬二千兩
橫嶺礦監王忠進內庫礦金十兩銀二千二百兩
福建稅監高寀進內庫礦年例稅銀共五萬零二百兩
遼東礦監高淮進內庫人參四十斤內廄馬四十匹
山西礦監張忠進內庫礦金五十六兩礦稅羨餘等銀共五
　萬三千兩積累紙贖銀六百二十三兩
陝西礦監趙欽進內庫礦金一千二百六十兩礦銀三萬四
　千五百兩公費銀一千五百兩
疏
戶部尚書趙世卿疏畧臣部太倉所積歲之所入即歲所

出故來歲復入出入交相灌輸何至不足自權採興而海內之財一入不出積而壅之是源自上窒也安得不匱且生財止有此数臣部歲入稅銀三百萬雜課一百萬此定額也權採所徵豈盡神運撫按明以雜課抵之有司又暗以稅銀償之以致內庫積之無用外庫欲用不得是皇上名為富益而實自損也安得不匱臣部專司錢穀天下有司徵觧有期逋報有責三尺凛凛亦惟皇上威靈是藉然法止降罰已耳自採權之使虎視鴟張單詞熒惑天怒遄加上有所偏重斯下爭趨之臣部之權於是乎分而臣部之法窮矣安得不匱然採權之後皇上第云權宜耳今且

為害矣初止一隅耳今且棊置矣始也有礦則採有稅則榷今則不問有無且包礦包稅矣物力幾何彼實則此虛安得不匱猶未也皇上所遣中使一而羶附之者不啻百也中使所取於民者十而群小之侵漁者不啻千也其獻於皇上者百而諸人所攘奪者又不啻萬也雖曰朘民實則剥已又安得不匱伏讀高皇帝寶訓有曰人君理財與庶民不同庶民為一家計則積財於一家人君為天下之主當貯財於天下豈可塞民而養而陰奪其利乎大哉聖謨固聖子神孫所宜世守勿失者今乃明奪天下之利而陰釀社稷之害無乃非計之得乎伏乞皇上清燕之間少

賜省觀翻然改圖亟除聚斂之臣大布公平之政如是而
國用不敷國儲不裕寰宇不安然後討臣溺職之罪臣死
無恨
二十二年正月至六月山東礦監陳增進内庫税銀三萬六
千八百兩積俸銀七千五百兩贓罰銀三百四十兩
儀真税監暨禄進内庫舡税銀一萬七千五百兩贓贖銀三
三百五十兩雜税銀三百兩
江西礦監潘相奏吉安府廬陵山縣二十三都三十六圖淡
紅錫尾安棠野谿等處六十九都王家山彭家山鮑家山
出產生青奉旨着會同撫按等官委官開採燒造應用

浙江礦監劉忠進内庫礦金五十兩四礦銀七千零八十兩
山東礦監陳增進内庫稅銀三萬五千八百兩積餘銀七千
五百兩
廣東稅監李鳳進内庫鹽課銀五萬零二百九十兩贓贖銀
三百兩
陝西礦監趙欽進内庫礦金七百零十兩礦銀一萬九千三
百兩
橫嶺礦監王忠進内庫銀一千一百三十兩
杭嘉稅監劉成進内庫羨餘銀三萬一千兩
山西礦監張忠進内庫礦金八十三兩銀六萬九千兩

天津稅監馬堂進內庫銀六萬兩塩務銀七千一百兩節省
銀三百五十兩
廣西稅監沈永壽進內庫稅銀二萬七千七百六十兩贓銀
五百六十兩
陝西稅監梁永進內庫稅銀三萬九千五百二十兩漏稅銀
五百兩贓罰銀六百兩又名馬八匹羊絨皮金等物
廣東珠監李敬進內庫礦金二十兩銀二千兩大小珠一千
三十七兩九錢
八月題兵科都給事中田大益題皇上根本之地關係國家
運祚最重者三處俱罹三變皇陵為皇上肇基之祖焉而

明史稿本傳載此疏似係節收

災孝陵為皇上開刱之祖焉而火長陵為皇上纘緒奠鼎
之祖焉而雷震不於其躬於我祖宗天欲蹶我國家禍不
在遠極明白矣我君臣尚迷不悟僅〻以補幾缺官放幾
罪因及幾白辨事之素服角帶以為極修省而圖禳變已
屬謬誕而又遲迴至今各不慨發吾誰欺〻天乎臣觀十
数年来亂政亟行不可枚舉而病根總在貨利一念盖皇
上志在利欲勢不得復分心於天於祖宗於萬民也今聖
諭曰補兩京大僚司屬并各處撫按方面謂能安民生矣
能天敬畏祖矣曰傳三法司錦衣衛開寫矜疑罪犯特加
欽恤謂能好生矣能敬天畏祖矣然而礦稅之欲根不除

衍七字

則群小之恣橫如故群小之恣橫如故則官員之展布實難則官員雖間設而必不安其位礦稅之欲根不除則小民之誅求曰亟小民之誅求曰亟則鉗網之飛中必多則獄囚雖暫釋而其死亡更甚臣故曰病根不除而修省總虛也臣觀自古帝王稱最盛六代而其季世皆以好利亡國故夏桀隕於瑤臺商紂焚於寶玉幽厲啓戎於榮夷桓靈絕炎于私鬻德僖塵奔於瓊林大盈之多儲徽理起禍於花石綱芙蓉閣之淫欲古今所傳亂亡相續有如一丘之貉皇上豈不夙聞也伏祈先撤各省直礦稅以與天下更始次第舉向者十數大政而亟新之

然後人恐可息天怒可回而君臣俱保乎無虞是桐宫輪

臺之後一創見也

兩淮塩監魯保進内庫鎮江等處紗段一萬三千七百七十

二疋

浙江礦監劉忠進内庫礦金八十三兩銀九千五百四十三兩

杭嘉税監劉成進内庫羨餘銀三萬四千兩

陝西税監梁永進内庫銀二萬三千兩

儀真税監暨禄進内庫公費銀一千八百兩

天津税監馬堂進内庫節省銀二百八十兩

真保礦監王虎進内庫包礦銀五千九百五十兩

山西税監孫朝進內庫税銀三千三百兩

廣東税監李鳳進內庫盐課銀三千五百兩

承天太監杜茂進內庫買辦銀一萬二千兩

兩淮監盐魯保進內庫盐課銀二萬七千兩節省銀一千四

百兩

杭嘉税監劉成進內庫税銀二萬一千兩

內官監陳永壽進內庫煤課銀五千一百四十兩

河南税監胡濵進內庫礦金三十八兩礦銀四千八百兩税

銀四萬一千七百兩

福建税監高寀進內庫税銀三萬兩盐引銀一萬八千四百

兩礦銀一千五百兩

山東礦監陳增進内庫礦金一百七十九兩六錢礦銀六千四百兩税銀三萬六千六百兩盐課銀四千四百七十四兩馬九匹

三十三年四川税監丘乘雲進内庫礦金三十五兩礦銀一千三百兩茶盐課銀七千兩紙贖銀一百五十兩

兩淮盐監魯保進内庫餘盐銀六萬八千兩存積銀一萬六千九百兩加罰銀三千五百九十兩

陜西税監梁永進内庫礦税等銀共二萬一千兩盐課四百九十兩又土產物件小姑䌷等馬八匹

江西礦監潘相進內庫稅銀三萬九千五百兩正課銀六千二百兩餘利銀二千七百兩方物變價銀一千兩夫價銀九百兩樣青銀二百二十兩土青變價銀二百兩

陝西礦監趙欽進內庫金七百五十七兩三錢銀一萬九千二百兩硃砂二百斤又於去年七月進金二百七十兩九錢銀二萬九千四百兩

通灣稅監張燁進內庫稅銀四萬七千零八十兩租銀一萬一千一百兩鹽稅銀六千兩子粒銀二千八百八十兩又馬三十匹

承天太監杜茂進內庫稅銀三萬五千兩買辦銀一萬二千

兩船料銀五千八百兩礦銀二千七百兩
四川稅監丘乘雲進內庫礦金四十五兩額課銀一萬六千
五百兩鹽課銀二千兩板槽銀一千一百兩助工銀一千兩
湖口稅監李道進內庫稅銀三萬五千二百兩船稅銀二萬
二千兩贓贖銀三百七十兩橋工銀三百兩
楚王進內庫助工銀二萬零九百三十兩
户部尚書趙世卿題河西務等鈔關七處自萬曆三十年
至三十二年九江虧四千兩楊州虧一萬零二百九十兩
北新虧一萬八千零八十兩滸墅虧一萬八千三百兩河
西虧四萬三千八百兩淮安虧六萬三千八百兩臨清虧

十四萬八千四百兩計七鈔關所虧共三十餘萬云
儀真税監暨禄進内庫税銀一萬兩
通灣税監張燁進内庫税銀四萬三千兩租銀一萬九千兩
子粒銀一萬零八百兩盐税銀六千兩丁銀一千兩
三十四年儀真税監暨禄進内庫山東礦監税銀五萬三千
二百兩徐州税銀一萬一千兩公費銀三千六百兩舡料
銀一萬三千五百兩引課銀七千五百兩五府帯徵税銀
三萬
承天守備太監杜茂進内庫買辦銀一萬二千兩
江西礦監潘相進内庫課税銀二萬七千五百兩

福建稅監高寀進内庫額稅銀三萬兩礦稅銀二千六百七
十兩
陝西稅監梁永進内庫塩引銀一萬七千五百三十兩
廣東稅監李鳳進内庫塩課銀六萬五千兩年例銀三千兩
杭嘉稅監劉成進内庫塩課羡餘銀二萬一千兩
湖口稅監李道進内庫舡稅銀二萬四千六百七十兩
天津稅監馬堂進内庫稅銀四萬二千兩塩課銀六千五百
七十兩
遼東礦監高淮進内庫人參一百三十五斤
河南稅監胡濵進内庫稅銀三萬五千八百兩

兩淮鹽監魯保進内庫大紅紵絲綾紗三千四百匹雜色紵
絲綾紗共三萬六千七百六十八疋
蘇杭稅監孫隆進内庫稅銀一萬二千六百兩紵絲三千三
百四十疋
山西礦監張忠進内庫鹽稅等銀二萬七千六百五十兩
通灣稅監張燁進内庫稅銀二萬一千兩
承天太監杜茂進内庫礦稅舡料銀共三萬八千兩又三萬
二千兩買辦方物銀一萬二千兩
江西礦監潘相進内庫稅銀三萬七千五百兩額外銀一千
七百三十兩節省銀一千兩包折礦銀七百兩方物折價

銀五百兩土青变價銀四百兩
廣西稅監沈永壽進内庫稅銀五千兩又方物等銀一萬二
千兩
四川稅監丘乘雲進内庫礦金二十五兩礦稅銀一萬五千
兩礦銀六千七百兩土産变價銀一萬八千兩
儀真稅監暨祿進内庫稅銀三萬兩山東礦銀四萬二千兩
舡料銀一萬三千兩公費銀一千八百兩
去冬奉旨封閉礦洞各處礦監俱行撤回稅監雖未撤而
本處有司炤舊徵解庵焰稍衰民生亦畧有寧宇矣
廣東稅監李鳳見有司徵收之旨怒甚移文督撫欲將半

解內將若仍自徵收又占定商賈湊集之所督撫行司道
會議皆莫敢先發海北巡道伍袁萃倡言曰有司徵收之
旨昭若日星誰敢干之今只遵奉明旨而已又何議焉若
此地曲狗之而各省直皆不然尚謂粵中有人哉時惟左
布政蔡應科意與伍合而言語更詳即以呈督撫璫議遂
格

蘇州全書

甲編

《蘇州全書》編纂出版委員會 編

·定陵註略

古吳軒出版社
蘇州大學出版社

定陵註畧卷之五

忤奄諸臣

天地不能有陽而無陰不能有君子而無小人奄宦則小人之尤者也唐葉京揖監軍於塗遂終身沉錮宋朝士有呼李憲字者王安石即斥之當時士論之嚴如此迨至今不可言亦不忍言矣昔賢謂君子處小人之道莫備於易之夬有以君子陽交小人而潛離其黨者夬之若濡是也有以君子顯斥人小而不避其害者彖之揚庭是也故從前之道為權為巽郭汾陽之待魚朝恩也從後之道為直為正韓魏公之逐任守忠也二者操術不同其為君子一

也夫君子豈不樂渾厚包容以成無競之風哉顧勢不可
耳語有又之寧為玉碎無為瓦全某忤奄諸臣嗚呼賢者
忤奄斥矣次者唯喏惟謹誰為撫恤此民者挺而走險固
其宜也故縱之以軍民激變

萬曆二十二年七月罷湖廣鍾祥縣知縣李來命
承天府偹太監孫改進解鮮茶用夫五百七十八名一時
應付不及遂將書吏重三十又牌仰知縣押扛李來命申
文查舊時該監委官除正扛撥夫外多派夫四百名每名
勒貼銀三錢里甲分文皆民膏血宜從舊額改怒劾之故
罷

十一月降謫湖廣布政使武尚耕等

吏部接出聖旨前者有旨湖廣例進魚鮓內醬子鮓改作鱏魚如何還是炤舊該布政司官武尚耕等着降三級謫極邊方用

二十四年十一月逮昌平參將梁心

開礦千戶鄭一麟疏地方官員欺君蔑旨事有旨梁心阻撓礦事違背君旨好生可恶着錦衣衛拿解來京究問

二十五年九月逮山東福山知縣韋國賢

山東礦監陳增疏參國賢阻撓礦務巡撫萬象春遮護屬官有旨國賢逮問象春罰俸一年國年後革職為民

二十六年九月逮山東益都知縣吳宗堯

宗堯揭奏礦監陳增〻遂疏劾宗堯故逮

宗堯南直歙縣人選益都知縣時璫陳增横甚誣奏福山知縣下詔獄餘皆震恐往〻長跽如屬吏〻白堯〻叱曰鬚眉男子乃爲奄屈膝乎不往見而之登州謁海防道衡王使人諭增此非他令比也增陽諾堯還王使兩承奉來翼堯輿而入增無可如何下堂迎之成賓主之禮而退然恥爲堯所抗啣之堯過金陵驛〻丞金子登擁騶從如上官堯訶之已盛供張具復却不納孟丘山有鉛礦子登説增此可鬻金幸以見委月得金若干爲壽增檄委之堯教

此下疑有脱誤

詰責子登遂行譏搆增又逮諸富民誣以礦盜三日內繫至五百人堯憤甚疏甚狀於司道兩臺增反誣劾堯遂被逮下撫鎮司打問送刑部益民洶洶爭欲殺增增懼移駐徐州陽出疏請貸堯罪禮部郎鮑應鰲六人謁四明曰南康守星子令徼恩得正襟牖下益郁何獨不然四明密揭入即日釋歸方堯之未逮也父母送其婦來至淮聞逮止不進堯遣吏瞿士樸奉書令歸而增迹得之士樸藏書壁隙中令旁舍兒持去增考樸無所有乃免堯故後抵家尋卒人咸惜之

附陳增常遣參隨某至吳江執四人送府謂其曾劫皇槓群

守置之獄吳江知縣劉時俊請於守欲得四人者審鞫守即與之劉嚴鞫四人則皆士宄串合叅隨為奸利者也因并叅隨訊之簡其身得一小摺内開富民五十三家叅隨遁去而四人皆伏法微劉令則合縣受扳盜之禍可勝言哉舉一事而他事可知舉一縣而他縣可知矣

十一月降謫九江府經曆樊園充

湖口税監李道疏劾園充阻撓商税有旨降雜職謫用

十二月革大理寺卿吳定少卿傅好禮革職為民

傅好禮疏論近郭之内假官抽税辱國虐民有旨降三級謫用已而吳定疏救有旨傅好禮俱降邊方雜職用

已而科道官疏救有旨俱着革了職為民

逮天津土民張子和等

稅監馬堂疏論子和等三十三人曲蔽徵租故逮

二十七年二月逮南康知府吳寶修星子知縣吳一元降調

臨江知府碩起淹

湖口稅監李道疏奸險府官朋謀抗旨阻撓漏脫國課拒

捕戕害多命等事有旨吳寶修吳一元逮問顧起淹降一

級調用吳寶秀抵任兩月既被逮其妻陳氏悲憤不勝自

縊於檻車之旁

吏部尚書李戴等公疏陳增開礦山東而知縣常國賢吳

宗堯逮李道抽稅湖口而知府吴寶秀等又逮各䒭如增
與道者尚多而欲府縣皆唯唯從命一有異同輒露章劾
之陷以不測書之國史萬世而下謂陛下爲何如主哉

三月降諭給事中包見捷外任用
包見捷疏乞罷礦稅撤中官以弭亂本事奉旨朕恭閱祖
訓録已知國初各省直皆有欽差内官鎮守監守監倉䒭
項與該省大武將吏協同行事體訪官員得失軍民利病
其間徵收稅課進獻土產以濟國用相沿已久嘉靖年間
暫撤停止但今典禮相維工作浩煩費用不敷若不權宜
措辦安忍加派小民朕敬天法祖四海一家稍俟充足自

有處分且礦旨已悉非王官并招兵立營陰蓄異謀之比你們職司言責不諳事務黨護狥私要名責直好生狂肆包見捷這畜本當拿問重治姑從輕降一級調用

八月逮荊州府推官華鈺黄州府經歷車任重降調知府李商耕等

湖廣礦監陳奉疏按臣陽誣陰害抗旨撓稅等事參鈺車任重及襄陽知府李商耕黄州知府趙文曄荊州知府高則巽有旨華鈺車任重逮問李商耕并各降一級調用時陳奉行部至荊州夷陵鄉官王篆醵金往迎之知州陸枝不可乃止奉牙爪在州為奸利者陸率州人執而按之

河陸嘗孰人以孝廉起家纂舊少宰坐江陵黨敗者也
給事中項應祥疏內臣參劾信若蓄蔡按臣屢疏置若罔
聞臣恐鴟張太甚則民心益駭狼貪太毒則民怨益深三
湘七澤之間豪奸乘釁與賊為應西南半壁之天下岌岌
危哉爾時即磔奉鑾亦何益矣頃者都門盛傳觀政進
士胡道行一疏汙蔑不道令人髮指及細查之觀政進士
原無其人不知妖語從何而起是必市井無賴所為不是
深究然人心愁怨反側不安亦槩可見矣
九月下西安府同知宋賢等該撫按提究
陝西稅監梁永疏參宋賢并生員許顯忠等奉旨奏內織

造衙門攬頭王印交通管局同知宋賢侵冒官銀私織絨
衣併科歛各行赤金及倡亂生員許顯忠等不法事情便
着該撫按提學等官公同梁永嚴提追究明白奏請定奪
立限定他

十一月革給事中程紹山西夏縣知縣韓薰革職爲民
山西稅監孫朝疏叅韓薰有旨謫邊方雜職用程紹疏言
中官不宜輕信外改不宜輕假有旨降一級謫外任已而
給事中李應策等公疏乞賜矜察垂宥以存職守事奉旨
程紹韓薰俱從輕處了李應策等又来煩擾激聒好生可
惡爲首的姑且罰俸六个月程紹韓薰俱着革了職爲民

逮河南府知事張有倫

河南開礦指揮陳永受疏奸貪有司串通奏官盜賣礦砂等事奉旨奏内張有倫串通鍾應交盜賣官砂銀兩不啻數萬搬運回籍好生玩法着錦衣衛拿解来京究問

二十八年二月江西礦監潘相奏留饒州府已陞通判沈榜仍舊專管燒造陶器兼本鎮捕務

四月逮尋甸知府蔡如川趙州知州甘學書等

雲南礦監楊榮疏異嘗暴虐兇狠群奸等事奉旨奏内蔡如川甘學書横行酷暴抗撓開採并書手陳其蕴及有名生員人等都着錦衣衛拿解来京究問

逮廣東鄉官原任通判吴應鴻舉人勞養魁等

廣東稅監李鳳䟽叛民作亂鄉官主謀等事奉旨奏内土豪李芸昜私抽耕牛稅銀又同主謀鄉官吴應鴻舉人勞養魁鍾聲潮梁斗輝等結黨千餘樹旗作亂平毀工廨劫搶錢粮好生玩法李芸昜吴應鴻勞養魁鍾聲潮梁斗輝都着錦衣衛拿解来京究問

户部尚書陳蕖䟽近接兩廣揔督戴燿直隸巡按牛應元各揭内叅中書程守訓捏旨拘刷大户騙害汪文耀等家私約盈數萬陳保等恃差虐民斃傷梁肇基等五十餘命臣等見之不勝駭愕竊惟詐傳聖旨激變良民罪犯大辟

律條具載若槩置不問則大奸巨悪縱橫宇內人人自危矣我皇上患內庭匱乏一二群小窺探上意言利如狂皇上遣中使中使夥群奸分投搜刮十一以進納十九以營私皇上不問也折人房屋窀人坟墓皇上不問也馹馳咆哮引類呼朋皇上不問也截路市攫酣歌淫縱皇上不問也律無假旨不誅殺人不償程守訓陳保等公然蹈之且拘刷大戶奉何明旨騙詐贓私動以萬計不知作何支銷也縣治乃朝廷建竪百姓實朝廷赤子陳保結黨逞兇非形拷訊堂上諠譁如市門外伏尸如麻生者晝哭死者宿號也聚竪旗實保激之也竊謂程守訓陳保等非寸寸磔

之不足以快衆憤而洩衆寃也

逮涇陽驛丞等

工廠掌司監官蔡可仁疏積霸官役覊慢公務事奉旨進

貢錢粮重務經過驛遞如何延捱逗遛好生違慢這奏內

涇陽回節二驛、丞便着錦衣衛拿解來京究問

五月下山西巡撫魏允貞部院叅看

山西稅監孫朝疏梟獍惡臣大蠹國計首倡阻撓抗違欽

命等事奉旨奏內魏允貞猖狂抗命煨燼木植擴劾貪濫

事情便着該部院叅看來說

吏部尚書李戴等疏看得山西巡撫魏允貞稟性太剛任

事太執待人太峻其自操持甚苦與之處者或不能堪然自撫晉以來事〻節省公費廩給盡充修邉賑荒之用布衣蔬食不携妻子晉中士民皆謂巡撫但謂山西水耳臣等細考允貞平日之事參以孫朝疏中之言允貞獨行孤立多執少與即閣部大臣時有爭論其不能曲意奉內臣可知孫朝之疏至欲食肉寢皮在皇上前尚如此罵詈在彼中盛意加撫臣可知撫臣既參內臣內臣亦參撫臣此乃二臣兩相抗而兩相訐非敢抗明旨也其焚燒木植一節或係奸人放火或係嗾人延燒事隔彼中難以懸斷若謂其貪濫擯剋賍至三十餘萬則臣等以百口保之允貞

原籍南樂去京不遠皇上密加體訪其房屋田地多寡虛實當自了然若指廉潔爲貪婪指節省爲剋攘使天下廉吏聞之無不灰心貪官聞之有以藉口非所以昭平明之理也且撫臣之疏不報而内臣之疏亟行甚於國體政两爲有損蓋朝廷之重惟有紀綱紀綱不自行則必付之撫按今以撫按重臣與中使相爭而罷則何以彈壓沖邊激揚大吏合一省而奉一内臣又合群奸而咲一内臣奸獘叢生誰敢致詰財之入于内庫者幾何而出於民間者無算矣不報

山西魏允貞巡撫罷

允貞在任日廪止受八分京朝官以使事至者亦如之或嫌其薄魏曰計兩食可五豆必食前方丈而後快耶僉事某行部至澤州知州許維新事之無失禮而某少年擧觧首素奢豪自喜撻其行事人許怒停傳給凡三日其窘馳去申文于魏云州乏供具僅殺一毋雞為食魏批云食雞有何不足而尚以為慢露筆作罪案耶某僉事大愧引疾去魏居官如此而竟以奄許罷官輿論極為不平云

六月逮陝西富平縣知縣王正志

王正志先疏劾内監梁永趙欽不報趙欽隨疏劾正志打死原奏士民李英苛即奉旨逮問

此上疑有脱文
袁應訂在第
三頁下

按李植王業弘孫朝之論撫按魏允貞趙文炳皆以鷗擊鳳以狼噗麟此何等世界伏惟皇上病恤民隱倣宋神宗之數四長吁亟改作弦効漢武帝之輪臺悔悟省直黷貨之使一槩撤回数年降謫之官一朝湲任感格在上不在下修省以實不以文何民命之不蘇災旱之不禳乎

十一月湖廣礦監陳奉辱襄陽府通判邸宅

十二月降謫山西夏縣知縣袁應春

山西礦監張忠疏奉旨袁應春抗違明旨蔑視欽敕官不遵禮儀終成矯抗好生欺玩本當重治姑且降一級調邊方用今後各州縣官如有抗違的必罪不宥

福建稅監高寀疏荐本省布政陳性學即陞巡撫
吏科扷叅高寀荐陳性學爲巡撫荐大臣荐小臣之漸擧
撫臣剌抚臣之罔恐祖宗廟無此法度無此紀綱也
後四年甲辰長陵牌震上命重建且修葺諸陵事竣督工
内奄上疏叙功舖張誇詡閣部大臣各臺省郎署之預事
者皆註以考語若抚按之荐属吏然諸臣偃然受之曾無
愧色不聞有抗言奄寺不當操荐擧之權傷國家之體者
真傳笑四方矣
二十九年二月逮湖廣僉事馮應京
馮應京疏劾礦監陳奉不報陳奉随疏劾應京奉旨奏内

馮應京抗違阻撓凌辱欽使及諸不法事情好生狂肆可惡本當拿解究問姑且降襍職調極邊方用

給事中田大益等御史李以唐等公疏救應京奉旨科道官党護馮應京輒肆奏擾好生可惡況此抗違明旨不能調停事務掣肘分于彼此本當重治姑從輕處分了田大益李以唐等又來瀆激馮應京着革了職為民永不許推用再有狂吠的還一體重治

錦衣衛接出聖旨今日覽文書見科道官逞臆瀆激党救王之翰等好生可惡王之翰即宅都着革了職為民馮應京着錦衣衛差的當官旗拿解來京究問

三月諭遼東揔兵馬林煙瘴地面充軍給事中侯先春調邊
方用
遼東礦監高淮疏參馬林奉旨內外官俱係朝廷欽差篆
當同寅協恭何乃各分彼此偏執互爭職守安在這奏內
抗法事情好生可惡着革了職閑住員缺便推堪用的去
侯先春疏救馬林有旨馬林發煙瘴地方充軍侯先春調
邊方用
下山東曹縣知縣成伯龍訣撫按提問
山東礦監陳增疏參知州汪一古及伯龍有旨一古罰俸
伯龍提問

此應行在上二葉前

逮承天府生員沈希孟等罷知府王禹聲荆西守道王振孫
守備太監杜茂疏參沈希孟等糾黨樹旗鼓譟等事故逮
給事中王德完疏今之時事出柙中之虎兕以吞噬群黎
縱圈內之狼虎以搏嚙萬姓惟知吮其血肉不顧破其室
家惟知朘其脂膏不顧夷其坟墓惟知刼其囊橐不顧驚
其妻女則怨憤無處瀉伸鬱鮮無恃可解霧雨以天怒而
屯天譴緣人妖而出如之何而不早今扭解知縣自福山
帝國賢始而益都吴宗堯星子吴一元富平王正志三令
接踵破胆矣扭解知府自南康吴寶秀始而尋向蔡如川
推官華鈺知州甘學書經歷車任重巡檢陳資次第褫冕

矣自永平通判劉光大始而通判羅大巽知縣韓薰運判丁偕皆為編氓矣降級自臨安領起淹始而襄陽李商耕黄州趙文燁知州高則巽郘光廷香河知縣焦元卿皆謫用矣近且荆西副使高振孫承天知府王禹聲論黜未及亦罹罰矣江防道參政沈希化蘄州知州鄭夢禎以佐口中傷亦降謫有差矣鄉官吳應鴻舉人勞養魁鍾聲潮梁斗輝生員張聚奎皆以無辜株連累累遠係矣至撫按二臣建牙持斧而內使恣横敢為彈劾如王虎之論真定巡撫李春盛陳奉之論湖廣巡撫支可大楊榮之論雲南巡撫陳用賓張忠之論河東巡鹽汪以時高淮之論遼東巡

逮襄陽府何棟如
時棟如與馮應京華鈺卞孔時等合力與礦監陳奉相角
凡奉所遣員役少有過犯即縛而投之江奉大懷恨遂出
疏叅之
四月逮雲南知府周鐸
雲南礦監楊榮疏叅周鐸侵匿寶石有旨法司提問
閏四月逮山東臨清守備王煬
天津稅監馬堂名下原奏官鄭惟明疏狠惡守備挾私
造謀鼓衆燒房搶刼錢粮等事叅王煬有旨逮問
十一月降調昌平州知州田廓

獻陵神宮監丞姜朝用疏叅之故降
命山東礦監陳增會同該撫按提問淮安府署印推官張時
猷　逮饒州府通判陳奇可
江西礦監潘相疏景德民變事奉旨奏内土豪楊信三
搆黨萬餘燒焚新建厰房毀壞甕罷等項陳奇不行救
捕好生欺玩陳奇可楊信三都着錦衣衛拿解來京究
問其被毀厰房着動支布政錢粮量行修葺
時上饒知縣李鴻極力與礦監相角礦監下縣查勘礦
洞鴻昧爽飽餐同往令境内有敢以食物市者死礦監
及諸隨從竟日飢渴甚欲覓一茶一脯亦不可得不堪困

傯而歸鴻卒為監所螫罷官

三十年正月逮西城兵馬戴文龍

山西礦監張忠疏揑報舖户事奉旨奏内參隨張國紀係

題奏欽依人役舖户准優免戴文龍違旨輙行申報好生

可惡并段清等都着錦衣衛拿送鎮撫司着實打着究問

了來説不許容縱

閏二月逮南直臨淮縣知縣林綜

尚膳監少監魏兓高疏糸林綜稽遲皇損故逮

三月陝西税監梁永殺渭南知縣徐斗牛

斗牛為委官百般凌辱不勝憤恨自縊

廣東巡按御史李時華疏劾稅監李鳳不報

李時華在任恣睢貪殘粵中人無不恨之珠監李敬因爭珠池與李鳳相仇而敬故乾清宮近侍乃時華所恃依而厚遇之者其論鳳也敬實嗾之欲并管其稅務而時華以此博直聲粵中人言一如此

給事中宋一韓疏稅使惡跡已彰按臣露彈有據李鳳徵多鮮少入已者至五十一萬七千有奇珍寶如猫睛祖母碌夜明珠走盤珠與夫異石異盃異樂異器亦復稱是總之不下百萬濫收參隨四百餘人同署而婚者三十餘人受余元熙美女八人酬以太平橋稅受把總某女樂十二

人給以父兄冠帶又鎖拿羅旁主簿得歛銀一萬両又嚇詐西川徭民得歛銀二萬両及令不為處分待其告變而後圖之恐無及矣

吏部尚書李戴等公疏臣等仰觀天意則五行拂經陽失節東南淫雨西北亢旱妖星侵凌而逼垣日色赭毛而無威河源告竭而水不潤下皇陵見衝而河不効靈矣俯觀民心遠近中外禍亂鋒起期月之間驛書沓至雲南以張安民煽毒火燒廠房告矣江西以開山歛怨相約罷市告矣廣東以李鳳釀禍潮陽鼓譟告矣遼東以余東翥激變碎尸抄家告矣此天人交變之機人事險危之日可泄泄

然不亟爲之慮哉
御史沈裕疏頃陝西撫按二臣奏報黄河竭流夫陝西王
氣所鍾乃遂渺然一衣帶水褰裳可涉如此變異必非無
因且即報中各省撫按諸臣所論列者如李鳳勾夷於東
粤必非無因且潘相採木於江西梁永縱令委官逼死知
縣徐斗牛高淮聽信群小誣奏廵按何爾健此亦今日非
常之變異也
給事中孫善繼疏參礦監高淮不報
時高淮與廵按何爾健互相訐奏至邀截爾健齎本承差
二人各責五十監禁山海關搜搶奏疏匿不以聞故善繼

劾之
六月下原任山東昌樂知縣張光祖等吏部查看
山東礦監陳增疏有旨張光祖白陽秋着吏部查了來看
三十一年二月逮窑民王大京等
督理煤窑内官監丞王朝疏叅大京等有旨逮問
吏部尚書李戴等順天府尹許弘綱等給事中胡忻白瑜
等御史袁九臯湯兆京等各疏論王朝激變俱不報已而
該監太監陳永壽題撤回從之
四月吏部尚書李戴等疏劾遼東礦監高淮俱不報
巡城御史張似蕖題本月二十五日遼東礦監高淮帶家

丁三百餘名俱騎馬懸刀張飛虎幟旌旗蔽日金鼓喧天
直抵京師聲言欲入大内求見至尊潛住廣渠門外給事
中田大益孫繼善姚文蔚等各疏言高淮扵春寒雲擁之
時統家丁数百沿邉城堡無論士民但有数千金以上者
撤骨搜括取盈数十萬慘不忍聞今又聲言入京即求鎮
守陽駭軍民之耳目陰奪将吏之兵權招納四方亡命及
虜中降人千百成群團營立鎮動揺山岳意欲何為
李戴等疏内臣擅離信地私帶家丁潛住京師情形叵測
此数百年未有之事刑部尚書蕭大亨疏兵丁不奉征調
未有敢擅自往來者官員不係領兵勦殺未有敢陳兵自

衛者況以礦監而輒置標兵以都城之外而敢挾兵擅入此其罪可勝誅乎御史袁九臯劉四科孔貞一給事中梁有年等各疏劾高淮矯逆無狀不報

遼東巡撫趙楫疏高淮一次出關萬端作惡帳下之擁衛動至二三千人夷丁之乘馬索至七八百匹所過地方將領等官每處索詐多者四五百金少亦不下二三百金將領等官每喪氣軍士離心又疏論高淮無故打死指揮張汝立亦不報

五月南京禮部右侍郎葉向高疏內而輦轂搜括空虛外而閭閻剝削淨盡窮天極地無處可避誅求擢髓椎肌無人

得安生業最可憫者被逮諸臣竭忠盡職不避禍害與群
小為仇而困辱桁楊淹禁囹圄存者病〻者死覆盆無見
天之時幽谷絕逢春之望哀此纍囚皆祖宗培植陛下蓋
臣何辜而罹此患乎
南京御史孫居相疏內目閣部臺外自撫按藩臬以及守
令無一人得盡其職天變於上人怨於下究且土崩瓦解
不可收拾即使金玉珠寶亘地彌天曾何救於危亂乎
六月原任知縣王正志守備王煬卒于詔獄
給事中楊應文疏鎮撫司見監一百三十名人犯數多監
房狹窄熱氣薰蒸飲食不敷有犯痢而病有染疫而病呻

吟相難保旦夕臣恐所傷天地之和不小也

三十二年二月降調易州知州孫大祚逮土民郝朝等

橫嶺礦監王虎疏奉旨礦稅已有旨待三殿工完奏請停止這奏内孫大祚乃敢混出告示要圖美陞以致棍徒郝朝等先次打死礦徒燒毁礦房今又糾集奸徒劉得秋等鳴鑼擊鼓刼奪官砂毒毆公差圍燒欽使好生忌法可惡孫大祚姑着降三級調用本内有名兇犯便着錦衣衛拿解來京究問

七月兵部主事徐鑾疏頃自長陵雷火震燬明樓臣伏讀

皇上初旨眞有敬天畏祖悚惕不寧之意滿朝臣工舉手

加額惟天惟祖宗俾皇上悔於厥心乃今越一月矣遣官
奉慰之禮已行閣部臺省連章累牘而陳懇者不下数十
上而屢旨再旨徒撫拾么麽数字以感格上蒼消弭大禍
臣竊惑之駭之從前天变積疊臣不敢復贅以為帝王者
天地神人之主至開刱首君其威命靈爽與上帝通通我
太祖開基刱業成祖雖云纘緒而奠鼎功高威靈顯赫最
逼惟長陵聖陵所棲山川之神所共呵護豈有雷電輕易
凌觸臣以為非止天怒蓋成祖在天之靈怒矣上天祖宗
明示皇上以修省以立罷礦稅為第一事以釋豁纍臣為
第二事其餘大政續次舉行將見天心已去而重回祖業

幾危而復安矣

户部尚書趙世卿等疏頃自長陵異變孽火燒楼妖虫蝕樹加以陰雨連綿諸陵之神道橋梁衝潰漂淪又見告矣向奉諭劄再三屢以切要實政為言顧今之切要實政孰有過於礦税者臣等敢臚列其幾臣聞古者聖帝見珠璧而投明王以金玉為賤即伯國之主尚能却燭乘之珠鄙白珩之寶何聦明天縱之主乃至以貨聞哉是以居德之切要論則礦税宜先罷也天下之事害與利相倚散與聚相因故災害並至好利而不奪不厭垂棘屈産不救假道之危鉅橋鹿臺自取倒戈之禍是以禍本之切要論則礦

稅宜先罷也古者君臣殿陛以談經論道爲嘗職薄海黔黎以耕田鑿井爲本業安有鑿空四海之山椎及三家之市驚蛟龍之睡窟剖螺蚌之生胎操弓挾矢如嚴大敵每官虐民如捕逃亡是何法紀成何世界是以治道之切要論則礦稅宜先罷也自有礦稅以來貂璫漁獵虎翼咆哮掘坟墓而枯骨寒心奸子女而淫污掩口素封垂罄已十室而九空白髓塞途且十人而九死以致恨曲愁歌人與爲怨火焚水葬家與爲仇此而不已後將何極是以人情之切要論則礦稅宜先而獨玩之以息弃明期皇上以實政而故應之以虛文大寶罔念而徒仇司空萬金之貴無

益也言路不通即盡擢言官京卿之秩無益也至礦稅一事天譴在此理亂安危在此乃前後聖諭曾有一字及之否諸臣請罷者曾有一語批答否此無他宮寺小人剝民脂膏以填谿壑而藉名孝順以熒聖聽自深宮密邇布滿海內無非若輩故皇上甘嗜而不能自割牽制而不能自斷耳竊見海內人心思亂十家而九河南福建僅其萌兆凡有心識無不拊膺嗟悼皇上何若不知若不聞成祖在天之靈為雷為電為烈風行而以明廟社震驚之象陵樹昆虫為賊為蟊吞食松楸以明宦寺小人妬國害政之象亦至切近至嚴赫矣乃徒以虛文虛辭苟免前件是蔑視

上帝之威重增祖宗之怒也嗟乎自礦稅流毒以來皇上兢惕之旨臣所覩及今而三焉一驚悟於楚民之変未旋踵如故再驚悟於聖躬之違豫又未旋踵如故茲者異変愈逼及今不悟終無悟期及今不改終無改期矣又如詔獄諸臣皆爲皇上保赤子得罪於賊豎未嘗得罪於天地祖宗何爲久錮囹圄死者不可復續存者無復生望人之云亡邦國殄瘁此其事實與礦稅一體不可忽不可緩也伏惟皇上俯採臣言罷也天地生財止有此數國家正賦止有此額自採榷一興以致數年來催拖欠絀外府一空司農若掃求贖鍰而贖鍰銷稽關稅而關稅微取契鏹而

契錙分挟庫藏而庫藏竭誅鹽筴而鹽筴薄是以爲政之切要論則礦稅宜先罷也王人出令信如四時皇上三歲以前嘗曰朕心仁愛自有停止之日夫政厓而後停止善政則奚用停止矣停止而後稱仁愛未停止則曷稱仁愛矣王旨且爲反汗天子有戲言是以先後之聖諭論則礦稅宜先罷前敕諭初頒有缺官當補罪囚宜釋之命識微之士謂礦稅未罷則庶官未必補逮繫未必釋也何也天下之監司方向皆心欲庇民者也皇上方任貂璫以漁民肯使庇民者翩翩布列乎緹騎詔獄半爲礦稅而羅入其中也皇上方欲立威以獨行其採榷之意肯遂釋此輩乎

是以皇上以礦稅浚民生致使銓部不得補其官法司不得恤其獄是以體統相連之切要論則礦稅宜先罷也且皇上臨御以來三十餘年矣所謂供七襄九章之衣者非民耶備八珍九鼎之膳者非民耶供乾清坤寧離宮別館一切土木之役者非民耶進三宮之儀則民備冠服講大婚之禮則民備筐篚上慈闈之聖壽則民備甘旨葺天壽之諸陵則民備羈勒介弟之分封諸王之出閣則民備輜軒齎裹黃流為梗則民備疏鑿挽回西征哱東伐倭南戚播酋北禦强虜則民荷干戈而輸芻粟以致身亡寧武首喪九邊血滿鴨綠之波肉塡夜郎之窟哀哉斯民皇上試

靜思之自服食之微以至宮闕自慶賞之類以至征誅自周廬之近以至海隅何嘗有銖錙不取之民間何嘗有咎刻不用之民力是民亦何負於國哉夫民心即天意也祖德即民瘼也皇上以礦稅傾民之身家天且以雷火燬祖陵之松柏皇上以礦稅轉民於溝壑天且以滛雨衝祖陵之神道橋梁夫人雖至愚未有不念祖宗者人雖至微末有不顧坟墓者故兆不在他而獨及於皇上所最傷心之處非小異也晨兆未入而昭陵之墓柏先摧泥馬初南而輦雉之枋題豫墮祖宗陵墓之穴祥其關於國家興廢若此今之孽火妖虫滛潦浩渺恐不止唐陵之摧柏宋廟之

朽題已也故臣以為欲回天意當先收民心欲收民心當當先罷礦稅以與民更始而示天下以修省之實在躬行不在多言汲汲皇皇如救焚拯溺不可須臾緩者矣

附先是三十年十月大災見於孝陵三十一年五月風雷氷包之災見於鳳陵至今年五月二十三日亥時長陵遇災自開礦以後三年之間三陵皆受災會稽疏有云鳳陽淮泗金陵天壽諸山非皇祖所藏弓劍者乎非萬世聖子神孫所憑以為庇蔭者乎大龍大局來自千里萬里靈秀所鍾必有肯綮要害之處開掘十年不知何脈受傷以致王氣消索災及諸侯也繇此推之先帝甲申之禍安知不

蘊胎於此乎嗚呼可不慎哉可不懼哉

三十四年二月下陝西咸陽知縣宋時濟等訞撫按勘奏

陝西稅監梁永疏有司抗旨狂悖等事奉旨停礦稅分巳

有諭旨有司不仰體朝廷德意乃抗違狂悖主唆奸徒刼

去稅銀擅將奉差番較混拿酷刑監禁却又打傷土民好

生可惡奏內咸陽知縣宋時濟并有名奸惡着撫按官嚴

行拿觧來京究問咸寧知縣滿朝薦既到任未久姑着降

一級調用其拘禁見監人役着即刻釋放毋得連累無辜

務要安靜地方

四月陝西巡撫顧其志疏驚聞嚴旨等事奉旨停礦分稅巳

有明諭乃是裕國安民權宜濟用之計何乃内外官員不
仰體遵奉彼此偏執紛爭以致人心变亂殊負委任之意
本當重治但念德政惟新之日知縣宋特濟并有名奸惡
姑免解問都着撫按勘實奏請定奪滿朝薦姑着罰俸一
年及内官梁永俱着策勵供職其胡奉等查炤各卷問結
不許連累無辜務安地方以昭朝廷寬恤臣民德意
附是年太和山道衆歐辱襄陽知府馮若愚提督太監黄
勲奏聞奉旨太和山地土廣濶道衆煩聚易啟釁端統轄
分守累朝自有相沿舊規何至今日欲有侵奪若止因懲
責一道士亦守土官員體統法度不必因而尋釁忿爭以

致多事黄勲提督有年着炤舊革職嚴加鈐束道衆安益
山場馮若愚等撫按申飭舊規俾各永遠遵守毋得偏執
紊亂務期協恭行事安靜地方該部院知道
按道衆毆辱知府守巡可治也何必撫按撫按又可治也
何必題請及題請不下而奄疏先下竟不敢詰問紀綱法
度澌㓕盡矣嗟乎以風憲官而威令不行於羽流將焉用
此多冠多服持擁旄者為哉時湖廣巡撫為梁雲龍鄖陽
撫治為胡心得
秦府中尉懷埐越關至京訐奏長安知縣沈聽之亦奉旨
逮問

三十五月正月廣寧門守門内奄邢朝殺南直泰興知縣龍
鏜
兵部題群臣毆殺職官事邢朝等毆殺朝覲知縣龍鏜有
旨邢朝等着法司拿問究擬來説
七
月逮陝西咸寧縣滿朝薦撤税監梁永回京
陝西税監梁永疏貪暴縣令殺人刼擄等事本月二十日
傳出聖旨朕前覽御史余懋衡所奏廚役行賄蠱毒殊為
異常後内官梁永又奏辯誣情蹤是以置之不理了這奏
内知縣滿朝薦殺人刼擄好生蔑視法紀便着錦衣衛差
的當官旂扭解來京究問内官梁永着撫按衙門差官伴

送回京交内官監奏請處分原奏官樂綱姑着回衛當差其陜西稅務着河南稅監胡濱帶管催徵觧京滿逮而梁永撤滿直以一身代秦民之命其榮多矣樂綱始則挾永以自重既而復二於永揭開永貪惡多矣余時為代廵不能擄實奏聞乃以下毒為詞反授永以口實甚矣其惑也

三十六年正月逮武安侯鄭惟孝家人齊桓等

馬鞍山掌廠内官田聘疏鄭惟孝聽信齊桓等將本監窑役徑自捉拿稱本監山地係皇祖欽賜伊家坟地遂將各役誣告法司逼挾臣等要將官山退讓等情奉旨這所奏馬鞍山乃内官監官山其窑口係奏過自倫官費開挖月

進煤利以供造作遵行已久鄭惟孝何乃誤聽棍徒妄言山擅自鎖拿窑夫驅逐管廠官員好生無禮狂肆本當重處姑且不究着自省改其妄拿窑夫董二等即便放回本廠應役撥置奸徒齊桓等便着錦衣衛拿送鎮撫司好生着實打問來説

五月逮遼東同知王邦才叅將李獲陽

遼東礦監高淮疏同知撥置叅將協謀等事奉旨這奏内同知王邦才叅將李獲陽等貪酷殘害逐殺欽賜劫搶御用錢粮銀兩擅毁公署好生可恶着錦衣衛拿解來京究問其劫去錢粮等事件着督撫官嚴行追完解京濟工應

用地方官坐視不理本當重治始且不救所獲降夷分發
各邊安插牧養
時擧朝洶懼謂遼人恨淮入骨今反以淮奏注逮二臣勢
必激變山陰及言官論救俱不報一日忽馳詔慰諭地方
云吾居民戍卒勞苦萬端而吏不知軫恤或加傷殘今將
不時逮問對簿鞫治遼人聞詔咸謂天子垂憫元元歡呼
感泣後二臣逮到下獄月餘始撤淮回京蓋上威福獨操
不欲以人進止也
三十七年五月潞府承奉李東朝辱武昌府知府張以謙
湖廣巡撫張問達巡按史弼疏虎璫違旨虐民群守為民

受辱武昌知府張以謙爲潞府祖璫李東朝率領衆惡在按察司將張以謙扯帶毁袍欲行毆打法紀凌夷至此極矣

四十年三月原任叅將李獲陽卒于詔獄

御史馬孟禎李獲陽不可復生矣查見在詔獄則王邦才卞孔時滿朝薦在刑部則有知縣李詞善行將爲獲陽之續寧非聖心所矜憫者乎又楚獄一事群奸欺罔搆成除已被戮外其見發高墻者尚自多人妻子流離哀號動地此孰非高皇帝之子孫又有一非聖心所憫者乎楚獄詳六卷

四十年十二月兩淮廵盐徐縉芳疏稅監萸旨欺君擅離職

守鶖攝地方事馬堂原駐天津今公然揚帆踰淮揚而南蔑視明例無復畏憚罪一不聞題請越疆啓行罪二天津稅務係堂專管既往揚州托付何人委君命於草莽罪三勢必重壞鹽政罪四益悞輸邊罪五將來不惟無課抑且無商罪五昔年臨清激變今必致地方鼎沸罪七逋逃之衆倚堂為淵藪喜亂之徒藉堂為口實中都一摇陵寢震驚罪八一路動則諸路皆動誰實戎首啟此厲階罪九

死

四十一年五月湖廣麻陽縣生員滿能施疏請代父滿朝薦

八月錦衣衛接出聖諭滿朝薦王邦才卞孔時皆係抗違

明旨貪酷殘暴地方不寧本部該送法司從重治罪念輔
臣屢屢懇請姑着革職爲民發回原籍當差不許朦朧起
用
四十二年四月逮土民王進忠金祥等法司提問
天壽山守備太監滿朝用疏參王進忠等盜砍陵木
提督南海子太監盧受疏參金祥等侵奪御苑地土妄欲
開荒乞濬池沼俱奉旨着法司提問擬罪
御史俞誨等疏小民必不可凌習近必不可聽一月之内
浹旬之間内監滿朝用參王進忠等盧受參金祥等朝上
夕下無非與民爲仇豈聖明之舉動所宜有也

四十四年正月調御史翟鳳翀外任用

翟鳳翀疏中涓漸作威福事有旨織造上用龍袍是累朝舊例俱遣内官督造以免後差之擾屢旨織完婚禮袍段即隨運回京復命以後暫且停止寬蘇民力翟鳳翀這廝窺探上意逞臆沽名好生可惡本當重治姑從輕調外任用

先是差太監呂貴督理蘇杭織造并管税務南京給事中晏文煇有浙直久苦内監税造宜併有司疏内云奸民紀光先詐稱機户保舉呂貴皆棍徒戴龍任養浩等為之營幹輦金都門交通宦豎不繇銀臺取旨如寄合撫按盤三

院部卿科道各官求罷不得反令魍魎公行於白晝賄賂大通於宫闈寧不貽天下萬世之笑乎不報及霍疏上遂奉嚴旨

四十三年七月禮部事右侍郎孫慎行疏沉寃久白事霞廣東舉人勞養魁梁斗輝鍾聲潮俱准會試湖廣承天府生員王應麟等十一人仍還本學奉聖旨是

軍民激變

萬曆二十七年閏四月臨清民變

山東巡撫尹應元疏本年四月二十四日據東昌兵備馬怡呈據臨清衛申有脚夫小民三四千名聚集圍繞馬税

衙門聲言本監招募答應長隨人等不遵本監雜粮十石以下及小本生意不行抽稅條約在本州新舊城凡係背負米豆生理之類盡行抽稅以致販賣俱不進城小民度日不支值本監尚未開門群皆叫喊本監衙門擁出多人各持弓箭木棍赶人射打鎖拿五六人進衙只見外邊衆呼衙門殺死人了以致衆心憤激衝入放火將衙門盡行燒燬內外互毆及殘踏死者三十餘人本州守備王煬率領家丁二十餘名冒火突入捧出勅印并馬堂救出在署今合城閉門罷市真異嘗大变也

按臨清之变倡義者王朝佐也朝佐者以負販為業時馬

堂在臨清橫甚諸亡命從者數百人白晝手銀鐺通衢睨
良家子富有力者籍其業之伴傭夫里婦負斗粟尺布貿
易者直搤而奪之少誰何輒以違禁論髠其城旦没其田
僮有首告者以十之三畀之於是中家以上破者大半近
遠罷市朝佐不勝其憤是日凌晨杖馬箠過馬堂門請見
州民懽呼隨者萬數堂懼不敢出則令戟士乗墉發強弩
傷數人衆益沸朝佐攘臂大呼破户而入縱火焚其署守
備王煬大窘入負堂趨而出得免其黨斃者三十七人皆
群邑諸偷臂上黥墨猶新撫按懼失中涓意隱其情以格
鬬聞上怒王煬以救不蚤逮繫下獄朝佐下撫按究問時

議欲盡録諸脅從者朝佐曰死吾分耳吾實爲首柰何株及無辜時東昌知府李士登爭之力欲行曲赦而群人副使傅光宅疏於朝力功御史皆不能得獄具棄市朝佐臨刑挺頸待刃崛強不少挫時七月二十有六日也天地晝晦觀者数千人無不歎息泣下朝佐無子有母及妻群守厚恤之臨清諸大賈心德朝佐歲時餽貽不絕而中涓虐熖從此頓戢州民益思朝佐不置爲立祠以祀焉

二十八月正月武昌民变

湖廣礦監陳奉疏武昌居民聚集千餘於去年十二月初二日赴撫按擊鼓控愬復擁入臣署大肆鼓譟拋磚丟石

持艙挾竿奮臂而入臣以一身當其鋒輒中磚石動履難支時撫按司道府衛縣俱星馳而至隨調兵驅逐防禦僅以身免司房參隨盡被重傷生死未保所有行旅貲囊搶擄無餘自門窓以至輿轎桌倚什物盡火於庭雖愁苦之民思亂已久臣何所遭之厄也

二月南京吏部主事吴中明疏湖廣激变事情昭彰耳目而巡撫支可大乃與礦使陳奉互為蒙蔽臣歷詢之彼中人咸稱陳奉暨帝千户等指稱搜稅詐騙官民之家武漢二府尤甚如嘗鄉官周鄉宦等家陳奉率先至其門然後令人傳意僭稱千歲爺爺要行奏請抄没各勒千餘金方得

解免其次生儒之家則帝千戶等往又次商賈之家則委官劉之良等往皆如前恐嚇各勒數千金總計不下十餘萬其貧不能厭其求者直搜入卧房見婦女恣色則佯稱藏帶金銀逼捉脱衣肆行奸辱或掠入稅監府內以致士民怨入骨髓日夜泣訴有司付之長歎無可柰何後狀稅至王生員之女沈生員妻皆被逼辱衆生員公憤立平齋赴稟訴而素所受害士民湧至萬餘放聲大哭一時奮不顧身甘與陳奉同死遂打入稅府拋磚放火適撫按司府皆至陳奉左挽撫臣右挽按臣聲求救命撫按曲爲解諭衆勢稍緩然洶洶不散當於陳奉府內搜出婦女三口一

口易男衣而逃嗇千戶亦削髮遁去陳奉見衆怒難犯又知身負淫縱不謹之罪畏彰於朝廷乃卸其罪於劉之良等并議將各府徵稅委之佐二官爲解按臣陪陳奉於卧内撫臣坐二門三司坐於頭門調兵防守數日乃散今撫臣曲爲蒙蔽不據實上聞則聖心何由悔悟而天下禍亂將何所底止耶

二十九年三月武昌民再變

宄民萬餘圍繞陳奉公署誓必殺奉奉從後潛逃匿楚府中衆民將較畨較耿文登等十六名綑縛手足投之於江

四月撤湖廣稅監陳奉回京

湖口稅監李道疏奉旨這所奏内官陳奉徵多解少水陸
重徵墊塞商民欺匿國課好生可惡湖口内官請乞更調
以息怨讟其湖廣店租及開礦鑄錢粮等項着守備内官
杜茂兼管陳奉着該撫按差官伴送回京處分
按陳奉橫行楚中發塚抄家殺人焚尸極其慘毒會城士
民再起擊之皆以撫按三司救免上悉其狀召還而金寶
財物以鉅萬計支可大懼有掠之者乃多與之徒衛至襄
陽巡按王立賢議留其行囊簡其數上聞巡道其固勸不
可乃止時新撫趙可懷也入境亦使人導之出彊以故楚
中之人無不痛恨此三人者南省中叅疏有云可大可懷

無一可者也誠然哉
先是武昌黄鶴楼無故自火延燒千餘家黄鶴之機居民有淘眢井者一人入而不出一人繼之曰如有他虞我撼繩鈴急上我其人入見前人已死傍有大穴火光可炤俄一人冠方山冠衣絳袍持刃來逐之其人大呼撼鈴起駃幾死既甦為人述其事聞之道府欲夷其井忽自没又有狐從漢陽門入陰雨作人哭聲尋之則無有民間又見龜蛇大鬭龜蛇俱死嗣後水旱饑饉相仍及陳奉至如虎傅翼擇人而食為奉捶死及逼死者不可勝計至是民殺其黨幾千人踰年而假事起復有諸宗攫金之变殺一巡撫

而王子伏斧鑕者幾人　假王祥六卷

吏部接出聖諭朕思湖廣激变固因陳奉而起其該地方官如何不行巡戢職守安在巡撫支大可着革了職冠帯閑住趙可懷改兵部左侍郎巡撫湖廣限五日内赴任行事

五月戶部尚書陳蕖疏陳三事内云中使四出呑噬無厭礦利些徵斂為包礦買砂名色頭會箕斂則礦非地遺利也商稅抽於此仍推於彼密如魚鱗慘於搶奪則稅非商之羨餘也徵百解一殺人如麻豈獨陳奉一人何怪河流斷絕赤地如焚霖雨愈禱而不應也

給事中田大益疏皇上嗜利心滋布滿狼虎飛而食人使

百姓剥膚吸髓剜肉刺骨亡家喪身掘塚剖棺祗充皇上私藏而未曾錙銖佐國皇上所自知也天下百姓無如皇上分置虎狼何口詈而心嗔人愁而鬼哭籲天〻閽控地〻赤觸山〻崩觸川〻竭憤怨不勝而挾不平聚不逞以倖不可冀又皇上所備聞也皇上幽隱肝胆天下無智愚皆能炤之柰何欲塗民耳目以自解釋諛曰愛民諛曰裕國諛曰計權宜諛曰為德意哉今楚人以陳奉故至沉皇上使者不返矣且欲甘心撫臣矣楚王匿奉府中如芒刺自危而朝廷之人不敢入楚偵緩急兩月餘矣臣謂皇上覩此必發然改弦易轍立礦使而暴罪狀甚便計也而何

恋〻不能割也且皇上不為楚人誅陳奉必受誅於楚人夫使陳奉受誅於楚則柄下持皇上不為楚人捐礦稅礦稅必自捐於楚夫使礦稅自捐於楚則不見德皇上不盡撤天下礦稅之使天下必盡効楚人以要皇上夫使天下盡効楚人以要皇上天下事尚在皇上掌握哉

吏部尚書李戴公疏自去年六月不雨以致今日三輔嗷〻之民不聊生草茅既盡剥及樹皮夜竊成群蕪以晝劫道殣相望村室無煙加以礦稅之議煩興貂璫之使四出不論地有產與無槩加包礦包稅之苦不論民果願與否橫加派礦派稅之若指其屋而挾之曰彼有礦則家立燬矣

彼漏稅則槖立傾矣以無可稽查之数用無所顧畏之人
行無天理王法之事大約以十分為率入於帑內者一尅
於中使者二瓜分於叅隨者三指騙於土棍者四而地方
之供應時之餽遺驛遞之騷擾與夫不才官吏藉以為市
者皆不預焉皇上但知利源易開中使易信豈知彼在外
剥害小民一至於此即如湖廣激变已四五次而近武昌
為甚皇上試思無知小民何苦而变誰非性命誰無身家
惟其削剥之極無所控告变亦死不变亦死等死耳求與
見害之人比肩接踵而死且不恨故使奸臣害良民大亂
之道也礦稅之額大約百萬有如一方有警如寧夏播州

之役不知所費百萬止此否總計天下賦稅正額四百餘萬一方有警四方効尤徵之不前運之無路此四百萬皆能依期至否平日惟恐天下之財不盡歸内帑如遇有事不知内帑之財亦發以應天下之急否臣言至此肝胆皆裂聲淚俱下矣又鎮撫司監禁官犯及生員半因陳奏詿奏今奉之罪狀既明則諸臣之情節有可矜原酷炎畢蒸沉淪黑獄聖明在上寧不測然

廣東新會民变珠池盜起

李敬在廣東其悪不藏李鳳籍地方富民輒誣以盜珠而沒其財崑山王臨亨以刑部郎恤刑廣東行部至高州途

遇巡按其囑王曰中使傳致高涼採珠獄論死者六十餘人吾爭之而不得也君往亟出之勿與相關則六十餘人皆生矣王私念中使不可與抵觸徒敗乃事吾以舌柔之與易耳乃往好謂之曰公天下之賢中使也豈僅中使吾儕士大夫弗如也李敬蹴然曰何謂也王曰天下苦中使久矣公開採南粵富人燕息而貧人得衣食其中粵南如無礦使也不愛金錢從民間買珠入貢而寬採珠之禁粵南如無稅使也故曰公天下之賢中使也敬喜色王又曰公振廩發粟道路無流傭公之仁也有乞媪貌類太君公歲給粟帛令朝夕祝太君壽此曾閔之孝也又能擒治大

盜不以懽虞小人弛朝廷之法故曰士大夫勿如也敬益喜移坐近王王乃進曰公非好殺人者群盜亦首服死無所但若無贓耳願為公案驗縱舍此六十人之家父母妻子親屬不下數百人咸炷香祝太君壽與其以一媼祝無寧以數百人祝乎敬起而拜曰惟公所命諸囚得引盜珠律減死巡按某聞之歎曰非吾所及也

李敬曾縱叅隨魏大才殺游擊某家屬會游擊謫去事寢久矣海北巡道任表華甫蒞任即檄府縣逮大才敬欲發兵拒捕而兵乃散走乃就縛敬移文去採權員役皆內府欽差豈容擅執且如湖廣山東雲南遼陽殺人無數撫按

縮首不敢詰况本監素守法度貴道乃欲為撫按所不敢為耶伍復云殺人者死國有常刑三尺具在誰敢奸之昔漢湖陽公主縱蒼頭白日殺人雒陽令董宣持刀當主車前格殺之今叅隨與蒼頭等耳該監雖近倖不加于天子之姊本道奉命持節一方亦非縣令比豈可坐視兇徒横行無忌云云李敬大怒移文兩臺以搶奪珠寶反噬巡按林秉陽移文譲之詞嚴議正敬乃止魏大才竟如律問斬珠池有三皆在合浦特設游擊三把總以守之每遇冬月東莞等處奸徒輙駕巨艘来盗官軍出禦互有殺傷陳瑞為總督欲獻珠與權貴潛令奸徒盗珠兵巡道薛夢雷聞

警嚴行逐捕而官軍擐知陳意指佯與賊鬭而陰縱之
東漢孟嘗爲合浦太守去珠復還其事甚奭李敬採珠垂
七八年歲報珠数式七八千兩式近萬兩是年兵巡道伍
袁萃爲文祭孟嘗之祠内云珠一物類之微耳謂其無知
耶何昔也不取而後還謂其有知耶何今也竭取而猶生
云云是歲得珠二百餘兩而李敬暨撫按皆疏請罷採次
年而封池之旨下於是士民兢稱孟祠有靈故有禱輒應
如此蓋還後又一異也

六月蘓州民變

時蘓杭織造太監孫隆兼管税務無頼盡投入其幕奉札

委稱稅官蘸城六門〻各立稅隻雖東菜咸不得免民不
聊生洶〻思亂本月二十七忽有二十七人蓬頭跣足衣
白布短衫手各持一芭蕉扇遍走諸稅官家焚毀其室廬
長物執其人榜之通衢無不立斃雖二十七人乎所至如
風雨人莫攖其鋒即高墻峻宇首者執扇一揮諸人皆立
躍而上次日誤入一民家其家以經紀為業無他過犯跪
而迎之門請罪首者取腰間手摺視之曰誤矣蓋一稅官
家與其人俱與腐店為鄰故也首者即率諸人羅拜謝驚
恐仍趋彼稅官家稅官懼投於河諸人從河中撈起擊之
兩眼突出猶拳毆不已至死乃已有童某者為州判擁貲

数萬亦充稅官枚劉河稅及民变起泗河奔避中寒死又
焚一宦家宦家盡室潛匿其子孝廉藏箱籠中寄鄰家得
免稅監孫龍乘夜急走杭州以避如是者三日諸稅官皆
次第芟盡至第四日六門各有榜文云稅官肆虐民不堪
命我等倡義為民除害今事已大定四方居民各安生理
無得藉口生亂等語連日合城寂然路無行人第五日道
府始下令捕諸為亂者有葛賢者挺身投官曰倡義者我
也以我正法足矣若無株連平民株連則必生亂當事者
乃止就葛賢具獄論死後遇赦得出越三十年而賢尚存
叩以當日情事頗多支吾或曰倡義者實非葛賢但其束

身就獄為民請命亦是有足取者

戶部尚書趙世卿等公疏人情屢變恐已在明陝西委官挫辱縣官而致之死縣官可殺則何人不可殺又聞各處中使養兵衛衆甲升堂臣等竊見變之自內作也又如雲南播委官之居遼東矐委目之目兼湖廣之脫歸幸而漏網今廣西之結搆蔓將難圖江淮群小紛紛九邊饑荒藉藉而蘇州之民變又見告矣臣等竊見變之自外作也

九月江西浮梁縣景德鎮民變

寃民萬餘欲殺礦監潘相燒焚廠房通判陳奇可力行曉諭乃散奇可反以誣叅被逮

三十一年十二月山西廣昌縣民变
烧㷊礦監王虎生祠并延烧銀廠
三十四年正月雲南民变殺礦監楊榮
楊榮流毒滇中有年矣頃執一指揮酷訊之加以桁楊暴以通衢會城諸衛官皆忿且因衆怒先白撫按鎮守禁之不可適寃民萬餘齊集礦監衙門指揮某大呼直入諸寃民從之執楊榮殺之并殺其黨二百餘人而焚其尸遠近聞之大快事聞上震怒欲逮問地方官歸德揭奏小民擅殺内臣誠無所逃罪但跟陖下役或有借勢横行歛怨民間若歸罪地方官緹騎逮問徃返道路耳目驚慌傳報不

便宜從寬行勘結局上從之或云歸德以此事托大璫陳矩ゝ究曲剖陳故邀上罔轉云後撫按勘上歸罪三指揮殺之

三十六年四月遼東前屯衛軍変

順天巡撫劉四科疏礦監高淮從遼東來先差范司房同徐江宋希運押戴行李至前屯衛地方索應付索乾折鞭打凌虐衆軍激变俱各穿帯盔甲齊赴教場放砲歃血署事李恭將隨將領到月粮銀兩給散招撫各軍不肯赴領扎營屯聚聲言只要殺死高淮除害立斃承差二人率領合營男婦数萬人欲北走投虜幸李恭將再四泣留方始

還營

六月遼東錦州松山所軍变

遼東廵撫趙楫揭報礦監高淮差承舍吴守政在所散放馬三匹要銀一百二十兩香袋二百个要銀二十兩包頭十聯要銀十四兩又發銀四兩要糴豆四十石壓逼軍士舖户忍耐不過守政動輒傷人因犯衆怒遂行自刺

撤遼東礦監高淮回京

薊遼揔督蹇達疏礦監虐焰益張群小兇殘更甚等事奉旨開礦抽税因大工急需權宜之計自有停止之日况礦洞已閉税着有司徵收解監稽查類進高淮何乃不遵屡

旨每每擅自出巡騷擾地方今又扣除軍士月粮且各邊軍士披堅執鋭勞苦萬狀九死一生何堪虐害高淮着該督撫鎮巡官差官護送回京交司禮監奏請定奪其福陽店及遼東二項額税准着通灣内官張燁兼管稍俟大工有次第奏請停止

高淮播惡遼東十年矣軍民不勝其虐前屯之變衆怒如水火咸願得淮而甘心焉時管關主事李如檜通判王修行大呼解圍翼蔽淮以出護送至郊外淮極口感戴云淮今日得生叩闕廷者實二公之再造也淮既逃死旋即反噬同知王邦才叅将李獲陽皆行逮問又誣奏搶失銀兩

責令地方賠償如水益深如火益熱非李王二人貽之乎義當閉戶情急纓冠甚矣其惑也

四十二年四月福州民变

福建巡袁一驥疏稅監流毒激变要挾顯謀叛亂事本月十地代胡可令耶力謝不往喻知府陳同知遂入稅署謁呂純如純如請以陳同知自代案乃聽純如出次日呂純如牌行閩縣內云稅監虧損各行物價自有兩院司道替小民作主何得聚衆攻門圍屋放火如此亂民漸不可長為此牌仰該縣官吏即密訪十一晚放火十二日傷人糾衆行兇首惡的確姓名擒拿解道以憑處治其街各舖甲

因何不收斂聞人聽其群聚撤潑巡捕官着嚴行曉諭遵
守等因周推官得檄即按袂而起曰此事一行將変不在
稅監而在地方罪不獨在地方而在有司復力拒之旋申
大撫按閉門封印堅意乞歸時士民扳留者数萬人環繞
刑署夜以繼日自府門以達刑署後堂露宿皆滿盖周惟
恐周推官之夙駕也適奉撤回高寀之旨事乃得解撫按
從士民之請堅留周推官不聽歸而思誠純如遂與周相
水火如仇矣
周吳縣人癸丑進士後官吏部屏絶僕儀干謁不行純如
力修舊怨慫慂監織李實參劾逮問拷死詔獄烈皇即位卹

贈太常寺卿謚忠介李興化人呂吳江人逆璫時李爲禮部尚書呂爲官兵部左侍郎俱以媚璫入逆案

七月撤回福建稅監高寀回京

福建巡撫袁一驥疏稅監流毒等事奉旨這所奏内官高寀不諳事體以致人心不安激变地方着撫按差的當官員伴送來京定奪其原管福建稅課并兼設廣東稅務着歸併江西内官潘相兼攝侍三殿工有次第即奏請停止

四十三年六月撤湖口稅監李道回京

江西巡撫王佐疏稅使橫行等事有旨這所奏内官李道屢以疾辭已准馳驛回京調理俱已有旨了

定陵註畧卷之六

楚獄始末

按楚藩假王之説人言皆謂有據先是長史某忠信可任恭王每委以腹心恭王素患陰痿一日召某於榻前咨以後嗣事某極言不可旋以病免歸既而恭王薨遺腹宮人胡氏雙生二子華奎華壁有云華奎為王妃弟王如言妾金梅所生華壁為妃族王如綍所生蓋妃密令承奉郭倫潛匿以入以為子儀賓汪某曾訐奏其事々下撫按王妃堅持之乃寢奎既長嗣封楚王楚宗華越妻即王如言女知事甚詳先是湖廣布政薛三才曾私語巡按潘之詳云

楚王面貌酷似王秀才而禮部右侍郎郭正域江夏人也向稔其事華越素强悍至是得罪於王乃盟宗二十九人入都訐奏楚恭王風痺不能御內乃令宮婢胡氏詐稱為身孕臨蓐抱取妃兄王如言子為華奎妃族王如綍子為華壁皆出於恭人王氏口王氏係如言女故知之二孽皆不當冒爵楚王亦奏華越諸不法狀上下部院看議時郭署部事遂主越華之議欲行撫按再勘或遣官會同撫按勘問楚王懼輦輸其金錢走闕下使人私於郭幸毋窮治楚事請以餽四明相者餽公郭怒揮之去而持楚事益力四明以下皆宛轉為王請郭固不可楚王勘疏至假王事

頗有端緒華越之首不盡誣郭持議益侃〻諸左袒楚王
者疾其梗已也又患其知楚賄而軋已也訟言華越之疏
皆郭使之相與盡力排郭而嗾王飛章劾郭以相抵郭抗
疏中辯直言四明托通政沈子才阻華疏不令上并以楚
王餽書進御覽四明及子木皆飾詞抵諱給事中楊應文
錢夢皐御史康丕揚等相繼出疏攻郭〻奉旨聽勘去上
亦主四明之説華越坐誣而楚王竟得無恙
萬曆三十一年六月楚王華奎疏犯宗欺戚訓典大肆誣罔
傾危親藩懇乞亟賜究殄以正綱常以肅法紀事奉旨覽
王奏辯事情朕知道了着部院九卿科道看議具奏

給事中楊應文疏春間華越許奏楚王事情以夫為原告妻
為中証衆口皆言禮部右侍郎郭正域實主之近奉明旨
令九卿科道看議楚事諸臣各有議單而該部止撮大要
以進輿論沸騰臣因以備開全單為請適御史康丕揚以
通國辯冤看議詳畧未盡具疏叅奏乃正域虛心驚駭周
章飾辯而昨攻首輔沈一貫通政沈子木疏中有頥指氣
四字欲以此箝人之口夫舉朝九卿科道各出公議皆與
正域相左夫誰得而氣使此一語也可令言結舌耶臣聞
正域家本楚藩護衛其父以過犯被笞正域飲恨報復不
避嫌疑楚人蓋十九言之又謂正域與大難以挾取楚王

厚貲力加挫抑今壽儀百兩之帖獨出正域之手而曲庇萬金之餽獨聞正域之耳何舉朝專賄一正域也又先時不發及被論而後發何怪人言嘖〻耶

禮部覆疏奉旨楚藩訐奏事情年遠無據非假甚明不必再勘便行與彼處撫按啟王安心整理國事華越等着撫按分別議處

三十二年五月刑部等衙門尚書等官蕭大亨等具題遵旨看議事奉旨華越素行兇悖今又汚蔑親藩本當重處姑降為庶人押發高墻禁固終身蘊鈁與英嫶等俱降為庶人蘊鈁還與英㸋俱拘住閑宅華堅姑降一等文湘英煥

行訖府重戒收管蘊錫等革去祿米三分之一終身不許
奏復華洼等罰革祿米一年英㷡等該府量加戒飭英熞
等姑免究袁槐等俱照例永遠充軍餘依擬各犯既已處
治楚王宜安心守藩還內省自克以稱朕保全訓誨之意

寫書與王

三十三年二月楚宗人蘊鈐等擊殺湖廣巡撫趙可懷
時楚王幸無恙奉表謝恩復輦厚賄遍謝當時及附和之
者宗人欲伸其寃追搶其私書內有無賴者并金攫之巡
道副使周應治三十餘人裸其體加桎梏焉而鳴金鼓以
入諸宗人見之皆憤次日齊趨軍門控訴適周應治亦至

遂群毆之應治竄伏都院衙内神橱下趙可懷亦左袒楚
王沓詰責諸宗出語過激藴鈐等不勝其憤突前批其頰
諸宗室群起亂毆之可懷立斃諸宗懼各散匿周應治衆
間棄敕印而逃事聞獄具斬二人賜死五人餘禁錮有差
既而東安王英燧武崗王華塏御史林秉漢各疏請復勘
假王給事中錢夢皐時新掛計典迎四明意指疏叅秉漢
并及給事中田大年揔憲温純盖温與田皆素與四明相
迕者四明遂禀旨秉漢降處夢皐留用後更無敢言假王
者矣
御史林秉漢疏楚藩假王一語皇上直裁之以理曰三十年

王尚可說假則何王不可說假宸斷至明至公然而諸宗之心有不盡服者何也蓋世非嘗之事未可以嘗理測而意見決也昔年韓府漢陰王疾病無後令二宮人假若有娠者妃父郭恂取他人子抱納宮中旣長受封為姻家所發憲宗皇帝下諸司詳勘得實始正典刑是祖宗朝之事也夫漢陰以假滅法何傷國體若以人言為非槩不行勘漢陰王受封亦有年矣孰知其儼然而王者為他人之子哉今假王之語一唱百和諸宗旣以為假而廷議槩以為真則諸宗之心不服楚王自以為真而諸宗爭以為假則楚王之權不尊臣愚以為宜如成化舊事或下撫按或遣

廷臣覆勘假王出自誰氏語自何人衆議有無異同情跡
有何確據王宮雖云秘密而胎孕產育之時左右必有耳
目之者事雖三十餘年而當時在旁諸人必猶有存者此
固可以推勘而得也勘之而假則盜國必誅有成化間明
例在矣勘之而真然後治諸宗以誣罔之罪彼復何辭然
後重楚王以鈐束之權則真王教令必行於諸宗而楚王
安諸宗必俯首緝志以奉約束無復敢譁囂而為亂者而
宗室安而後楚民無刼殺之害國家無誅討之舉諸宗亦
免刑僇之禍而全楚安以是垂之史冊傳信後世豈不光
明正大哉被察給事中錢夢臯疏逆罪已彰橫議復作事

郭正域爲林秉漢作說客秉漢爲正域作鷹犬且聞長安籍籍言正域黨與太盛權力異常雖通國共疾正域與田大年之惡而當事者反力庇之猶欲爲正域驅除建白楚事之人以爲反覆楚事之地不難借考功法去之夫豈無因而至哉奉旨朕處楚旣據撫按勘來又與廷臣博議遲回轉展不啻幾番公斷旣行兩年以來中外大小臣工並贊頌悅服林秉漢如何忽生異議還要行勘勘之於誰豈有朕及滿朝與該撫按等官之言皆不足信必從亂宗强誣方足信乎恭王賢明必不抱他人自斬血食武岡王謀害之時尚不曾說假今安得說假楚宗狂悖至於劫奪皇損

戕殺撫臣謀占南京決裂狼狽一至此極其口安得公論
且知明王之冤枉若再行查勘奸黨助逆又煽亮威逼王
於死使朕有殺無罪親王之名何以對越祖宗昭示萬世
林東漢有無懷私欺罔姑且勿論既妄言亂政若不處他
無以昭示賞罰杜絕禍萌着降五級調極邊方用錢夢皋
盡職建言忠義可嘉炤舊供職

刑部等衙門署部事右侍郎沈應文等題亂宗擅殺撫臣事
覆湖廣巡撫楊應龍疏分別楚宗蘊鈐等罪狀五等蘊等
處斬華墕等勒令自盡英蘟等俱發高墻禁錮蘊鈁等閑
宅禁任英㴬等革爵革祿招上御筆將華浙原擬二等改

入一等餘俱依擬
當撫按會勘時左布政薛三才力辯諸宗不反應龍忿然
曰世有不反而敢殺一巡撫者乎遂擬五等具奏總憲溫
純言今日諸宗之罪其最重在毆死撫臣耳不可言反也
楚獄既結朝議欲告廟宣捷歸德力言於四明止之
被察給事中內旨留用錢夢皋疏臣向因建白楚事大忤權
奸致遭擯逐皇上洞察而保全之么麼小臣荷高厚特達
之恩捐縻此身難報萬一今值會議楚事善後之際何敢
畏禍不効一言惟楚宗亂逆實有本源昔撫臣梁應龍假
王一語是其禍本而雲龍猶未敢言也至郭正域為禮部

而親戚華越等遂誣楚王爲假正域又代催華越下之
疏即欲革楚王管事其同謀陷害之情見於前後諸臣奏
疏者已詳近又聞楚王發揭前一日正域將漢陽夫馬盡
討去往劉家滆祭掃楚王之揭因無夫馬往漢陽等待而
亂宗叔奪之計遂行則正域猶然驕横縱恣畧不知有所
勘者今雖未能即正其謀害親王之罪謂宜以不避嫌怨
私黨親戚褫其職而示之懲創庶幾除惡務本之義乎然
非本之本猶有身處關廷柄執大權而心向奸逆陰爲護
持如左都御史温純者矣前刑部會議欲取議單而純獨
謂不必議單乃會議之日臣衙門問處置逆宗曾有舊例

刑部查往案不見處分反逆之例但見殺父母斬首焚尸純遂言非今日毆死職官之比夫亂宗至於刦皇摃毀敕書殺簡命重臣張榜召衆謀下南京尚非殺父母者比而但論爲毆死職官是何言哉及刑部開例撫按所奏逆宗據其招情欲將二等華淅等入一等臣衙門皆以爲是而純獨不以爲然臣衙門言拘禁閑住有名無實當置之别府以分其寬純陽以爲然踈中竟削去不及幸皇上神明英斷二等華淅增入一等拘禁閑宅者解發别府適與公論相符純身爲法官不爲國家執法而令天子自親其文以任其怨良可恨也昨年冬閒長安籍籍謂純欲借考察

盡處建言楚事之人以為反案之地臣始猶不信及林東漢突上勘議之疏遂免於察今純黨猶稱東漢為正論而純亦每對人指楚王為假王蓋人言已驗矣今考察之日純既處臣又欲併處持楚議之康丕揚諸在事者苦勸方止純又力庇正域之黨田大年非臣衙門拾遺大年竟得漏網又聞有訊議揚應文以報彈射郭正域者矣臣之前疏豈不盡驗也哉

四十年十二月禮部主事楊大年疏昨閱邸報見吏部覆梁雲龍男思泰承蔭奉旨准送國子監讀書欽此中間陳乞之欺罔題覆之草率邸報不載未暇縷指獨以臣楚人也

梁雲龍殺人媚人楚事也臣禮官也優卹者舊禮臣也楚人言楚事既有得於耳目之真禮部正典禮亦不越於職守之外夫楚王之假也宇內共知之楚宗之無反狀也宇內亦共知之沈一貫當國得楚王之金玉而飾假以成真嫉諸宗之攻發而鋤真以助假祈以趙可懷撫楚也可懷乃一貫之私人為曲庇楚王計也繼以可懷敗露而撫楚之缺置清河之薛三才而用貪昏之梁雲龍雲龍亦一貫之私人尤為曲庇楚王計也夫既曲庇楚王不得不殺諸宗以滅其口夫既謀殺諸宗不得不借大逆以甚其罪羅織大獄草菅人命行刑之日狂風揚沙蒙塵蔽日黯淡無

光天變於上矣環承天二三百里地震累月地變於下矣雲龍繇承天還武昌妖魔疊出雲龍駃而臥〻而病〻而死殮棺載舟行次京口棺木破壞尸水溢流圍以鐵箍加以長釘種〻冤魂厲鬼又作祟於地中矣遐相九廟神靈鑒此妖孽追彼兇殘行且伐其尸并殲㓕其子孫以為殺人媚人之報肯卹其後而優之蔭耶倘思泰之蔭冒而雲龍之黨熾沈一貫龔身後之美謚錢夢皋姚文蔚倖生前之顯擢也流禍遺羞曷其有極耶

考巡撫遇變如甘肅大同等類皆以妄逞起釁募覆餉僨轅死不償責故從來未有議卹者四明德趙可懷援手也始

請優卹即有請卹張文錦者是豈立公孫洩之意耶嗚呼
天子不能庇其宗室四明乃敢庇其私人四明之罪其不
容誅矣
楚藩假王事廷議各分左右袒江西郭子章特建議以媚
四明謂宸濠睥睨神器則指正德爲僞華越反噬价藩則
指楚邸爲僞假牛吕之説爲亂賊之階云云又爲婦寺論
以媚貂璫尤最可恨者謂父子亦不可近是時皇儲正苦
於侍問之萬里福藩正患於左右之維持子章此言豈非
公道然逆顯爲戎首哉伍少叅袁萃著論以誅之末云昔
少正卯以辯言亂政見僇近李贄以異論排經自刎惡逆

如子章方之二人加数等矣當急投四裔以禦魑魅負斧鉞以狥諸侯可容其漏網哉又有雲間陳某者選刻而傳之愚謂若陳某者煽妖惑衆併斬可也傳有之見無禮於君者若鷹鸇之逐鳥雀知伍少參者近之矣

四十一年九月湖廣巡撫董漢儒疏楚宗寃苦已深事楚王之為假也通國知之天下亦莫不聞之案事關重大廢置未易輕言況看議來說近奉明旨敢冒昧直陳以備看議者之參考

四十二年四月丙戌赦釋楚宗幽禁高墻凡二十三人閑宅凡二十二人

孫宗伯楚宗紀事壬子十一月慎行偕大司馬王公條奏
以為楚王真假且毋議勘楚宗決當先釋疏再上不得旨
後少司寇張公連上疏亦不報今春皇太后崩有遺言欲
頒詔赦罪恤災政府九卿東閣會議令戶刑工三部條上
事件慎行乃言前人既無端陷人今當太后皇上欲行曠
蕩之恩此番不釋更無釋時也慎行又言此番赦只不反
是實若真假事亦難明即勘楚宗自楚宗楚王自楚王至
是赦詔下並放許奏楚王者王名象乾張名問達政府為
福清
代藩易儲

代藩世子鼒渭雖係庶出次實居長册立有年矣後代王鼒勻愛其妾張氏欲以為妻并欲以張氏之子鼒莎易鼒渭為世子適晋江李廷機以少宗伯署部事遂夤緣其間廢鼒渭而立鼒莎鼒渭具疏訟寃上下部院科道勘議咸不直鼒勻至武進孫慎行亦以少宗署部事始得改正然諸臣之力持公議匪止為代藩定名分正綱常也是時光廟勢極孤危福王尚未之國張氏以次妃貴鼒莎儼然稱世子矣福王不可以母貴妃故承儲二之重乎裴氏坐為濫妾鼒渭不得稱兄矣孝靖向未有名號光廟將亦不得稱兄乎諸臣力挽狂瀾武進露章改正實有防微杜漸之

苦衷焉非止為代藩一事已也

萬曆四十年正月代王長子鼎渭疏違祖欺君等事臣今四十二歲臣嫡母邊氏因久病不起臣父即娶臣生母裴氏隆慶五年十一月二十三日裴氏生臣萬曆二年十二月初十日邊氏病故萬曆八年九月臣伯代定王無嗣見渭年及十歲又係長孫應襲王爵將渭奏報玉牒賜名鼎渭撫按司道十三王府各衙門保結俱存王伯薨臣則披蔴執杖送葬舉哀未幾臣母裴氏亦故臣父方納張氏實第三妾也萬曆十三年九月二十六日張氏始生次弟報名鼎莚臣已年十五歲詎知萬曆三十四年突遣張氏守庫

王福等優人、葉美等朋謀肆謗離間父子偽造印本假傳
父王簡擧謂臣濫出長史董侁得黃金五斗表裏協從内
連外結致敗王牒遂廢臣而立荻矣夫臣母裴氏娶在追
氏未亡之前庶也而非濫也荻母張氏娶在臣母既死之
後妾也而非嫡也書曰無易樹子無以妾為妻豈有堂堂
藩體敢從寵妾以犯嫡叙乎光祿少卿劉憲龍所代刻府
廢立一書其中謂裴張俱妾而非妻渭荻俱庶而非嫡再
查原任御史張爾基曾有秉公條陳之疏禮科楊天民曾
有指名叅處之疏今月初十日刑科彭惟誠有藩封遺議
未息皇上大訓當遵之疏内云張正國所告前情拿獲人

贓并空印批文等語臣見之知祖宗之靈儼然如在不得
不具顛末況究以控訴於君父之前也
給事中彭惟誠疏綱當在正典禮當明事臣於昨歲十二月
因代藩醫士張正國首告曾有藩封遺議未息蓋言官於
天下事無不得言況人贓俱獲何敢隱蔽遂行執奏叅送
法司頃數日內禮部右侍郎翁正春連接三疏一則曰奸
棍騙財詞連部役再疏云敖妃郭氏之請封又疏云十月
間宣大巡按潘珙以鼒涉封妃爲封適據邸抄潘珙揭稱
先是禮部查催婚封世子鼒莎年已二十七歲妃迄今五
載未見催封相應移文查催第恐聞者不知謂臣無故代

為請封則臣心不白矣臣聞閲兩臣揭疏兩相矛盾夫代
藩久不請封或有愧歉之意該部急為催促似有慫恿之
情乃又疏言請自按臣此何說乎禮科先年有參疏昨冬
有參疏臣三十六年疏亦及之觀禮部舊所刻書一則曰
行文大同撫按看得各封録張氏不係繼選二則曰張氏
成婚在萬曆六年進封在萬曆二十四年而鼎莎之生則
萬曆十三年也三則曰張氏以妾而得貴封為次妃鼎莎
可以庶子言不可以嫡子言繇斯而論即以該部之書議
該部之禮章〻如是何微暇之有哉若以受封之張氏有
絲綸之貴也則請命之鼎渭獨不有錫命之榮乎況鼎勻

既踐伯兄之位忍加以僞報之失既忍僞視其伯兄何難
濫視其前妾乎

大學士李廷機疏代府一事乃臣署部時具題奉旨改正准
鼎莎承襲封為世子今乃許奏紛然乞敕禮部再將宗藩
要例覆按再將玉牒妾册覆查再行彼中撫按覆勘如或
差錯先正臣罪然後從新改正

給事中麻僖疏代王鼎匀易儲為無君其子鼎渭許奏為無
父皆不可一日容於堯舜之世

御史馬孟禎疏要例一書奉旨刊行於萬曆十年此不易之
典乃萬曆三十二年翻刻之書通國之人無不謂就中尚

多增臧皆是爲鼎莎地果無他弊只取萬曆十年原刊之要例與萬曆三十二年翻刻之要例公同一對情節不辨自明裴氏雖未經奏選實額外之妾終不可以濫論云

大同巡撫汪可受疏藩封事無可勘事鼎渭之爲裴出也兩奏皆同至裴氏之爲原選妾即鼎渭不能爲母諱也鼎莎之爲張出也兩奏皆同至張氏之原非繼選即代王不能爲莎諱也鼎渭之疏引禮部刊冊以鳴其寃代王之疏亦引禮部刊冊以明其直蓋事情已備在冊中而自以爲寃自以爲直者所見各異耳總之渭莎皆庶也渭母未報封而先故莎母已生子而後封此其昭昭者也又何勘焉

四
月給事中韓光祐疏昨九卿科道奉旨會議代藩所重在
例前例後業有成議矣頃接邸報見代府廣靈王等一揭
爲該府宗社綱常所繫臣以爲天下萬世宗社綱常所繫
也諸王但知條例要例之可遵而不知例之先後蓋有別
也謹據臣議單所列爲皇上陳之議但立國綱常爲重封
爵倫叙爲先太祖高皇帝定有嫡立嫡無長二百四十餘
年未有異議今代府庶一子鼎渭庶二子鼎莎均庶子庶
均則論長明例照然南北該科宗人府本處撫按諸揭亦
既洞如觀火矣惟是該府所據以爭執者條要二例也諸
臣所據以折衷者亦條要二例也查宗藩條議於嘉靖四

似應除此二字

十年進呈御覽欽依刊刻頒布為永遠不易之規至萬曆十年復刻宗藩要例則起於原議未妥十二事因而删煩撮要俾明白易於遵守耳乃昺渭生於隆慶五年賜名於萬曆八年在旣有條例之後未有要例之先止應以條例論不應以要例論也查條例妾媵款云如有不遵明例未即婚而先娶或私合而多收或未及而預陳或已生而復娶輕則罰治祿米重則革去爵祿無比炤濫妾之例也其濫妾子女款則云自後有以逃移婦女有夫之妻併額外濫收增立陪從等名俱行查革生育子女盡為庶人如有朦朧請封者輔遵（導）官一體問罪昺渭毋裴氏雖未奏請而

死實額内第一妾入府在張氏之先非濫也妾也即代王原奏稱邉氏存日久病宮幃乏人娶妾裴人非陪從也及查要例妾媵例中則削去未婚先娶私合多狀二句却添出所生子女中尉以上炤濫妾例行等語又將嘉靖三十一年舊例改作四十三年以朝廷大典奉旨刊定之書又不在續議十二欵之内輙敢擅削郡王也稱聽繼王爵有礙請封者臨期請旨定奪未嘗謂其不可繼也亦未嘗謂別無應繼之文況萬曆十年方有此例可追行於十年前所生之子乎且歷查年來諸臣具題之意大都為宗藩日衆祿粮日增不謂限制將盡天下稅賦不足以供故自嘉

靖間定其額嚴其禁恐致牛易馬呂易嬴甚至一人生數十子真假不可辨耳豈令其廢長立少冒庶為嫡聽奸人之計居奇貨走重貲籍輿援搖國是亂易方冊簧鼓耳目哉今既奉旨會議請如撫按議先革冒嫡之封其造入玉牒冒渭仍庶一子冒莎仍庶二子渭母改入裴氏莎母姑仍次妃則倫敘不淆而綱常有賴矣

御史馬孟禎疏本月廿二日九卿科道奉旨會議代藩一事各官矢天矢日虛心公議自卯至午猶然未決各執條要二例衆目共覩則緊要條款先自有同有異事體不一將何所據如庶子襲封一款內開親郡王娶有內助妾媵不

論入府先後已未加封所生之子皆為庶子如嫡子有故
庶子襲封父爵定以庶長承襲等因據此則裴氏妾媵也
所生愚渭為庶張氏内助也所生愚𤣱亦庶皆庶則從長
愚渭應襲父爵此一款條要相同乃庶子爭襲一款内開
稱嘉靖二十八年十二月秦藩庶第一子惟燿男懷墡與
王封妃所生之子惟燱爭襲該本部尚書徐階會議得惟
燿之生在邵氏入府之前而邵氏進封王妃係出一時特
恩則惟燿於倫叙實係庶長惟燱於長法似難稱嫡奉肅
皇帝聖旨你每既稱庶長應襲封着懷墡承襲欽此著為
定例遵行等因此款係杜爭端明例今日愚𤣱之事正與

例合而萬曆三十二年所刊要例竟刪落之此何意乎濫
妾子女一款内稱宗室庶生之子必其母妾係額内應娶
人数曾經奏選明白者方准請名請封如不經奏選或增
立陪從宫人名目或入府在正配未封之前皆為濫妾又
云如有聽繼王爵係濫妾之子有礙請封者臨期請旨定
奪據此款開宗室二字則濫妾之禁乃為宗室設非為群
王設也觀聽繼王爵一語更明蓋所為繼者乃繼絶之繼
如條例所載親王襲封款内言親王無嗣必係親弟親侄
方許請繼不得以旁支請繼是也若親群王之子應襲父
爵者則但曰承襲而繼之一字何一説焉以是益知濫妾

之說非爲親郡王說也此一款條要相同乃妾媵限制一款内開郡王除妃外媵妾不過四人年二十五歲無子許奏取二人三十歲無子許方許取足四妾又開稱本部題奏欽依申明典制以後如有不遵明例或未婚而先娶或私合而多收或年未及而預陳或已生子而後娶輕則罰住祿米重則革爵臣等備查款内全文並無比焰濫妾之語而要例於此款内則削去未婚先娶私合多收二句添出所生子女中尉以上焰濫妾等語此數句皆關係要緊非浮漫字語要例之擅自添削又何意乎夫今日封事所據者條要二例而二例中所據者庶子襲封庶子爭襲濫妾

子女妾媵限制四款乃四款之中删削增減不同如此雖代王及諸宗考庶子襲封之例已不能以嫡之一字曲庇咼莎而說者因裴氏未經奏選猶欲引要例妾媵之款以濫妾之子漫加咼渭嗟〻例則例矣此一款者擅自增減之例可據乎抑原刊之例可據乎從要例而以添入濫妾之語屈庶第一子於庶第二子之下令弟奪兄封顛倒倫敘為是乎抑從條例而以私合之罪〻代王輕重取自上裁為是乎九廟神靈鑒察在上當刊要例之時就中敢自增削以為咼莎今日爭辨之地者即明逃人責幽不憚神譴乎除臣等已將議單公同面交禮部外伏乞皇上敕下

九卿科道即查宗藩要例一書係何年刊行係何人作奬
庶子争襲一欵是否該部私自删削妾媵限制一欵是否
該部私自增添今日會議是否宜從要例則裴氏之非濫
妾不辨自明而鼎渭鼎莎孰應承襲可一言而定矣
五月吏科都給事中曹于汴等公疏代藩公議已明刑官越
辨非體事代藩之事已於前月奉旨會議日出辯至日中
人各有議〻各有單無不謂封爵當以倫叙為正祇緣禮
臣持不斷之意啟旁竇之門昨閲邸報見刑部主事李春
熙來斯行等盡撮廷臣之議大肆排擠臣等安得無議自
萬曆三十四年代王聽信奸謀借簡舉之名行欺罔之計

以庶冒嫡倖徼明旨濫受冊封自負敗倫傷化之罪七年於茲近日事機發露臣等有專疏有議單禮科有抄參無非據條要二例先定濫妾之是非後定渭涉之長幼無纖毫戒心於其間藩事有例前例後正猶律例有革前革後議禮者不論例前議刑者亦不論革前乎細詳妾媵限制條例重其父未嘗波及子女要例重處子女乃反寬議其父々狀濫妾罪在於父於子女何辜故條例之議是而要例之增改者非也裴氏母子生娶在隆慶年間執萬曆十年之要例繩之則要例有嘉靖四十四年例前加封者始准炤當傳襲之說謂何有隆慶五年以前正開例前以禮

娶到不開勘號数之説謂何故從要例之前論裴氏原非
濫妾愚謂原非庶人父子兄弟將來不失本封必執要例
之後論愚謂既係濫妾之子爲安得私收濫妾載均之
事近在萬曆十一年代王其何説之辭況要例名封奏結
内稱有濫妾子女捏稱嫡出者本宗参降爵級以此而議
代王又以何者爲之解也秦事大類代事部議惟爝惟熜
均爲庶子而爝實居長故爝子懷墡得以庶長子襲封當
何曾有私婚之子一説耶考同姓諸王表親郡王見襲封
者稱王將軍以下管理者稱王府始封親王五世以外稱
宗室要例私婚子女一款專言宗室庶子襲封一款專言

親郡王宗室與親郡王原自不同宗室曰選有親郡王曰
娶有選娶二字亦自有別比而同之亦何據乎刑官曰廷
機一遵要例而行細查要例並無以庶冒嫡之事有之自
廷機為政始可謂非弊端乎刑官曰議要例是皇上不得
行其令世宗欽定條例六十七款十餘年後徐學謨改作
四十一款且多所增減安在為令其也刑官曰藩封不當
動搖襲不得其人何名動搖名不正則言不順自今改正
豈動搖乎刑官曰關係甚重未可輕言獨不念當此之時
奚前廢長立少一大異事關係不更重耶刑官曰宗藩例
奉欽依臣等則曰裒斷更新在今日不宜再為奸謀所悞

也或謂親王事體不與郡王例論不有代藩之往事可據乎查代二世簡王子仕壇革爲庶人子孫不許承襲有弟仕坯冒封王爵傳與曾孫允煌萬曆三十七年竟以冒封革之代五封聰沫亦繇惠王庶子襲封親王未幾降爲庶人允煌以庶人而冒王封革矣鼎莎以庶子而冒嫡封不當革乎聰沫以親王犯罪革矣代王欺罔百出不當革乎諸臣之單除議代王外有謂張氏妃號當奪者有謂鼎莎冊命當追者有謂鼎渭以子訟父亦不當立而當立其子者採公論然旁觀正藩本杜後患部臣當明目張胆爲皇上請案何濡滯不次而聽代府之自議哉伏願皇上仰法

世宗斷然黜惟熜而與懷塔使中外曉然前日之旨為前
勘所悞而今一歸於正萬世瞻豈不在是哉
掌河南道印御史錢桓等公疏代藩公論已明遲延復生異
議事夫裴氏為嬖妾其子鼎渭為一庶子何得故抑為濫
張氏係內助其子鼎莎為庶二子何得冒揑為嫡是長幼
之叙甚明而嫡庶之稱則亂矣且鼎渭生於隆慶五年其
報名玉牒在萬曆八年乃張氏狀之名下固知鼎渭應襲
王爵而圖毋以子貴矣至萬曆十三年張氏生有鼎莎遂
萌他念而猶敢未動也當禮臣馮琦與儀制郎中王紀在
事秉公持正代王請改立鼎莎不從尋復奏稱鼎渭廢疾

而欲改立亦不從其謀且中寢矣至三十年刪增削添之要例續刻頒行遂請清查冒濫而三十三年代王簡舉之疏乘機入矣據代王原奏云正欲扶瀝陳情猶然悚懼遲疑荷蒙部臣加意宗藩查革冒濫乃敢冒昧陳情云云則代王之首正自有繇然其報庶為嫡報庶二子為嫡一子實大悖謬部臣不駁其欺君之罪輒准改封其時人抱不平朝紳所共知者去歲巡視科臣彭惟誠發其罪而聞之皇上無乃天之叚手乎仰荷皇上日月之明允禮臣之請行大同撫按查勘敕九卿科道會議乃撫按之勘冊至矣諸臣之議狀矣其中為鼎渭者若而人為咢莎者若而人

冊單具在公論自明屬渭而不屬莎一覽可知也禮臣翁
正春即當據公論具覆疏請聖明裁定可也柰何又有曉
諭代王之疏欲聽其自為裁處限三月内回奏共慎重之
意耶抑為前輩所挾為此推諉之局耶
給事中杜士全疏代府鼎莎一事固已灼見其不可矣同朝
士紳相顧謂曰此舉不丞定必有為先年禮臣文過而肆
其曲說者不數日而刑部主事李春熙來斯行遂有宗藩
例奉欽依代藩事奉宸斷一疏娓娓數百言大率為左袒
鼎莎回護舊禮臣而發乃其牽合附會自有所難通者如
親群王與諸宗室尊卑疎戚原自分別必欲混之為一此

何心也其可異者一庶子襲封一款專為親郡王而設並無濫妾之議其濫妾子女一款專為宗室而設始有濫妾之禁此萬曆十年要例開載甚明二臣必欲強而合之坐裴氏為濫妾遂不顧要例公款此又何心也其可異者二條例定於嘉靖四十四年初刊要例定於萬曆十年而續刻簡便要例則在三十年矣夫要例原自條例中摘出非謂有要例便可廢條例也今二臣止欲以三十二年續刻之覆例為准而世廟要例與萬曆十年要例似皆不足憑毋乃致皇上悖祖而皇上亦自相矛盾矣其可異者三夫例前例後之說猶之問刑革前革後之說國家明法天下

通行者使昂渭於萬曆八年先已報名玉牒題作張氏所出矣今欲立昂渉而遂加之以濫妾要例明云有濫妾子女捏稱嫡出者本宗參降爵級今二臣獨嚴於昂渭而寬議夫代王其意何居其可異者四至謂在刑宮刑安敢言禮惟是代府一事禮臣未及議其是非臣等已先識其奸黨夫奸黨不知為誰計莫有過於葉美者矣即其謀封渉妃挐數千金打點則當年捏嫡改封不知費數千萬金矣此奸黨之尤安可不直窮到底也又謂裴氏不經奏選豈不稱濫查代王原疏内云邊氏存日久病纏綿宮幃之人娶妾裴氏侍奉及查親郡王庶子鼒内原稱娶有内助妾

媵不論入府先後已未加封所生之子皆為庶子夫只云娶有原未有奏選字樣何必苛求而以濫坐之也若必欲坐裴氏為濫妾則有平鄉王載坋之例在載坋因收濫妾降紱減祿止襲王爵終身子孫不准嗣封此萬曆十一年明例也執此以律代事則代王且當降爵紱革祿米鼐渭鼐莎皆不得嗣封而後可以正法二臣其謂之何顧妄謂群臣交非明例又謂群臣必欲獨行其意不知諸臣引例查覈正為遵例豈交非明例者諸臣為朝廷執持公道豈猶行其私者二臣安能以一時之私意掩滿朝之公論亂萬世之常經乎今日論代事者皆以鼐莎冒嫡奪兄必當

議單若鼎渭以倫敘論則立之可以抗父論立之不可然不有鼎渭之子在乎子雖得罪於父而孫未嘗得罪於祖則舍子立孫於名甚正於理甚順正與世廟立惟爝之子懷墡極相類殆非無據者也伏乞皇上亟敕禮臣速炤撫按勘冊諸臣議單虛公題覆懇求皇上即賜裁決庶可以息群囂杜後釁代藩永定而諸藩皆怗然安於無競矣

四十一年九月禮部署部事右侍郎孫慎行題典制當明周防宜慎謹再陳奏仰祈聖明採納事條議宗藩內一款祖制有嫡立嫡無嫡立庶必以長故庶子不得與嫡子論長幼後生之庶不得與先生之庶論位次限制森嚴誰敢踰

越不謂法久弊生隐妾冒嫡廢長立幼遂稍〻見於藩國
臣見詭計倖封以妾爲妻以少奪長若鼎莎等猶然安恣
誠心憤之懲一警百不可不發定等因本月十九日奉旨
這所奏有裨典禮俱依擬行欽此案查萬曆四十年五月
内本部等衙門會同九卿科道公議大抵鼎渭既先請名
妥係庶長張氏止係内助不應稱嫡代王當炤會親原疏
亟行改正請復鼎渭世子名號以承聖意今既奉有前旨
合就炤會山西布政司即行長史司啟王作速改正施行
一咨都察院轉行宣大巡按一咨大同巡撫奉聖旨是
孫宗伯五宗保結記凡宗藩報生請名請封請婚娶必有

五保結長史司及撫按方爲具題此定例也自予抵部見
報生者多有保結而請婚封則有者強半予恠問之老吏
書答曰此李部堂時削去者也此鼎莎僭立所從來使當
時若仍要五宗保結方封則鼎莎豈得以少奪長又簡部
中舊案見二十三年尚書范侍郎劉馮三公題疏曰張氏
雖封次妃宗藩條例云不給册命冠服其所生之子皆爲
庶子張氏即鼎莎母也其長幼原自題明又保定巡撫王
紀辛丑爲儀制郎中對與言代王原無立莎意不過以繼
襲封王後莎僅爲將軍曾具疏特請群王奪長事乃李廷
機在部時行文天下宗藩令自舉冒濫而代王生心也據

代王疏云冢部臣體卹之意噫亦足汗顏矣其請封疏群
王稿業已不存而本部目錄如舊且有科參此事之當正
國法輿論萬無可淆訛固不係案之存否與舊日行事如
何也又傳壬子十一月中有旨批紅云曷謂事既會議明
白着改正行其持而不下則中涓情狀不言可知矣
劉范馮三公范謙江西人劉楚先湖廣人馮琦山東人
四明為政楚王不難以假作真福清為政代藩終難以庶冒
嫡雖廷臣之持論相同而有行有不行者則當國之人異
也使晉江當國曷疏其楚王乎李春熙來斯行其錢夢皋
康丕揚之傳乎晉江甫登枚卜群議皆曰不可夫豈無見

先生先撥志始六卷見千頃堂書目當訪求之

而云然耶鼎莎固當亟革鼎渭亦難嗣位舍渭莎而立鼎渭之子斯爲允矣安邑上海之言固千權衡之準也

福王之國

當福王甫生神廟與鄭貴妃有密誓欲立以爲太子既而懍於慈聖之諭復逼於群臣之請乃始割愛立光廟然福王雖受封尚在帝左右有識者抱隱憂焉後武進以少宗伯署部事率群臣力請福清亦竭力斡旋乃定之國之期至封邸成命究曲剖陳福清相業於斯爲烈議者猶以限莊田踰制不行裁抑爲福清咎則亦過矣

密誓　詳先撥志

萬曆四十一年九月文書房内官金忠傳出聖諭諭閣臣葉向高國家多事正賴卿匡濟時艱豈可輒居私寓不出可即入閣視事卿屢請皇太子講學但今秋天氣暴寒其點用閣臣補大僚朕次第簡行且福王之國前諭已着明春舉行卿宜安心贊襄不必再陳

十月文書房内官金忠捧出聖諭諭内閣朕覽卿所請福王之國前諭已明着於來春舉行是無惑矣朕思聖母聖壽稀齡在邇朕當親率皇太子及諸王恭祝大典慶賀禮成於次年春三月内着欽天監擇吉之國卿等可傳示大小臣等不得過生疑慮以亂視聽特諭

大學士葉向高奏福王之國上奉長樂之懽下奠推城之固
雖虞舜大孝周文王慶冒以加茲臣謹傳諭各衙門大小
臣工仰承聖意卽於今冬預行稱賀令欽天監卽擇之國
吉期上請以光慶典以慰群情是誠宗社之大幸也所有
聖諭臣謹尊藏閣中謹具回奏以聞
文書房內官冉登再捧聖諭到閣臣私寓諭內閣朕覽卿復
奏傳示福王明春之國朕思聖母聖壽稀齡在於四十二
年頒曆後正其慶祝之時朕當親率皇太子及諸王恭祝
大典慶賀禮誠今歲預慶恐聖母責其非禮况入冬以來
朕時常動火右足流疾作痛步履不便數進藥餌尚在調

理恐難成禮何以周悉着於次歲春三月內欽天監擇吉
之國卿等傳示大小臣工仰體朕孝誠至意不必持疑煩
請昨傳諭甚明豈可以目前稱賀為言意見失真仍遵諭
行慎毋瀆陳諭卿等知之

大學士葉向高再奏聖諭再頒臣愚昧之罪無以自逭敢不
遵承但事有難行又不敢不為君父一竭其愚頃旬日間
外間喧傳皇上欲借聖母賀壽為題目以留福王所以大
小各官無不驚疑共約於今蚤伏闕力請者正為此故昨
臣出閣後禮部右侍郎孫慎行來見亦言聖諭如此必是
今冬舉賀明春遣福王之國遂傳帖暫止百官今又有此

諭則與近日流傳之説果相符合從前詔令盡屬虛文而人情之驚疑愈甚且謂此一賀也皇上不為聖母之稀齡慶而為福王之留行計福王曰延一日歲延一歲其意將以何為王曰乾等之妖言人將信以為然自此以後中外無日不喧嚷朝端無刻得安靜一年光陰如何捱過聖母聞之必為之不懽而皇上之壽聖母者乃所以累聖母矣以皇上孝事聖母之盛心而使人疑為暱留愛子之私意天下萬世其謂之何即福王亦何能一刻安以臣愚見庶民之家上父母慶壽皆於一年前行禮聖母稀齡只隔一歲今冬預賀聖母必不以為非禮如聖意必欲候至明冬直

不敢強惟是福王來春必當之國不必遲疑且潞王聖母
之愛子也亦在外藩福王在國上表慶賀有何不可皇上
率皇太子與桂端二王在此慶賀儘足為何必苦留福王
使宫府内外復起驚疑乎臣病苦孤身屢被人言幸有新
臣方從哲受事方欲懇祈皇上放歸田里何苦為此一事
觸忤聖心且皇上恩臣如父愛臣如子臣茍可將順何所
不為惟見人情事勢如此不得不言不忍不言所奉聖諭
謹封上未敢遽傳蓋一傳則紛呶立至更難為處臣之罪
愈大矣伏望聖意留神詳覽或即以臣言轉奏聖母裁其
是否仍令欽天監即擇定明春之國期以安人心宗社幸

甚天下幸甚

十一月聖諭內閣朕覽卿奏揭知道了且先扎諭福王明春
之國無惑矣思聖母稀齡在邇欲着福王隨皇太子諸王
同班慶祝以襄盛典今覽卿奏朕已知悉福王着於明春
三月之國卿可傳示欽天監擇吉來看共恭慶聖母稀齡
昨諭已悉卿可安心佐理勿得復有托辭特諭

聖諭戶部朕以福王之國特准輔臣等所奏在於明春三月
舉行但各衙門所造應用之物備辦錢粮未完且該王例
請養贍田地屢諭着三省撫按嚴查各廢府所遺田地俱
朦朧不行實奏近該撫按董漢儒等奏稱尚未及數明是

各官襲套怠緩遷延姑且不完既輔臣等所奏四萬之数
難於取盈姑且准量減一萬以稱朕體恤元元至意其三
萬之數係該部即行文與三省撫按務要上緊查給相應
田土三萬頃立定界址造冊送本府炤潞王例自行管業
不許仍前支吾塞責違悞大典治罪不宥特諭

十二月兵部題欽奉聖諭事福王之國炤潞王例額運正月
十九日二運二月初九日三運三月十九日

時詔南京兵部備馬快船五百艘而船尚艤道灣待其歸
修葺復徃水涸氷堅必不能赴而福王來春之國之期將
復以王舟不共為辭南司馬仰屋無計主事譚昌言建議

急檄止通湾船勿動遣官就彼修驗計往返工費畧足相
當旬月而報完舟楫已具則之國無愆期之慮矣南司馬
如其言事遂竣

福王奏憫念時艱等事奉旨王養贍田土原係舊例非朕特
恩前因諸臣懇請已量減一萬茲覧王奏以各省查給不
敷兼之災傷可憫願於三萬之中再求酌減且謂時日已
逼恐悞行期具見王為國為民之意朕心嘉悅不已特允
奏再減一萬其二萬之數該部即行撫按官查實在地畝
册送本府自行管業速行撥給不得再有陳瀆致悞大典
責有所歸

四十二年三月遣兵部左侍郎魏養蒙錦衣衛指揮梅國林
護送福王之國
户部署部事左侍郎李汝華疏欽奉明旨事福王養贍田地
二萬頃既遵明旨派定三省在河南實地業有一萬一千
二十九頃山東報有地一千二百八十二頃尚該補地三
千二百三頃有零在湖廣應該辦田地四千八百五頃有
零皆無容推諉者有旨這莊田着地方官上緊處給
湖廣巡撫董漢儒等議每年認折租銀一萬兩輸解福府
四十三年五月山東登萊道右叅政姜志禮疏聖朝第一過
舉等事福王莊田二萬頃派之湖廣山東河南而山東之

登州實派田一百頃五百一畝七分七釐萊州實派田一百頃二百五十畝今五月二十日福府典膳徐進爲大徵登萊二府田租來到青州夫臣固登萊道臣也當派莊田時臣未任何敢言今大徵時臣在任何能無言自高皇帝以迄於今累十餘世封王子弟屢矣有與之二萬頃莊田者乎有莊田跨三省者乎一福王而莊田二萬頃跨連三省繼此而封尚有端王惠王桂王也倘比例而請俱欲二萬俱跨三省將與之乎不與之乎撫按諸臣驚聞豈得不大量之旨相顧駭愕無可柰何第曰大量文册已在御前已耳福藩不必遣騶擾大量已耳嗟乎册在御前是二萬

莊田之冊也騷擾太量即倖免一時而未拔去病根也試
思他年比例陳情之際王〻二萬省〻莊田普天之下莫
非王土恐一統輿圖僅足供王之四分五裂而天子且煢
〻獨處也豈不殆哉不此之憂而第曰莊田有冊第曰勿
騷擾勿太量以此補救幸求苟安譬之放飯流歠而問無
齒決臣不知其可也皇上即未免於世俗愛子之情或不
妨出內帑礦稅之積量爲頒賜亦何至廣刈齊魯雄楚之
地行徧愛而基永禍也且非所宜有而有之天道忌盈國
法鋤借亦豈福王利乎良繇去輔葉向高欲以福王就藩
爲去國之功遂不欲拂皇上溺愛福王之意莊田踰制竟

不及言方從哲踵而仍之醇酒優游絶無規正即或有言
亦惟隨撫按諸臣之吻云勿騷擾勿大量而已曾不効古
大臣裂麻焚詔堅決而言曰二萬三省之例斷不可自今
日始也新輔吴道南到任謝恩一疏時政大端畧見梗槩
獨不及莊田一事似以此等過舉皆繇前人非新臣事故
置罔聞抑或有待而言乎據今典膳徐進方欲大量方欲
徼狀恐難以成事不說為解且揆席初登正旋乾轉坤之
會天下屬望舉在於斯失此不言則一成不變全盛金甌
從此茲缺裂無完時矣臣備員東海無樂有言乃徐進大
租適於臣所管理之地內失於無封還詔旨之輔臣外僅

賴有補救苟安之撫按分崩離析之禍未知所終故不識
忌諱而推誠瀝血如此奉旨福府奏討養贍田地係比炤
潞王事例自行量大徵收業經屢奉明旨豈無聞見姜志
禮以明春考察欲固位沽名輙敢出位恣肆狂悖要挾上
司乖張事體紊亂紀綱好生可惡本當重處姑且降三級
調用不許朧朦陞遷以後再有這等的重治不宥

太常寺少卿史孟麟疏奉差聞報事救姜志禮奉旨史孟麟
這廝既言奉差聞報如何屢見諭旨詳明況張差一案已
經問結正法罪案已明乃朋懷憸邪捏造詞語今皇太子
册立有年名分已定且誕生諸皇孫有何窺伺劉光復在

聖母几筵前恣肆違悖高聲大吽震驚神御大不敬無人臣禮本當從重處決姑且從寬監候史孟麟輒敢出位逞臆淆亂國政黨救奸徒奔競私門好生可惡本當拿解來京究問姑着降五級調用不許朦朧推陞張差劉光復事

詳先撥志

定陵註畧卷之七

歷觀地方之变未有不起於在上者非傲慢以離衆心則貪削以斂衆怨覆餗僨轅罪将誰諉如杭郡之变是也又平居漫無一長臨難惟求苟免損威辱國莫此為甚如武定獻印是也若夫借事邀功不難草菅人命以博上賞所謂不有人禍必有天殃者耶如妖民諸役者也至於居鄉不法魚肉閭里以致衆怒成城幾釀揭竿如湖州等處民变是涓涓不塞将為江湖謀國者可視為細故漫不加之意哉

萬曆十年三月杭州兵变四月民变

杭故有幕府親兵四千五百人分爲九營歲以七營防海汛汛畢乃歸其餉頗厚至是巡撫吴善言奏新例減餉三之一又半給新錢錢法壅不行訴之不聽遂爲亂其魁馬文英楊用宦倡之擁吴撫詣營所窘辱備至迫書朘削狀以庫金二千爲酒食資姑縱之明日二魁陽自縛捽吴代巡言我實首事請受法他無預也衆皆匣刄以俟撫按懼稔禍結好言慰遣而具其事上聞吏部難以繼者江陵曰安得用張滑縣擒盗手薙此小醜乎吏部乃推兵部右侍郎張佳胤以原官巡撫浙江蓋張令滑時擒治近畿劇盗僞爲緹騎劫縣帑者故云張未至而民變復作初杭城諸栅

各設役夫司干捍應役者自募游手充之前二歲始嚴其法必親受役悍役者相率倚豪有力以免而遊手遂失募利亦怨望橋寓丁仕卿上虞人也素無文猾相結假利便言之道府俱不聽意怨怨且謂官無如亂兵何而如我何以此挑語大猾會仕卿坐他法荷較諸大猾遂鼓衆劫之響應至千人焚掠諸豪家有力家以快宿憾遂破按鹽兩臺門司道以下俱竄匿張抵嘉興聞候人曰兵哨海者發耶曰發矣所留二營無恙耶曰然張曰速驅之尚可離而二也既抵軍門治事而群不逞嘯聚益衆揭竿立幟裒白刃而向轅門者可二千餘且欲毀垣以入張乃從數卒乘肩

輿出迎謂之曰汝曹毋反〻則天子移六師至族汝矣且汝必有所苦與甚不平何不告我衆以司夜徙不公爲言張曰易耳柰何以一憤易一族即下令除之衆始散然其氣益横夜復掠巨室火光燭天張秉燭草檄諭以禍福質明懸之通衢衆取裂之張怒曰吾奉命戢悍兵宜自悍民始已而計曰過可使也烏合可刈也命游擊徐墨星以營兵入召伍長撫之曰前撫軍誠悞用汝死力而不汝餉汝寧無快〻衆唯則又曰市無賴子亂成矣使無他勞非汝曹例能爲我盡力討捕之我且令汝曹以功餉也然無多殺多殺不汝功衆踴躍聽命復召楊廷用馬文英察謂曰

向自縛而請者汝耶二魁請死罪張曰壯士故不畏死雖然死法無名汝為我率衆捕亂詎論贖且賞矣即不幸死寧死義乎二魁亦踴躍聽命張乃令徐景星岀所從驍勇為中軍俾營兵次之府縣精勇又次之嚴部伍明約束遂前薄亂民連敗之縛二百餘人丁仕卿預焉張訊得其倡謀挾刃而腰金帛者凡五十餘人皆斬之梟首轅門餘悉縱去於是群不逞皆散張又念悍兵猶未服法急之或生变假他事罪之或竄掩之則非法因陽獎二魁功賞之冠带榜於營復其餉如初合營帖然當二魁自縛時要衆曰吾以一死敵若等姑與吾棺殮給妻子費衆為斂金數百

既免而不復反稾衆頗恨之又各營倡亂者数十人張俱
廡得之明年春汛七營當復出張於誓師時密令徐景星
每營捕一人数其首亂罪斬之已後捕馬楊二魁至曰汝
故自請死今晚矣且汝既倡亂又欺衆而攘其資我即欲
貸汝如衆怒何又斬之梟九首轅門外以殉而使〻馳赦
諸營曰天子不忍盡戮汝〻自揣合死否今而後當盡力
為國禦圉也衆皆感泣聽命兩浙迄以奠安天下咸服江
陵能知人善任使也
江陵柄政朱正色為知縣倜儻有俠氣相府家奴有犯者
榜繫窮治無所貸江陵深奇之為延譽行取即此一事其

賢於前後相公多矣朱後官巡撫

時孫光祐為應天巡撫聞浙江兵变令設署後便門預為逃避計如此等人而使之建牙鎮撫一方統鈞者何以自解

萬曆十五年十月鄖陽兵变

時撫軍李材日以講學為事諸生從學者数百人行李往來皆令營兵伕役營兵皆怨至是復改參將公署為書院以本月初二日起工是日參將方印以鮮任去米萬春新任來會於遠河鋪離城六十里方有憤言米因激軍士梅林王所熊伯萬繼等結隊與杜鶴等鼓而入毁學坊沿街

搶掠圍逼軍門凡諸不便事宜脇取置軍門外煋燒又勒餉金四千二百兩充賞次日米尚次城外李飛東逮之又次日米入城鼓吹鐃砲過軍門履任釋戎服進見仍勒上疏歸罪道府生員疏必經米驗過追改者再仍收城門鎖鑰李皆隱忍從之復逼李閱操行賞哨官楊世華田以此冒賞近於劫庫米佯怒而心是之即諷軍士告加月糧舊折三分增至四分副使丁惟寧謂米曰各官兵將擁汝為主帥耶米大怒擁衆喧亂守備王鶴鳴伏劍大唱曰殺副使是反誰敢誰敢丁僅得免李走避樊城裴應章繼至好言慰米仍杖殺梅林王所事乃得定李具疏諉罪道府鄖

陽知府沈鉞降調給事中陳壁劾李無端激变損威辱國
李亦罷去而米以政府私人反調善地有旨以後各處公
廨儒書學院等項非奉明旨不許擅自遷改建造
李材先任雲南金騰道巡按蘇酇劾其擒殺夷酋戮尸抵
級等事有旨逮問隨謫戍福州路上仍用督撫威儀既抵
戍所巡撫許孚遠出勞問畢正色曰蒙聖恩得釋猶然罪
人當貶損思過柰何一路震耀此待罪之道李艴然曰迂
濶則見羅之講學猶全未夢見在
二十二年四月下應天巡撫蘇松巡按勘問太倉官生王士
驌等應天巡撫朱鴻謨疏地方亂萌事丹徒監生丁邦相

金壇監生趙恢近改名州平無錫監生春燈近改濟民太倉官生王士驌又浙江人胡忠及浙中監故僧王蘊空皆士驌依為心腹凡導之爲孽皆二人之謀上海監生喬一奇素以騎射勇力著聞雅為群雄所推服期於甲子舉事常鎮二群人心惶惶官族富户移家預避者頗多時去歲十二月十五日以前数日内事也私計汛期伊邇綏之養亂密令府縣官於正月初四日同日擒獲搜其家妖書兵仗及交通書帖到官隨委三府推官袁可立閔廷申張時顯公同會勘不假刑訊各吐真情甚悉各犯宗戚友朋以情掩義往往恐臣為縱手云

蕉松巡按陳遇文疏同

王士驌尚書世貞子也喬一奇方伯懋敬子與丁邪相等皆以豪俠自負習騎射喜談兵而一奇尤以拳勇自雄為衆所推服時又有嘗熟譚某者富甲一縣而誕妄殊甚有譚皇帝之號適東事孔棘兵部下檄浙直撫按調募水師民情洶洶諸人遂欲乘隙據江南有王繼樵者老弁也熟於行間諸人擁為盟主約某日於嘗熟舉事及期聚於譚某家是夜置酒高會約五更即殺知縣劫庫縱囚據城以叛王繼樵察諸人皆紈褲少年非有老謀碩畫知事必僨酒半倡議曰諺云三軍未動粮草先行今欲舉大事而錢

粮未動何從措手目下兵餉發急庫藏如洗即劫庫弗能
應用今夜當先從何家借餉顧聞諸公籌畧諸人相顧色
動不能發一語繼樵歎曰今欲作何等舉動而茫然無成
筭如此吾立見其敗也遂拂衣出諸人咸囁嚅不能決逡
巡至天明而事敗

巡撫朱鴻謨聞報即檄蘇松兵備韓濟捕之且貽手書云
一到即置之死而諸人咸世家大族皆先事彌縫韓乃召
府官會議俱唯唯獨同知燕祖召曰此係大事還當會衆
確審不可草草定案韓曰是吾心也復檄下四府刑官再
讞時捕王繼樵急王已逃入浙中擬下海矣聞信曰李何

以我故累及妻孥遂挺身出對簿慷慨陳辯諸大家復力
盡左右之乃以謀反無驗讞上
朱鴻謨既以謀反上聞廟堂復張大其事遂議用兵職方
主事伍袁萃差竣回京本兵石星問其事伍力爲桑梓銷
弭對曰是不過吳中諸貴游子相聚爲兒戲而一二惡少
乘機簸弄其間一獄吏治之足矣無煩過慮也石駁曰李
何若是朱鑑塘疏内載有云詩云君實有心追季布蓬門
無計作朱家非謀反確証耶伍曰此詩見優人所演傳奇
中乃蔣世隆因屠瞞興福投己而作矣李何指爲反証石
曰既云傳奇有刻本乎伍即令從坊間取以呈示之石

歎曰此等閒書也該看過不爾幾悮大事因問應作何處
置伍曰廟堂自有區分但愚意不若行撫按再勘后從之
既奉旨再勘遂從輕遣決
三十五年四月誅南京妖民劉天緒等
兵科都給事中宋一韓疏劉天緒等積謀有素賴皇祖之
靈使其黨陳繼學先期告變其禍始鮮樞臣孫鑛不思引
咎侈口言功秉僞示之張揭恣行窮治以告密為殊勞以
莫須有為真案以箝制言官為善後明旨之所原免鑛以
為嘗談臺省風聞言事鑛以為侵職昔在薊門已自折肱
今在白下倘久其事權必釀國家之患

南京給事中金士衡御史孫居相各疏劾南京職方郎中
劉宇六月給事中周曰庠疏國家之法妖黨不有的據不
坐征討非有大功不叙南都妖揭四布雖曰可據安知不
出𢿙弄之手樞臣孫鑛柰何不察𢿙弄之奸遽發捕妖之
令楊珊所首不過幾人何遂槩委彼中武弁盡發兵番但
係持齋念佛之家無一得免即顧尚書之孫亦登時就獘
一旦死者死縊者縊溺者溺何其慘也迄今南都内外怨
聲徹天恨不得寢武弁之皮而食其肉樞臣哀如充耳若
罔聞知反加意此輩所為奉劉宇之命令傾人家戕人命
淫人婦掠人財者議叙議擢豈無辜之生靈祗為武夫獵

寵之資耶兩京所設科道原係朝廷耳目大小事宜何者非其所當預聞乃恨其侵越阻撓至欲分定職掌機密重情不令申報其專權自恣為所欲為將何所不至耶臣竊謂殘酷如劉宇罪固不可勝誅若孫鑛者亦難令久握兵柄更滋多事者也

大學士朱賡奏揭頃蒙遣文書房内官劉用賫南京兵部尚書孫鑛二本到閣口傳聖諭留都根本重地陵廟尊臨設有内外守備衙門及兵部叅賛機務俱有專敕這本奏如何事多掣肘致使奸黨妄肆跳梁是何法紀職掌奚存且近來科道官借言時政挾使揻公章引瀆奏誣害忠良

好生可惡着先一併出旨欽此竊惟妖黨一事朝廷止赦脅從不赦渠首據妖帖詆言有臣子所不忍聞孫礦擒治一二造寫之人以不為過但南京根本甚重地方人心未定罪人既獲此後即宜撫綏畿民安靜事宣布朝廷德意不得再有搜求以生釁端一切善後宜須責令孫鑛始終其事以副皇上知遇科道官雖有煩言無非安輯根本之意伏望皇上天寬地濶免其議處是所以作言官之氣而安任事之心也揭入孫鑛本奉旨前旨止赦脅從不赦渠首據妖帖所布豈得槩視為脇從置之不問卿職掌所關朕皆洞悉已有旨了此後只一意撫綏以定反側以安畿

民毋得因而墮阻引罪求去劉宇着行南京法司將論列
事情一一勘問具奏定奪
九月南京刑部署部事操江右僉都御史丁賓等題覆奉
旨這妖人雖云朴滅餘黨尚復猖狂遍貼匿名孫鑛職司
參贊安得不行擒捕但劉宇承行過當遣用匪人兇殘武
弁秉勢作威致傷多命劉宇着降三級調外任用各承遣
軍官着南京刑部分別擬罪具奏
按丙午冬至南京百官俱當詣孝陵上香兵部忽傳城外
有反賊萬餘人乘上陵殺衆官據城僭號隨閉九門禁民
毋得出入合城洶懼次日擒得四十九人付應天獄為首

者即劉天叙也内外守倫會鞫擬磔者七人餘皆斬是時句容道行人長江中行舟絶且三日矣而其實劉天叙者鳳陽人與其黨三人擡一小佛像歷各鄉村募緣得少銭米及鞋綫之類至南京妄言有法術能畫地〻陷指天〻開且知人三世事納銀若干者來生爲指揮等官有一婦人哭於陌上呼而視之曰來生當爲后妃遂携與俱去衛軍陳繼學惑其説留舘於家禮爲師請受業焉不可固請則曰宜齋戒擇日方可如是者数四陳逼之愈急劉窘甚乃謬曰南中當有奇變天地昏黑者四十九日此際大亂相殺且盡各宜躲過何暇試法盖借此将乘間逃逸也陳

得其語即首之武操江豐城侯李某李遣人告之内守備太監邢隆外守備撫寧侯朱某兵部尚書孫鑛俱會集守備府既内懼且色動并陳繼學執之擴以為功豐城侯忿甚來争拒不納更閟跡張大其事陳兵出入謂俄頃間發覺逆黨定此大難封侯不足道其實天叙等不過趂食下賤而四十餘人又皆賣菜磨麪人也漸有覺者藉藉偶語時嘉興丁賓為操江右僉都御史兼刑署部大理寺印知其詳既得旨下法司則丁為政守備叅贊盛氣來言謀逆大夥不可輕縱丁素和弱衆恐有所怵不能堅持而丁詭詞謝之曰其不才事既在我輕重禍福我自當之不以累

諸公諸公且毋動其不難屈膝以謝皆愕不能對而軍士乘機脅詐無算數者數千人丁悉緘其詞致之叅贊乃改擬磔一人斬一人餘皆遣戍天叙鞫時斷挑膝筋未幾死旨到如律梟示而故事戍者必立枷一月時值梅雨諸人枷於大中橋次日一人死沙壅其尸俟滿日方埋丁聞急往視召錦衣及兵馬官謂之曰如此十日必盡死朝廷已開其生而我輩乃欲死之其以骨戍乎以鬼戍乎天日在上鬼神難欺此等事必殃及子孫乃令搭席蓋坐蒲團湯沐飲食之於是四十六人皆得不死

八月四川廵撫喬壁星疏請勦減土舍安堯臣不許

時四川巡按錢桓亦有疏安堯臣妻子尚留鎮雄陽以身
回水西陰以妻掾府柄又每寨留頭目二名土兵二百名
蜀中差府佐將官查取隴氏宗支彼乃陳兵阻遏夫堯臣
以黔中土舍越蜀入贅占據土府又戕殺赤子無慮數千
焚毀民居盡成瓦礫堂堂天朝豈宜容么麽小醜跳梁彼
猖一至於此彼永寧土民遭其毒荼恨入骨髓誓不與俱
生故撫臣整兵移鎮誠為匹夫匹婦復仇非得已也
大學士朱賡揭奏川撫喬壁星疏請用兵者大意謂安堯
臣始而匿印未獻今印獻而閻宗傳未擒欲用兵勦捕臣
竊以為未可須邊餉告急戶部求借太僕寺馬價明旨許

與三十萬該寺與兵部連章極口告之姑令括老庫及東西二庫十五萬與之此匱〻十五萬者苦難已如此矣加以處〻水災處〻空竭即使用兵皇上試問川貴能自餉乎將取之太倉乎將再取之太僕乎將令別省協濟乎此救死不贍之民尚有肉可剜否兵可不募而求不食而戰乎武臣好事喜功瞋目語難固其嘗態如侯國弼張神武輩利在自封計畫未必可從才勇未必可用即二三兵道不過文臣儒吏臨敵當機或非其所長則又誰與任此者臣竊見安氏功不可泯而罪尚可貫印已獻矣崇明已管事矣兵已撤路已通矣即與崇明怨憤未消仇殺不免皆

可以不問況國家當多事之後今年征倭明年征播生靈陷於鋒鏑帑藏竭於轉輸而欲日求干戈惟敵是求操之急之使無所容至於不可赦乃曰吾固知其必然惜用兵不蚤惟幸其言之驗此則非忠於國者諸臣萬不出此舍是亦非臣之所知矣

兵部覆喬壁星疏奉旨這土司據撫臣所奏本當征勦正罪但印既獻出奢世續姑行釋放閻宗傳擬置之罪且饒他擒治許其自新其鎮雄還訪求隴氏子孫承襲安堯臣着歸本土司聽候遙授職銜不許冒襲隴職安疆臣着用心約束朕視華夷皆我赤子涵育全生不忍置之鋒鏑之

下不必再行會議爾部稟還上緊行文知會
給事中王元翰疏安堯臣雖前有征畨微功隨以知府銜
加之可謂不薄責撫郭子章宜曉之以天恩警之以國法
決斷了局乃計不出此更陰陽其間臣見其報堯臣歸黔
請授職疏娓〻千百言不為安隴叙家譜則為土婦慮岑
寂至於千餘夷民重遷為辭且曰目下保無他虞日後不
能無慮此何說也是明為堯臣樹幟明為堯臣得隴根本
暫棄固取謀之定矣竊歎曰子章意指若此堯臣其背乎
果鎮雄不告警矣五月二十四川撫喬壁星果以遺旨
聚叛殺命事告矣內言堯臣使喳多等抄殺鎮雄夷民遂

隴正名不得承襲等因夫自二月至五月果目下乎弄兵
殺人有虞乎無虞乎伏機於前而發難於後且揚揚幸其
言之中也子章果屬意安氏不如即以全黔拱手獻之則
功高開國何必割輿圖以媚人中巴蜀以奇禍況子章放
肆無忌狡詐如神近見其親著三論刊印傳布皆以趨奉
為主而婦寺一論尤屬可駭明言人主當與廷臣隔絕自
重臣親臣一切大小儒臣俱不可接見惟親就宦官宮妾
乃相宜相安夫非病狂喪無故而翻親近小人君子之案
意欲何為無文搖尾敗簡破閑臣謂子章可斬也
兵部題覆四川巡按錢桓疏奉旨這事情已屢有旨分責

兩省撫按官爾部便行文中飭着協心悉力處停當以完前局倘有庇護遺殃及偏執啟釁罪各有歸不得推諉

三十九年四月兵部題覆遵旨查立隴後事覆四川巡撫喬壁星疏題隴政卜更名隴鶴書咨吏部准襲鎮雄土知府

奉聖旨是

先是鎮雄老宣慰隴其因搆家難逃之水西安氏後以病死隴氏取尸水西不與多開供費之項求以地贖尸隴氏難之或為之謀曰以塩浸紙曬乾為券三年必碎爛然後與之爭地彼無憑據當以還我隴氏如其議尸果歸數年後隴氏來爭地契已碎爛水西計窮而地終不肯歸後之皆

督府撫按勘明卒不肯歸則以贖尸事尚在人口故也
安疆臣俯首貴撫郭子章之命絶楊應龍進兵又讓後屯
信地以報成功即總督李化龍亦許之有近地可發朝廷
不受惜之語及 平四川大吏齮齕黔中求多安氏者責
輸糧即輸糧責獻印即獻責擒叛即擒叛可謂恭順矣乃
川撫喬壁星欲取安氏為功坐以侵佔播地之罪而喜功
生事輩緣飾其說至以受賄棄地劾前總督王象乾而逐
之去此則別有所為非因棄地也
三十五年十一月雲南金沙土司阿克等叛破武定府進圍
會城索

武定府印巡撫陳用賓等獻與之乃退

阿克即鳳騰霄先年進勦鳳繼祖因竄居會川東川水西之間是月十六日約鄭舉等為内應結東川諸夷為外援遂破武定府因推官白明通殺守禦指揮金守仁等破祿豊縣殺知縣蘇夢暘破嵩明州殺吏目常克孝所僇居民計四百五十餘人焚殺為最慘云

雲南巡撫陳用賓疏十二月初九日阿克假送白推官至富民縣大衆数千尾後已到清水關近會城二十餘里白推官先至南門城下遞一稟帖内云賊勢甚急或可暫給冠帯印信以救目前之患等因臣等見賊處處放火殺人

與黔國公沐昌祚揔沭勦長慮却顧合省士民籲呼謂印
乃陳知府所棄倘不從權宜生靈莫必其命不如以知府
陳典所遺印暫給之使撤回營而去為一時權宜俟大兵
齊集然後取還故物未晚遂會同下令阿克同各頭目來
領賊下馬俱跪於田坡中叩頭領去賊於十二日即焚營
回巢十四日大開城門士民陸續回家各安生業矣給事
中蕭近高疏近接雲南廵按周懋相揭逆賊進逼會城要
挾撫賞冠帯印信撫臣偕鎮臣三司各道竟以印信與之
此等權宜自滇今日始不能為撫臣解不能為司道諸臣
解臣見之不覺之髮上衝冠且與印之後賊志益驕東則

破嵩明掠尋甸攻木密西則抄富民圍元謀殘羅次大抵
用賓之在滇威褻於久玩志墮於患成固宜其有今日矣
四月雲南巡撫陳用賓疏報征討阿克共擒斬一千五十一名
顆
給事中王元翰疏近聞雲南臨安澂江新興峨嵋一帶群
盜蜂起千百成群刼掠村市百里無煙而普寧與河西等
州縣至土封城門出入幾斷大小凛凛莫必其命衆口同
辭咸怨忝將張名世屠民抵賊殺人如麻臨安一路諸賊
皆名世激成之
雲南巡撫陳用賓疏報征討阿克斬首級一千四百四十

四顆又追獲嵩明等州縣衛印七顆
陳用賓又報征討奏捷四次擒斬共四千四百九十四名
顆外俘獲賊屬并奪回被擄男婦共三百十五名口
給事中宋一韓疏阿克鄭舉尚未有定蹤武定府印尚未
有着落不曰阿克在某山斬首若干則曰某夷助阿克斬
首若干甚至納糧百姓目為賊黨下逮吏胥各有斬獲於
是首功不勝上而捷音不勝聞矣夫以滇南之百姓肝腦
幾盡皇上猶降旨曰用心進勦務期剪滅以收前功以用
賓之罪擢髮難數皇上猶降旨曰姑戴罪殺賊必以擒賊
復印方可自贖不思元兇已逃府印已失更勦誰氏更贖

何罪是為殺無辜者立赤幟而欺君悞國者得憐不死之劵也孰為皇上票此旨者犯神明獨殺之戒橈祖宗三尺之法暴萬里之枯骨成故人之上賞此左中外人情所切齒而交憤者乎

宋一韓又疏南雲新任巡撫薛夢雷當阿克逼城之時夢雷與用賓同城而處用賓以府印與賊夢雷唯唯聽從莫能救正巡撫之器已槩乎其未有矣即昨劉綎之擢不會推亦頗駭人府部不及知科道不預聞縱云事急矣勢不能待何撫臣可待帥臣獨不可待也

雲南巡撫陳用賓疏報征勦阿克共擒斬六千一百零三

名類
六月雲南巡撫陳用賓疏報擒獲阿克
逮問雲南巡撫陳用賓摠兵沐叡等
兵部題類查失事官員等事奉旨這賊夷連破城池八處
殺戮平民無筭秉虛直入幾失會城鎮撫三司官俱有地
方之責平居偷禦謂何臨時束手無計徒以印信餌賊爲
退虜全身之計却又上下蒙蔽虛冐報功據獲首惡是真
益見前報之僞欺君殃民法難姑息陳用賓沐叡都着撫
按臣觧送至京從公問擬薛夢雷身爲藩長印從司出漫
無主持且着回籍聽巡按查明來說彭應時本轄失事着

降三級調用楊俊臣帶道有失姑降俸二級羅希孟失事
既多着降四級降用汪如淵范繼斌着革任聽勘陳典白
明通黄榜毛文彩都着撫按官扭解來京究問王啟元等
三員唐肇元等七員馬阜等四員都着革任提問曾化龍
等三員都着調用餘依擬行
陳用賓有母年九旬餘撫滇已十六載尚不知乞身終養
其母蓄一猪以待子之歸乃猪齒日長子歸無期母旦夕
視猪輒為淚下及被逮而始借母乞憐無復人理矣夫獻
印苟免損辱國其罪固當誅而貪爵戀禄棄親罔顧其不
孝尤當誅也以上係地方

萬曆十五年九月蘇州原任兵部尚書凌雲翼殺生員章士偉張元輔吴縣陸萬炳等疏原任兵部尚書凌雲翼於本年八月十七日逼占已故副使章美忠男生員章士偉房屋毆士偉至死三學生儒不勝忿於九月二十四日齊集雲翼家理曉伊子凌玄應綂喝男婦婢僕剥搶儒巾藍衫縧靴四十八副將諸生橫拖倒拽恣意毒打髡鬚破頭穿截耳齒者不下數十人又加糞穢澆灌淋漓一時被傷諸生如張元輔陸萬里張偲劉僖等衣無寸縷體無完膚雲翼惡死其家令閉門下一竇驅使扒出呼號震天血肉遍地庶民罷市觀者萬計内生員張元輔不禁嘔穢忿極投

河救歸於二十九日縊死即秦坑漢錮未有若是之甚者
也查得嘉靖年間淮安鄉官沈坤縱子朴責生員伊姓者
一板蒙世宗皇帝敕三法司拿問沈坤竟死獄底今萬曆
年間操江胡價同知龍宗武將生員吳仕期濫枉死即蒙
皇上正法各問邊遠充軍今雲翼連殺二儒不正伊生員
之被朴剝毆三學不止吳仕期之一人乞敕親提雲翼到
京明正其罪有旨奏內事情着該撫按問擬具奏
南直提學御史詹事講給事中彭國光南京給事中御史
徐桓陳奇謨等各疏參雲翼罪狀俱下撫按并勘後撫按
勘上有旨凌雲翼着革了任閑住凌玄應附近衛所充軍

方學會監侯詳決

凌雲翼富甲吴中玄應憑藉父勢所求無不如意章士僑居宅與凌居相連凌百計營謀已成交矣適士僑妻病故欲得貼價方始移居玄應怒其相杭也令狼僕立驅之出因而致毆致斃諸生以公憤申討玄應潛伏打手數十人誘諸生入堂中闔門毒毆誠有如疏中所云者内陸萬里素負勇力挺身格鬭故被創尤甚兩脅皆折幸而不死玄應連夜捲十萬金十三日馳至都門投誠政府為之道地及民疏至外廷内廷皆主調停之説故屢疏並未奉嚴旨而雲翼猶列冠裳玄應竟從薄處至今有遺恨云

二十二年五月湖州民變原任祭酒范應期自縊

十月革浙江廵撫王汝訓職候勘逮問浙江廵按彭應參烏程知縣張應望革給事中喬胤職爲民

浙江廵撫王汝訓䟽前歲蘇湖之民擁衆數千號泣官署少緩須臾勢成揭竿是時臣不得不處已御史按湖百姓遮道泣訴合城咼沸聲震江南臣又不得不具狀以聞不意有此變云范應期妻吴氏䟽儒臣極寃等事奉旨按臣彭應參既膺憲職不能激揚一方乃敢大肆貪婪聽信奸吏傾陷儒臣致死二命王汝訓廵撫兩浙該當與伊申理反扶同飾詞代辯委任何在三汝訓着革了職候勘彭應

参張應望着錦衣衛拿解來京究問
給事中喬徹䟽救有旨降一級調外任用
南京給事中伍文煥䟽救有旨伍文煥罰俸喬徹革職為
民
吏部尚書孫丕揚䟽頌祭酒范應期妻吴氏奏夫自縊禍
繇彭應参片言動主立逮應参而波及撫臣聽勘臣仰體
聖意豈以凌雲儒臣將逮一御史為撫按懲耶夫使凌雲
而實也事在兩浙必當勘明以為斷案倘凌雲而虚也詞
出一面豈容遽逮以傷國體婦言是聽遂使執法憲臣俯
首就囚赴告冤民籲天無路此風一倡非國之福也倘海

內鄉官又有千人之告如范應期者將誰聽理乎怒湖民
則范又告急怨儒臣則人必稱寃況又有幾千人樹敵如
董份家者乎往年徽州之民變於絲絹杭州之民變於火
夫寧夏之民變於刑罰事機初起大都類此臣每思之為
社稷憂居門何從而知耶
錦衣衛逮到有旨彭應參着革了職刑部擬罪張應望着
送鎮撫司打着問了來說後司抬上并下刑部
刑部題覆前事有旨彭應參為民張應望煙瘴永遠充軍
范應期登嘉靖乙丑狀元歷官祭酒為御史徐申劾罷家
居橫甚魚肉小民訟諜如山巡撫王汝訓巡按彭應參聞

於朝屬推官謝肇淛究其事肇淛懼不敢應彭乃疏參謝改調山東青州而改屬烏程令張應望張掾之過急訟者復譸張應期懼自經死其妻吴氏詣闕訟冤政府左右之故二人皆奉嚴譴王汝訓曾論劾陳于劾者故并得罪以去

先是婦安一監生欲姦其子婦ゝ性烈不從乃誣其與奴姦納賄於知縣李松而囑應期居間誣逼成獄會巡按其行部湖州婦藏利刃以入大罵訴冤訴畢自刎堂上巡按劾應期降處而曲為李解得免後官李侍郎以毆辱本縣官削籍至是應期遇變人皆為烈婦伸冤而猶恨李之漏網也

四十四年三月逮問崑山鄉官周玄暐民變焚其家
應天巡撫王應麟䟽豪宦捏造謗書等事奉旨這豪宦周玄暐父子乃敢逞兇肆行捏造謗書妖言惑衆誹謗朝廷訕譏宮禁好生無上却又陰設險謀萬兇山積悪貫滿盈恣肆奸邪勢赳人怨便着錦衣衛差的當官較扭解來京究問所刋謗書速行封進不許擅行抄傳板着劈燒若有現在的所在官司搜燬毋淂留遺
錦衣衛駱思恭題拿獲周公纘并異兇録有者周公纘且着監候揭録速行封進
五月欽提犯官周玄暐䟽本縣百萬土豪張惟恵張震等

於乙卯秋揮金撥置鑽謀本縣知縣陳祖苞分考南都暗通關節自誇必中意氣揚揚臨場以懷挾事露亡命逃歸疑暐子監生周公纘生員周公禎同應試攻發其奸啣恨極深百方傾陷乘暐著有涇林雜紀當刊印未行之先為之改竄原校吹索瘢疵指暐誹謗朝廷污衊宮禁未幾而縣官亦如惟惠之言貽書見責矣無論含沙妄射事同指月即據縣官所摘倪瓚王長子二事亦甚與人事大不侔者按瓚處勝國之初而懷憤世之思故每作丹青不画人物時人嫉之處之糞穢中紀載甚詳暐豈不知而謂暐譏及聖祖也至王長子亦非本朝人今其書已入御覽果屬

誣謗妖言之事否也先是縣官與諸亮發難之時令家人李佐橋密語暐云東君昨夜傳消息四季平安拯萬金悟得此意可免於禍暐於是勉湊銀三十兩於朱家故前餽其岳吳一新仝男吳二舍收去不虞可索厚望大不滿竟維惠風聞遂以重賄中之吳一新執印票一紙而白金三萬裝送家鄉更益兼金三千匀作花缸千隻植以臘梅擡入私署為縣主壽通邑耳目昭彰境內歌謠成誦向之隱忍不言者萬一軀命可全則尚堅不非大夫之義而今已矣伏乞皇上詳覽暐原送撫按真刻維惠私竄一書細加磨對且自昔兩造俱成必彼此互質然後真偽可辨而平

反無辭懇求敕下法司行提張惟惠張震亨吴一新等虛公研究務得真情臣暐雖死之日猶生之年矣

錦衣衛千户李繼祖題豪宦揑造謗書事奉旨這拿到犯人周玄暐着送鎮撫并周公纘好生究問來説

御史楊鶴疏時事多虞事周玄暐揑造謗書本旨逮問矣傳聞一二怨家與之為難秉机鼓煽搶奪一空玄暐受禍獨慘今涇林雜紀具在御前如果誹謗朝廷誣衊宫禁重則加兩觀之誅薄亦示三苗之竄有何辭焉若猶未也恐董狐南史執簡而隨其後矣周玄暐之事未了而華亭効尤原詞臣董其昌不知何事得罪鄉人縱火燒房幾於閭門

俱燼其昌起家中秘列籍清華即有不赦之條宜赴所在官司告理或因而奏請處分何至舉家百口盡欲付之烈焰一時汹汹不靖通國若狂放火故燒官民房屋者律有明條不知當事何以處此今三吳世家大族人人自危恐東南之變將在旦夕此又甚於夷狄盜賊之禍也

給事中姜性疏周玄暐居鄉素行無良宜犯衆怒但其罪之大者在雜紀一事誹謗汚蔑耳乃又有改州之說今其書業已繳進未經質對安所定罪耶臣又竊念聖明在上宮幃雍穆人非病狂喪心何敢謗訕或謂撫按不過欲甚玄暐之惡稱述原詞以動聖聽耳玄暐七十老矣使果謗

訕重辟何辭倘罪不至死而刑死豈不寃哉雖然誰階之厲則崑山縣知縣陳祖苞也張繼惠等累貲百萬非暐之仇家乎而祖苞昵之何也一人見其意百姓張其燎抄人者不究抄於人者忝且逮矣據玄暐疏揭指祖苞受賄有他人有印信可証祖苞貲幾久聞江南巨室大族家家自危人人切齒發謂松江之變先於崑山夫昵富民猶可言也昵富民而長焚劫之風流紳縉之禍不可言也祖苞安得晏然而已乎

周玄暐繇知縣考選南京御史負氣訐奏同考選者被劾回籍在任時曾以憤恚杖殺一驛丞後家居納涼忽見此

丞現形荷缸中遂深悔其事即事著書首紀此條以戒後人之暴怒者名曰涇林雜紀內載孝端父為山東樵夫名王長子忽遇異人授以黄金百斤因以致富縱游京師與中貴往來適當擇后乃捐厚貲賄中貴以進竟正位中宫云又玄暐與同邑周某皆以豪機著稱故有二虎之號知縣陳祖苞專以慱擊豪強為事日夜伺二周之短監生張惟忠與玄暐有隙指王長子及倪迂二事為誹謗污衊刀筆祖苞申列撫按且疏上聞意得旨當必行撫按勘問則高下在我手矣乃疏入而神廟疑為妖書之續特遣緹騎逮問玄暐連夜取書將王長子改作前朝人隨印刷數千

本流播都門而密收前書在人間者盡燬之逮至執稱此書並無一語干涉宮集神廟覽其書頗悔之不竟其獄玄暐卒瘐死詔獄方玄暐之被逮也惟惠鼓煽亂民焚劫其家後玄暐死詔獄迎喪歸公纘望一人如惟惠形榜其背曰張惟惠反接踣柩前數其罪責之時聚觀者數萬人咸憐玄暐之死而知其禍繇惟惠也競走惟惠家焚劫之三日夜不絕惟惠父孝廉德程善操家累貲百萬至是一空云

董其昌登乙丑進士繇館選授編修例轉湖廣提學副使

仲子祖權倚勢橫行民不堪命同里陸生者先世有富僕

陸誅求無厭富僕乃投充祖權為紀綱為護身符陸生復至需索如舊祖權統狼僕群毆之次日陸生之兄率諸生登其堂而討其罪其昌惶恐謝過乃已又有范某者其昌姻也將其事演為為詞曲授瞽者被之弦索其昌聞之怒執瞽者究曲所繇來瞽者以范對范固稱無有乃共禱於群神設誓焉未几范某死范之妻率僕婦四人造其昌之居咒祖詘駡祖權擁諸狼僕突出踞高坐閭門執范妻及僕婦裸其體辱之髡其髮并及下體兩股血下如雨合城不平群聚噪其門約萬餘人董家人陳某登屋飛瓦擲下擊諸人諸人愈憤亦登屋飛瓦互相擊鬭復有害者秉机

語難遂縱火焚其家其昌盡室踰墻避鄰家得免　以上居鄉

附錢若賡凌漢翀二獄二事皆屬叔見故并及之

萬曆十二年十二月臨江知府錢若賡監候處决

先是江西巡按某疏劾若賡用刑慘酷杖斃多命下刑部擬罪至是刑部覆上奉旨錢若賡用刑慘酷杖斃百餘命其間無辜不止數十朝廷設官為民這等殘惡不行重治無以示警着于彼處决了大學士申時行等申救奉旨前撫按官參奏若賡因細故逞刑杖斃平民多命定擬極刑决不待時運未盡其辜覽卿等所奏姑着彼處牢固監候

秋後處決
錢若賡浙江慈谿人神廟大婚某氏女有殊色聖意屬之
而慈聖意取端享宜福者遂黜某女不用上海留於心不
忘乃某女甫黜若賡時官禮部即納之妾上刺知之怒甚
揭若賡名於屏後若賡任臨江知府御史某出按江西與
內璫善璫告之以其故御史入境若賡復以酷稱遂以入
告神廟震怒故有此旨嗣賡長繫獄中子名敬忠已未會
試中試不敢廷試庚申神廟賓天壬戌乃補廷試
四十四年正月元昌原任巡捕提督凌應登擊御史凌漢翀
于朝

巡視皇城兵部主事王以悟疏本月初一日文武官員散
朝朝之後有原任巡捕提督凌應登于端門裏西邊以鐵
器將御史凌漢翀打傷血流滿面昏迷在地云云奉旨這
廝弁凌應登乃敢以元旦賀辰在于禁地毆辱御史驚擾
朝儀藐視法紀着法司從公議具奏一
原任巡捕提督凌應登疏臬弟受賄鉅萬穢迹彰形昧心
卸禍等事臣命蹇薄禍與御史凌漢翀誤續雁行詎意狼
子野心反噬親今幸天奪其魄穢迹大彰敢為據實直陳
寧甘皇上斧鉞之誅不受臬弟貪暴之害云云奉旨這互
許事情着九卿從公勘議來說不許狥情曲庇

給事中商周祚疏惡弁造謀甚毒國法難容事御史楊鶴
金汝諧各疏亮弁入朝行刺等事俱叅堎應登
給事中余懋孳疏明旨二事宜嚴等事奉旨這所奏不係
同類互訐二字宜嚴凌漢翀與凌應登自言認為一族係
同類否不係同類否況應先年亦有官職昨者亮毆驚擾
朝儀已有旨下法司但漢翀不合朋比誣騙害人今又卸
罪借言發覺其各科道何乃先無一言及奉明旨却乃紛
紛瀆擾顯是庇同類余懋孳逞臆肆言姑且罰俸半年還
着上緊勘明来奏
二月十二日申時上召刑部該司官會極門文書房内官

王體乾口傳聖旨凌漢翀等事情已奉旨勘問如何日久
稽遲查該司官名字奏來着便會官勘問具奏定奪
刑部尚書李誌等題奉旨會同勘議事凌漢翀應下都察
院責令解任回籍為交游不慎者之戒凌應登應下三法
司、提問為入朝行兇者罰俸旨這互訐事情既九卿會勘
朕已洞悉凌漢翀凌應登認為一族通國皆知不合朋此
黨緣為奸任性率意貪狠險毒誣騙詐害軍民畏懼不敢
供吐今稱賍私無的據姑免追究凌漢翀職司風憲枉法
恣肆官箴大壞姑焰不謹例冠帶閑住凌應登這廝輒敢
于元辰慶賀行兇驚擾朝儀雖傷而未斃姑饒死着錦衣

衛拿送刑部定發煙瘴地面永遠充軍遇赦不宥
凌漢琳與凌應登通譜為兄弟所以媚之者無所不至漢
琳奉差巡撿夤緣為姦利事狀彰著漢琳盡諉之於應登
欲殺之以滅口應登恐一入獄中覆盆無見天之日乃於
元旦呼嵩之時乘閒擊漢琳懷中即具此疏既被擒後其
疏不得不進御覽聞聖意甚不直漢琳欲加重處臺省力持
之乃僅擬閑住而應登按例應斬上意頗憐之故薄擬遣
戍
凌漢琳吳縣人甲辰進士

竹塢高門子弟習聞朝政故其
述作紀著時事最詳足補史官
之遺然门户之見膠固于中論
議不無偏袒未可盡據信也

定陵註畧卷之八

晉江爰立

萬曆三十五年五月吏部署部事左侍郎楊時喬等題會推閣臣等事奉旨于慎行着以原官加太子少保葉向高李廷機着陞禮部尚書俱兼東閣大學士慎行向高俱差官行取來京入閣同王錫爵等辦事

吏部接出聖諭舊輔王錫爵輔賛多年忠誠正直國家多事之際可以共濟時艱着以原官加少保兼太子太保便差官召來同朱賡夾輔協恭辦事

先是乙巳大計晉江幾入拾遺是時又屢掛彈章及是枚卜

會推慎行向高及尚書趙世卿侍郎劉元震楊道賓原任尚
書孫丕揚并列晋江朝議大譁惟趙世卿與科陳治則姚文
蔚孟成己道葉永盛何爾健皆竭力推轂頌言其廉正至以
唐房琯爲論兵科宋一韓抗言今日爰立實關宗社不宜徒
採虚名舊規言官止司糾劾不預保舉若言官爲人保舉則
廷臣且將稱功頌德亦不足爲相臣重矣於是楊時喬設爲
疑辭以聽上裁會稽請除世卿廷機外止就慎行等五人點
用而上素習廷機廉名遂與東阿福清並點𦆯再召太倉
晋江雖素有廉名然遇事執持過當衆頗不悦又出吴門相
公之門尤啟衆忌性不喜建言在禮部時主事聶雲翰疏論

年例事大忤四明意晋江譙訶聶云禮部官如何管科道事嗔恨不已乙巳計典𠃌黜之聶遂抑鬱而死○蘓州刑部主事錢允元與晋江同年相厚嘗貸五十金未償晋江擢禮部侍郎過吳門詣錢家錢已物故數年矣諸子出迎意其念故舊也而晋江乃索前逋錢家貧諸子不能償晋江坐索償足乃去人以是薄之去冬四明歸德同罷輿論沸然謂玉石同棄薰蕕不辨上以妖書故恚歸德甚揭其名於御屏淮撫諸公協謀再召歸德內奄先揭去御屏名以探聖意上大怒奄詭對塵汚滿屏特行拂拭聖怒雖霽而值日內奄猶降參南京於是告外廷曰事不諧矣除歸德外惟所欲爰立者於乃

共推毅福清遂縣南少宗伯大拜○時既枚卜三公再召太
倉并會稽為五御史康丕揚之疏獻諂去云與唐虞五臣並美
令甲上言大臣德政者以奸黨論辟丕揚乃敢如此
閏六月給事中王元翰疏參新推侍郎黄汝良全天叙曰及
李廷機末云廟堂之上動與公議為水火一事也公議以為
是廟堂心知其是而必以為非一人也公議以為不賢廟堂
心知其不賢而必反以為賢蓋不顛倒則邪正相形不便已
私故排之抑之擒之縱之識者相向久為扼腕不圖今日明
開混推之逐剝絶糾駁之脉使言路不禁而結舌群小無忌
而彙征函禍國家莫甚於此皇上可視為細故漫不深思也

皇上天縱聖明止緣靜攝日久近年以來多為臣下分過而
下之布設已密機局已成乃反旁觀晦跡遇大利害所關與
公議有悖礙者則皇上自任其事而自擱其管恩利歸於下
咎過歸於上相傳已久通國憤鬱皇上翻然改悟破此關頭
與輔臣朱賡主持公道收拾人心不然臣恐太平之無日也
時新推黃汝良為禮部右侍郎全天叙為南京礼部右侍
郎南中劾晋江於未推之先北省劾於既推之後而黜用
之後寂然無聞及是推黃全二亞卿王始刺及之終不敢
昌言以攻之也諸臣之氣餒矣黃全與晋江皆被人言揚
少宰因推晋江遭議乃復推黃全以見推者之必不謬人

言之必不當無非為晉江解也然欲蓋彌彰矣
給事中胡忻疏參汝良天叙并及楊時喬云時喬知人在明
暗之間行事介紆直之際推轂者立持正秉衡者無定裁末
云枚卜盛典違公議而狥私囑亦足蓋當年而玷青史矣護
持衣鉢置公論於罔聞縈念墻壁昧生平而若棄世道江湖
誰為砥柱臣自擊大臣朋比言路辨塞以皇上官爵為臣下
養交之具誠不勝憤憤而披陳欵悃如此
聖諭吏部前日枚卜閣臣會推部院及兩衙門皆有品隲始
終緣繇請自上裁有何私囑乃王元翰胡忻吸吸求勝不已
毀君誣人成何政體本當重處姑且罰俸半年

三十六年九月給事中彭惟成疏狡臣欺世盜名事职接邸報見李廷機求罷一疏抑何狠毒放肆無人臣禮乎廷機為舉人日即出入董份申時行之門及登第後方塗飾廉介勤苦之狀其在礼部凡於理可行者故意執拗及政府權貴書至奉命惟謹現在司官見聶雲翰王編田大年張鶴鳴鄭友周等疾辭厲色見張嗣成彭遵古等不勝開眉眼笑往時各王府請封打點衙費数千金廷機疏到不行而惟文書即刻批行不落吏手似為革弊從此各藩差人必先賄本部然後上疏如某王府一事謗帖盈衢人言藉藉矣張嗣成曲意逢迎以膳司越升儀制郎中而王編以嗣成故因之不轉吳用

先段獻顯又以嗣成故逼之外轉数番曲折無不如意及林學會掌選又囑之使升嗣成京堂矣科臣指參廷機屢票温旨許嗣成九年考滿仍升京卿矣國朝令甲有預擬京卿以待考滿者乎安疆臣請邮祠祭司已立案廷機密洗科參竟與題邮陳用賓弃印失地罪在不赦廷機乃票旨住俸殺賊州縣等官被殺用賓匿不以聞鎮臣沐昌祚疏至廷機尚然隱匿何昌祚不敢私其子而廷機乃敢私其友也密遣李継葵私通建州既不奏聞反誑奏云差往遼東若果差往建州而支吾説謊則廷機可斬也至其入閣一事尤駭聽聞累朝以來未有被彈而猶列名者未有被彈而猶藉保舉列名第

二以進者未有不候部咨徑因科疏謝恩者未有方被人言佯為不知公然到任者此真二百年來一大變局以故人言群然反之而廷機乃云只此一事不理於口豈他事皆厭人心耶抑將掃滅公論遂廢連坐之法耶誠頑鈍無恥之極矣

三十九年大學士葉向高題同官考滿事奉旨輔臣廷機既應考滿着吏部奏來

給事中彭惟成疏李廷機私人保舉列次等之官評私疏內批憑前輩之提挈何曾入閣而稱辦事孰是杜門而奏膚功將劾沈一貫之考滿乃蒙考功郎之謬諛功成捧日自知一片若心力竭回天每洒數行清淚迄今展讀令人汗顔若謂

晋江江相清流以復持門戶堅不令入三鳩亦若不甚亡亡者然當日持平之論固不在以浮者爲是也

大臣之體而當惜乃大臣安然頑鈍亦非所以示訓也

四十年九月大學士李廷機疏患疾日深事奉旨李廷機着

加太子太保准馳驛回籍調理以俟召用還賜路費銀一百

兩紵絲四表裏差官護送

晋江爰立後弾射無虚日其專疏糾劾者除彭惟成外有

給事戴章甫張國儒胡應台劉文炳曹于汴御史馬孟禎

史記事房壯麗湯兆京户部主事熊應都察院照磨郭良

翰等計求罷疏共一百二十三疏至是乃放

太倉密揭

時太倉奉再召之命以子衡久病辭疏屢上或緩或急爲

姜士昌所劾特具此揭令幹僕赴京投遞僕至淮安淮撫物色得之引至衙署醉之以酒將此揭密行挑開抄寫遍播迨揭至都南北已喧傳矣南省陡然遂形奏章太倉甚秘其事深訝遍播之故而不得也後偵知其事繇於淮撫其黨恨淮撫刺骨日後遂搆有邵輔忠之疏

萬曆三十五年七月江西參政姜士昌疏臣以嵩呼萬壽至京師會逢災沴荐臻陳金鏡蓋當太平玉燭之日矧在今日敢忘斯義頤天下事可驚可駭者多矣臣不暇偏舉請言其尤鉅且重者昔人有言人主之職在論相而已矣相臣之職在廣求天下賢才以

劾之君而已矣臣伏見皇上容嵗一日而聽輔臣沈一貫沈鯉並去輿論無不快一貫之去又無不惜鯉之去顧竟無一人敢為皇上明言者第見輔臣朱賡請留鯉一疏按臣王業弘地方人才提薦鯉一疏亦僅僅述鯉操行之大畧而已夫一貫招權罔利大壞士風吏道俾悉走集其門恐天下林居貞士與已齟齬則一切阻遏其大指在摧折既往忠直以杜將來即得罪張居正諸臣皆皇上素知其忠義注意拔擢者皆擯不復用甚則借他事處分之直道左遷諸臣久經遷轉在告者一貫忌其賢皆擯不復用其摧阻忠義之術極巧極工不知天下扼腕於一貫者更多於前比諸輔臣則一貫意

歸德及王元翰當時無不以邑稱之獨野獲所載似否和知固直筆也

料所不能及也在廷守正不阿魁磊老成之彥小有異同亦巧計羅去且空部院以便於擇所欲用空言路以便於盜所欲為空天下諸曹與部院言路等使人不疑至於己所欲用所欲為者又無不可置力而得志所不欲者輒以不能自解恐天下人不直己則時時流涕語人曰吾力不能得之皇上善則歸己過與歸君人人知其不忠鯉不肥身家不擇利便惟裨主德安國家以衆賢効之君為悦以視一貫忠邪遠矣一貫既歸貨財如山金玉堆積人人皆知其貪鯉家徒壁立貧無餘資以視一貫貪廉遠矣然一貫忌鯉與己邪正相形百計傾害嘗欲以妖書害鯉非皇上神明幾至大悞輔臣中

若一貫陰邪異常合古今大奸臣盧杞章惇秦檜而四恐無
能五之者矣然竟無一人以一貫之奸鯉之賢為皇上正言
别白者邪正不分後來向所讒劾臣願皇上渙發德音明暴
一貫罪惡昭示天下并明示鯉無正特加優禮仍諭後來輔
臣務同心為國可否相濟以朝廷事為主不得私行忌正相
傾相害庶幾揆衡咫尺地復致蕩平師濟之盛乎自二臣罷
後皇上慎重枚卜至再至三頃同日被命者凡四而明示所
注向在廉節忠義士天下稱快頃前此一貫大拜時説者謂
王錫爵實推轂之夫既已悮矣一貫德錫爵甚此舉朝所知
今一貫去以錫爵代首揆是一貫未嘗去也錫爵立朝居卿

素負重名與一貫不可同年語頑前此柄政時器量褊狹嫉善如仇正人君子觸忤錫爵如高桂趙南星薛敷教張納陛于孔孔兼高攀龍孫繼有安希范譚一召顧憲成章嘉禎等一黜而不復者千年矣頃錫爵兩上謝恩疏力請皇上録用遺佚竊意根本澄潔如錫爵林居既久意必悔之願皇上聽錫爵疏亟召諸臣俾還原官然後敦趣錫爵疏素著既素著廉介之名復兼有休容之實天下前此以不能受盡言容異己為錫爵病者錫爵且自浣濯之其不代一貫驅除異己明甚從此一出而肩皐匹夔何事不可為不然臣恐錫爵萬〻無出理也至於疏論一貫諸臣劉元珍龐時雍陳嘉訓朱吾

弼正言鯁議天下高其風節乃或黜謫以去或請告以歸如
世道何臣願皇上亟收復召用為盡忠發奸者之勸至於他
臣以觸忤致罷黜異同被中傷者自當以次擢用抑臣又有
說焉十餘年來遺佚中忠君愛國名賢實多乃天生為皇國
之禎而年復一年盡成棄置國家頻年多事曾不得其拯溺
亨屯鉛刀一割之用第令讀書窮理含輝戢采於深山荒谷
間而已臣款款過慮實為聖朝惜之皇上初年不嘗罷傅應
禎鄒元標等乎張居正敗遂復原官矣不嘗謫魏允貞江東
之等乎不久或擢銓衙或擢禁近或擢京朝從官矣皇上頃
年不嘗調銓部臣鄒觀光劉學會等於南曹乎頃且從輿望

漸還之清秩矣即如鄒元標繇吏垣調南部銓南部調吏部蒙恩選擢不知凡幾元標蒙恩之厚從來未有一言忤主而謂皇上忽復怒之而謫之南而錮之不復用豈不厚誣皇上也哉蓋皇上本無不用諸臣之心而頻年以來輔臣實決不用諸臣之策則臣又有藥石語為輔臣告者孟子喜樂正子為政不取其強智聞識而取其無訑訑聲音顏色拒人於千里漢史稱諸葛亮不取其開國勛業而取其開誠心布公道集衆思廣衆益宋史稱司馬光不取其兒童衛士知名四夷相戒無開邊釁而取其誠心好善如饑渴之於飲食歷考史傳肩鴻任鉅名臣所為垂光天壤莫不繇此乃十餘年來執

改見不及此不於古人技若已有不啻口出真精神着力不於古人開誠布公集思廣益意念上尋求乃徒欲調停於形迹調停已不啻第二義又不得已為形格為勢禁則不知落幾重公案矣一時氣焰電光石火千古青史鑒戒嘗新吁可畏哉古今語廉相必稱唐楊綰杜黄裳然二相皆推賢好士一能使人減騶撤樂一則青衣藍縷以折邪萌之根倘不能好善更娼嫉焉如王安石用其學術驅逐宋諸賢竟以禍宋同一廉節也綰與黄裳高名焰映千古安石禍人國且貽譏千古何也其操行同其所以用其操行者異也此臣所頼諸臣必為此勿為彼也奉旨姜士昌違斷出位逞臆沽譽邀名妄

排大臣便着該部院參看了來說
吏部等題覆前事奉旨這事情既參看明白姜士昌罔上狥
私傾陷大臣本當重處姑着降三級調用你門奉旨參看何
乃奏請遲疑姑且不究
十月御史宋燾疏臣接邸報江西參政姜士昌為國是人才
等事下部院參看臣思言官以進諫為職遇事敢言此非難
事惟身不列言責之司而慷慨建議明天下萬世之是非自
非忠貞天植實心為社稷者孰敢不避危險披肝瀝胆於君
父之前況一貫招權納賄植黨悞國當未去之日諸臣言之
已詳而過則歸君至今論之未已者蓋因留錢夢臯之事未

明故也夢皐考察係一貫具揭保留既被人言自當俛首認罪而乃悻〻然自昧本心横誣皇上則尤爲誣世瞞天欺君賣友之罪不可赦矣然此皆其往日之罪惡既已去矣人言宜息而追論之未已者又有故也自古權臣能蔽賢於在位之日不能蔽賢於既去之後獨一貫之去雖去其迹象未去其精神脉〻相通心〻相印其所欲㝵而培植者根蒂愈固其所欲得而禁錮者閑抑愈堅如礼部侍郎李廷機因聶雲翰條陳年例一疏偶剌及一貫鷹犬廷機迎合其意將雲翰排黜抑欝而死及枚卜之日科道官上言奏改交章保舉投之以木桃報之以瓊瑶天下皆知之而不敢言者非畏廷機

也畏其心腹爪牙之威布滿通衢前輩提携之勢牢籠宇宙不敢與之抗衡也今天下之正直難容久矣封疆名臣有幾年積勞而不得一遷衡門大賢有舉世仰慕而不獲一用建言諸臣直欲錮之於終身即史館諸賢秉道不阿者疎之遠之直令占定南方之缺甚且衆人之未至而先爲剪其所忌一言不合輙來無限之毒嗟矣正直之氣培之猶恐其不振若夫權抑禁制一鳴立斥倘有大奸大惡伐異黨同竊弄威權誰復敢起而發其奸哉奉旨覽所奏必然姜士昌事畢迴途路遇賄囑故牽扯逞臆狂妄黨救若聶雲翰之事何當初無一人言之獨待今日呶呶分剖不已且近日奸邪畜輩不

以國事為重專一徇私報復求勝亂政好生可惡宋燾本當
拏解究問姑且降一級調外任用姜士昌還着降雜職邊方
用如有奏擾的一併追治不饒
原任大學士王錫爵密揭臣竊見近來邸報奸邪結黨傾害
忠正朋比行私要名訕上甚者指本朝為叔季目皇上為庸
主揣摹逞臆顚指捏誣不能悉舉且以近日參政姜士昌之
疏言之其事雖公其心實私渠等布滿南北耽耽虎視莫可
誰何更暗伺朝廷動靜以資唇吻肆毒善類古云主辱臣死
皇上之辱甚矣受小臣之侮極矣奸黨之無禮至矣末云皇
上之處言官也名為寡用以壅之實則此輩特人少故肆志

一曰

狂遲如此也伏乞䟽通言官炤先年例外轉者
行取考選者考選臣比揭不能真書謹令稍通文理幼孫時
敏代書着家人王勉繇會極門封進蓋恐通政未必與臣同
心也此揭外不令一人知內不令同官知亦不敢發抄惟望
皇上次第密行亦遠臣芹曝之獻云
南京給事中段然䟽奸輔擅權亂政等事一曰禁密揭自古固
有伏藏之禍未發之機天下之人皆不知而一人獨知不言
則禍隨言之則事淺矣安得而不密顧密揭非以害正也而
害正者因之密揭非以比周也而比周者藉之從來未有此
舉者有之自舊輔申時行始近日又有輔臣王錫爵之密揭

太倉誠多不違然姜跡亦有所受也

云〻臣甫聞之不覺怒發上指以姜士昌遇事敢言不畏強禦臣方謂亢直如此故主聖臣直之一徵錫爵則曰指本朝為叔季目皇上為庸主借奸黨二字鉗制朝紳果如所謂則賈誼之歎息流涕不謂之敢諫而謂之奸邪矣魏徵之十思十漸不謂之忠直而謂之訕上矣祖宗之制一年一次行取在於廣開衆正錫爵意在假公濟私祖宗之制科道年例一內一外及有年例旁轉一途錫爵欲以待直諫敢言之士是可不為寒心也哉夫自停寢考選之說竊於是乎行考選自考選之門無以杜多口於是用陰銷之計以空正人先時曾有為後浪催前浪之說者不得其解今據錫爵所謂明特人

少故肆狂逞及外轉行取數語思之無蔽賢之名而享其實
有轉圜之美而逞其私是今日之新浪行且逐舊日之清流
新單之洪濤復推赶今日之逝水他日復取又逐新單端人
吉士云何不波雖朝〻發單日〻考選猶之手無人也繇是
推之陛下雷厲風行曷嘗停留章奏必有密揭謂保愛聖躬
勿勤細瑣以佚聖心者陛下知人善任曷嘗惡補大僚必有
密揭謂虛名無用九年十牧以蔽聖心者陛下汪洋大度曷
嘗芥蒂逐臣必有密揭謂閣上無君不宜復用以濁朝政者
弊生有端禍生有胎事勢至此所從來遠矣錫爵密揭若遠
若近無不知之乃云外不令一人知家人王勉赴輔臣朱賡

會稿長安無不知之乃云内不令同官知朱賡以遲授首揆而招外應錫爵以山中宰相而結内援陛下止知局外之人意見與局中黙合似乎大公至正之論不知兩人若貫恒数千里如面談所欺者陛下一人耳伏望陛下速允錫爵懇辭之請召還行人以後凡有密揭盡發史館貽揭中外則權奸知悛而朝政肅矣一曰重御批自古奸人之陷害忠直也豈不知被陷者之為正人陷人者之為私阱其心曰是嘗異於者不排逐之則貽後患竟排逐之則駭物情於是借内批之旨行報復之私不曰事體重大請自上裁則曰衆口難調須煩内降陰授意指厚結中援熱辭冷語密謀間詆曰某人應

謂外人始服某人應降公論始平迨傾陷之計行而後請降
御批則小人已陰用主上之權而小人之身復躲閃於無蹤
無跡之地朝廷之善類空而天下之大事去矣御筆之批所
関不小近日內降人有煩言惟陛下詳察加慎焉一曰辨奸
邪自汪若霖吳正志之處也有謂非出聖意者有謂一月之
前朱賡相府漏傳若霖當調今果調正志當降黃一騰汪元
功黃汝亨當陪今果降果啻者夫若霖職典議垣評品乃其
職掌正志身雖事外泛論何玷生平今據輿論共傳彰彰耳
目者若霖不嘗劾朱賡婿張汝霖之試卿場者乎吳正志不
嘗力勸朱賡不當誤用陳治則輩者乎賡與治則始則藏怒

而勿發繼則假公以報復舉動如此人〻自危矣夫兩臣之
慷慨孰與陳之龍之貪污兩臣之恪共孰與張汝霖之違祖
制今上不得比之龍予告之例下不得比汝霖奪俸之條徒
以任事敢言俱蒙劣處朱賡借治則爲爪牙治則倚朱賡爲
泰山謀議已成諸臣已逐乃伸紙和墨草保救之疏上以欺
陛下下以欺天下萬世表裏爲奸踪跡詭秘不意清平之世
有此梟音世界闒陷斯已極矣向者張居正之裁抑言官也
特傲狠矜張之氣以頓挫英雄或用而斥或斥而用其法已
入於神自沈一貫之陰狡深刻也用軟監活埋之計終身閑
錮之謀今賡弃諸臣自老自盡貽皇上以惡直之名而已不

預其法已入於　聖今朱賡不但廢其人也并廢其言禁科抄之報不使騰傳一世盲聾萬年夜長其法益入於工通者陰陷之矣又復佯救之保觧之人即爲殃作祟之人如此機関不為指破將來傾逐一人以及百人千人壮烈之士能經幾次摧残深險至此不止至聖至神至工且大巧若拙直躋乎不可思議之域矣　汪若霖事詳丁未考選

三十七年正月給事中張國儒疏中外喧傳謂王錫爵必來以臣度之彼即塗面欲出行人惲厥初必力止之亦何顏與偕來乎其不來無疑也惟李廷機尚欣欣有當國之思此真宇宙一大怪物不可以人理論耳　惲即奉差召太倉者

給事中周曰庠疏参王錫爵朱賡李廷機末云無悪之心人皆有之二輔獨澌滅無存更可鄙者使臣捧擻椎門年無兩換尚爾僕僕勸駕内省果盡愜否舊輔辨疏末亦数言請辭意必明語使臣以不來矣使臣乘此一疏以復皇上冀得救回召命完此一局豈不大快人心智不出此并以其身殉人自阻他日清華之路不亦異乎

後太倉再疏乞休有旨准在籍調理俾後考選得兵部

丁未考選　會稽附

時會稽當國吏部垣陳治則同鄉最相暱也黄汝亨汪元功皆投誠於陳期必得臺省與同咨黄一騰俱擬臺中矣

言路惡其蹊徑也欲力阻之吳光禄新從讁籍起甫入都頗從中搆鬭致激有汪給事之白簡於是黄汪皆改授部曹惟黄一騰得授御史會稽諸黨皆怒因三人之互許也并吳汪俱行降調朝論大譁彈章四出因會稽而并及四明晋江及治則等諸人鄭儀部至以其惡在李林甫盧杞之上自是會稽遂為射的體無完膚竟以身殉自後諸臣各堅持門户矣

萬曆三十五年七月吏科都給事中陳治則疏劾新考選御史黄一騰光禄寺丞吳正志畧曰一騰機械已熟傾危成性當急褫其臺職至於正志何為者寺丞清秩非與部院同操

柄也非與臺省共諮訪也一聞考選奔走部院或邀於朝房或謁於私邸傳其譽某毁某薦某駮某長安籍籍而今徵之二揭一則以汪元功之語詰科臣汪若霖矣果威逼而不堪乎一則勸黄汝亨乞假且勸避臺省矣果交好而攙赤乎夫亦樂於傳遞簸弄之當態也至於使汪新建黄南昌俱在臺中不令一人居甯先等語殊可驚詫矣考選大典係部院為政正志何術御史何官欲與一人則與一人欲與二人則與二人今之先必先今之後則後耶黨同伐異交結亂政可一日容於堯舜之世乎

光禄寺丞吴正志疏臣十八年林壑半載長安交遊甚寡惟

是黄一騰汪元功黄汝亨同官江西皆為臣父所薦士得聞
過從近考選命下臺省覆訪元功謬聽人言謂伊单省中又
壞竊歎同儕擠陷語間侵臣莫知所謂適遇科臣汪若霖於
途偶一問之並未述其怒狀若霖另有所聞查索原单求為
明白而不可得漫以臣為誣咎不在臣也年來朝廷紛紜察
典淆亂挑激門户排陷忠良皆要路中覆轍今日考選一関
尤邪正消長之會二臣不知何緣為人物色陳治則把持當
事譽之猶力而衆之疑二臣者益深故臣効忠告於汝亨勸
其急圖退避誠亦有之汝亨每示臣以欲省之意臣笑而不
答第云時情競重省中勿輕破厰以致人疑且同行之人不

必競居前後此實肝胆相愛何嘗於彼三人中遥必衙門侵
權越職也今汝亨點綴其語以自明治則張大其辭以力詆
種〻篤臣誣臣〻之孤危勢必不勝竊歎世道至此極矣
河南掌道御史方大美疏畧黄汝亨汪元功黄一騰　皆臣按
江西所薦士治行並稱高等詎意三賢不能相下若正志者
其父繼臣按江西三人亦皆其所薦士正志視三人俱有通
家之誼當元功出言過激之時正志不爲傳播亦不失爲長
厚乃勿少忍遽過若霖面相譙責頃見元功奏揭未嘗片語
及若霖正志胡爲就中挑構發此難端臣料正志今日當亦
悔不及舌矣

給事中曹于汴疏畧先是考選命下臣遵循職掌奉有訪單主事黃汝亨汪元功嘖有煩言是以臣註二臣之單實係下考繼聞科臣汪若霖疏參二臣矣謂若霖因人譏責遂具此疏則可謂其無所短長於二臣止緣人詰責遽形白簡臣不敢信也繼又聞部院考二臣以部屬矣謂部院因科臣有揭遂決此舉則可謂其無所概于胸中僅憑一揭信從如響臣亦不敢信也倘二臣於考選之後恬然退處付之公論則科臣為失言部院為誤考曾何損其生平何至寺丞通家之友促膝之談盡為話柄起生弓影反面倒攻不類于爭且躁乎夫禮曹原自不薄何地不堪自効倘二臣又謂中臣蜚語臣亦

聽之矣
三十六年正月給事中汪若霖疏去年十二月輔臣朱賡等
疏催考選拾是有部寺相許是以有遲疑之旨輔臣可以自
解矣乃何科臣陳治則劉道隆次第具疏持欲處分吳正志
黃一騰以為結局竊服諸臣雅道釋臣而及正志輩也諸臣
實嗔臣劾其所庇汪元功黃汝亨兩人故終羅織求勝陰齮
齕臣耳敢終避禍不一明白陳之夫元功汝亨兩臣者斯亦
行取中之獨不肖者耳自入都門謬托當路南北諸臣無不
醜其蹤跡者去年七月內奉旨考選物議沸騰至有訪单又
壞註以下考者即兩臣自疏亦有奔走勢途名高取嫉之語

公論若此柰何欲力扶科道亂臣方竊歎卞何元功指臣又单而詈寺丞吳正志促令問臣亮鋒見矣八月初二日臣就事論事不𪾢深求以有部院在耳於是部院從公主斷文選司移札吏部往復確確置兩臣部署而後考選乃定豈不愜輿服論天下亂卞何兩臣憑力潑賴巧借口於吳正志黃一騰以反噬臣哉吏科諸臣又不問其怨望抗辨之罪反據偏詞隨聲巧詆以辱臣矣諸臣不記往昔考選周玄暐之故事乎何今翻覆若此也又单之說有科臣曹于汴抗疏直認則搆煽簸弄之誣不足辨正志一騰之寃不足鳴亦可已矣而孰知諸臣之怒愈甚而謀愈堅也人言洶洶有謂當時愛兩

人驍勇必欲扶持為科道者有謂欲扶持而臣必先處正志一騰者有謂亟處正志一騰因以逐臣者聖明在上臣不敢知弟以元功汝亨營之數年定謀深計爲所欲爲者一旦鋤而去之則其痛恨臣而因波及正志輩者斯亦朋友鄉黨之至情也傾諸臣議處正志輩惟臣不能附權容奸之故則不如直議處臣又何須曲諱臣名假言者虛面目乎臣因是竊歎年來廷臣嫉言若仇而言者先自爲敵奸不可破法不可伸使其言必不得行而又先已閉門合算設阱伏機使其身卒不可安而天下莫敢明其故磨礲號召盡欲趋風必歸於一統而後已斯豈開誠布公之朝所宜有哉

周玄暐己考選南臺与同考者相許降調雜職
吏部都給事中陳治則疏憸臣愈横等事參汪若霖及以吳正
志黃一騰
四月禮部主事鄭振先疏直發古今第一權奸事臣觀自古
國家以一人而興以人而亂〻國之人不同而莫甚於專權之
宰相專權之宰相不同而莫甚于李林甫盧杞秦檜諸人然
至今日之輔臣又笑前人之拙矣何以明之蓋前人所謂專
權者大抵挾其剛狠黠賊之才秉闇昏庸弱之主或迎之以
新喜或劫之所畏使其惟我所欲為於是明以威福操縱鼓
讋衆庶附我者必庸背我者必死其術止此矣當其時所以

欺蔽其主之故人得而知之也所以牢籠天下之故人得而故言之也其心雖毒其機則顯豈若今輔臣以避權而擅權以擅權爲無權屈曲迂互閃爍幽秘朝野疑而不可知知而不可言嗚呼極矣故外廷似與內廷隔而其寔淵微之精神靡不可得者諸司似與政府隔而其實人政之吃緊靡不有操者以獨斷歸之于上而十驟九閃盡在獨斷之中以無事藏其身而千端萬緒悉釀其無事之內謂其因人而入而徑竇不一其人謂其伺便而出而詭變不一其便故盜大柄於皇上天縱神明之手而形迹狀貌反類絕無氣焰奄奄可憐者此自沈一貫開剏從來奸相未有之竅至於今日愈出愈奇所

以笑林甫輩之猶拙也權奸至此一切贓私穢污尚屬纖細臣不暇陳謹陳其大罪十有二焉臣聞忠臣事君如子事父善則稱君過則歸己今朱賡等當國每與朝廷論及時政輒低首蹙額曰某事吾以去就爭之不得某事吾以生死爭之不得就使聖意果難轉圜猶宜宛曲以全君父況已未嘗爭皇上未嘗不從己實為之反誣皇上乎其意直欲天下萬世群口怨上而巍然冐憂君憂國之名大罪一也皇上宮中喜怒豈外廷所宜知乃賡等時時告人曰今日皇上怒某人明日皇上怒某人去年南京御史李雲鵠疏至賡向廷臣言皇上欲處李御史親筆出旨我適救之皇上擲筆於地而寢此

何等語輔臣可出於口乎其意欲人知皇上專惡言官箝令
不敢議己又近來閣中奏揭未審一一果進御覽與否而無
不發抄傳示徒自彰其過事力爭而肆播皇上拒善之聲於
天下大罪二也自皇太子册立皇長孫誕生皇上父子祖孫
慈孝藹然近年皇太子不出講工部主事范汝梓一疏頗言
其故汝梓係輔臣同鄉豈無所據賡寺時語及之輒曰皇上
自有嫌疑臣在禮曹聞之髮豎夫皇上天性至愛皇太子盛
年勤學而輔臣包藏禍心於其間大罪三也東廠緝事員役
自祖宗設立所以察非常以察朝紳也乃輔臣每向人言皇
上日差東廠記事人若干在外偵探皇上明炤萬里豈假此

輩為耳目緫之有可影似之處輒臣即以嚇人無可質對之地輒臣即以誣上大罪四也冢宰百官之首自李戴去後累年不補南北大僚冀得之者輒臣皆許以推薦以故兵刑錢穀俱廢至有妄殺邀功而不顧者蓋懸冢宰以餌衆心而人効其力借冢宰以收衆力而終懸為餌衆人之利大矣其如國家之害何大罪五也巡撫典疆埸兵馬之寄戰守失事祖宗之法極重嘉靖二十九年虜犯大同械緫督郭宗臯巡撫陳耀謫戍虜犯薊州又械督撫王儀王汝孝謫戍三十三年虜犯大同械督撫按楊順路楷削籍四十三年虜械薊州械緫督楊選斬于都市皇上威令所以能行於天下莫不震懾

者以此皇上二十一年亦曾械寧夏總督魏學曾削籍所以將士用命能平劉哱之變今陳用賓撫雲南十六年戴燿撫兩廣十年一遇小醜便至喪師失地輔臣以賄賂之多鄉親之好票旨止於奪俸且容許以立功冒賞矣臣細閱用賓報功疏其旨進兵戰勝日子皆正月初十日以前而疏上在三月二十八日滇去京師雖遠然平時差使一月可達軍機捷音何反遲滯群議譁然云用賓因儲蓄裕等敗死自知罪大差人賫金寶數十萬來京打點潛住多時輔臣入其珍好許以輕票始敢上疏殆非誣矣且用賓初報阿克之衆不過數千今斬首四千四百級俘獲一千三百餘人零星擒獲者不

預然猶未知阿克鄭舉下落武定府印何在明是良民以邀
功賞非輔臣為之主而敢然乎大罪六也從古權臣娼嫉亦
止悪其害己忌其形己者耳未嘗一概擯黜之故雖否塞之
世尚有賢者在位自一貫賡芳執政縣山林以及在列臺諫
以及諸司大僚以及庶負華近以及疎遜無不〻盡錮或
意在此而別有所借以逞衆或悪一人而并有所逐以示公
舉國空虛一旦有事將誰仗哉大罪七也廉恥士人之提防
謹守之猶懼其或潰也乃輔臣一切以頑鈍無恥之法掃之
告病者倏出被劾者競辯競進考察至于一黜再黜視事自
如親死候至二年三年奪情何故臺省風紀之任也欽留小

印豈不醜於斜封巡撫保釐之秩也候代多年誰不偷於視蔭繇此大臣不法小臣不廉貪污狼藉之人刀筆狡黠之吏遭一時缺官之會莫不兼併攘奪行同盜賊風俗敗壞府庫空耗輔臣但欲舊官不去新官不補造成頑鈍世界而已亦頑鈍於其間大罪八也古之權奸固寵肆毒止于一身身去則已今之輔臣乃有過去未来現在三身沈一貫在位王錫爵為過去一貫為現在朱賡為未来一貫去位則朱賡為現在李廷機為未来今賡與廷機皆為現在矣錫爵又以過去為未来其他未来者姑勿指姓名大抵心術迹象之相似衣鉢根蒂之相盤深藏密護之相招決非賡與廷機不相合者

也燈〻相續薪〻無窮而國從之矣大罪九也從古雖極惡之小人亦可縷指未有如今日之邪媚多者何也蓋輔臣操縱機括全在司藏否黜陟御門其人亦莫不有過去未來現在三身布置接引其他無不從風而靡雖陞遷各有資序而迂迴遲速之間無不如意所以彼此相牽前後相固或鄉曲暱厚或賄賂交結或出于其門或宦於其里密授衣鉢顯露封章不曰聖意不測則曰聖意難回不曰輔臣無預則輔臣無損誹〻喻〻無非輔臣之私人而　皇上孤立矣大罪十也今之税監皆庸愚人其為謀主爪牙則山陰會稽之積猾也其人皆不容於有司來投麾子敬循敬循皆収而庇之今盡為

賡之家奴散為各處稅監不知其幾千矣去年浙江巡按坐名至賡宅內拿去首惡二人此長安所共知者大罪十一也建州治國練兵之法兼吞海西之謀似非元昊以下人也李廷機在部密遣序班李維蔡往典私講不奉朝命擅自通夷昔宋庠請斬范仲淹以其為書戒諭元昊也廷機豈得視為兒戲乎況遼東敝極矣八十歲之總兵疲蹩之巡撫此豈可以備邊者乎及今誥戒兵科葛栗治城堡易將吏猶以為晚何廷機之默默也既以開釁于始又不思禦患于今以致海內洶洶而輔臣尚欲諱言乎大罪十二也臣於朱賡原無嫌隙至於廷機且有臺屬之誼豈忍言其過自其逐姜士

昌宋燾而嫉媢顯然矣自行所無事之言而瑣屑偏拗之故步亦失之矣若復入手太深恐廉潔之名亦終難保且簡用之旨實是科道薦疏批出昔范仲淹叅知政事之命歐陽修曾薦之仲淹曰執政可繇諫官得乎固辭不拜夫以歐陽修薦而不拜廷機試一自忖始進之非可悟矣及蚤毅然抽身猶可救得一半不至如賡狼狽此臣之所効忠於廷機者也若賡則騎虎難下勢矣不去惟有不補官之一法可以遮掩歲月意人皆愛官愛身無敢言者故臣冒死言之以見亂賊人人可誅不必言官也奉　旨每日章奏皆朕親覽裁度詳斷閣臣有何專權賄賂這廝們每每逞臆捏無影之事誣衊

傾害忠良以自固位榮身這本説點用考選諸事皆有屢旨
顯然且東宫講學啓沃開導有何嫌疑原因今春寒煖不調
耳簡用閣臣祖宗時悉繇上特簡任用後皆會推公舉非单
調隻奏鄭振先這廝出位沽名詆污大臣好生狂肆本當拿
問姑着降三級調極邊方用范汝梓故先狂吠窺探也着降
三級調極邊方用都不許朧朦推陞後有黨救激擾的一併
追治先是工部主事范汝梓上陽和初暢一疏專請　皇太
子出閣講學久留中不發至是於鄭疏中連牽降調　聖諭
這考選諸臣依擬用閣部院催請再四朕非因各官但因
彼此訐辨瀆奏耳此繇汪若霖起意生疑吴正志等訐奏瀆

擾汪若霖姑着調外任用吳正志汪元功黄汝亨與句了的
黄一騰都着降一級調外任用今後部院考選科道各宜慎
加精覈練達真才勿徇虚譽私囑以亂政體御史史道遷疏
有參汪元功黄汝亨之汪若霖亦有參吳正志黄一騰之陳
治則參者俱蒙處分而參之者有處分有不處分何以服人
之心乎從此長安聚訟議論横生大非國家平治之福矣御史
鄧渼疏汪若霖之謫實關邪正盛衰輔臣朱賡辯疏出臣
又覆玩之全屬支吾掩飾更伏陰謀毒計臣安得默默已乎夫
若霖未黜數月之前外間已預傳其事夫若霖誠有不辭之
怨亦須處置有名乃突發於無可文致之公事而適當入閣

辯事之食頃遂令衆口沸騰重閡洞啟擾賡踪積既擠若霖復為解救豈敢於聖主之前自相攻擊此其言似近理然年來輔臣精神竄係全在此處愈精愈密愈不可測而愈入于至神至聖之域雖天下之人未必盡知而稍具覺性者已瞭若觀火夫皇上英明之主所最惡者權柄之旁移所不疑者言詞之微中年輔臣奏辯每陽示懦弱而陰懷簸弄動稱威福皆繇宸斷以表明言官之妄議而默啟皇上之怒端用之逐異已而排善類秘授良方業已屢試屢驗矣今當士氣久鬱方伸之會正世道否泰危安之機賡為大臣當以社稷為重恩怨為輕烏啄之藥寧忍再試必斷盡國家之元氣而後已

手御史史記事疏臣自入都来竊見朝政否塞人情欝憤無
不追咎沈一貫之欺君弄權黨邪害正而衣鉢再傳朱賡繼
煽益磨礲出没於不可知之境最巧最深亦勞亦拙如近日
處汪若霖一事洞啟重関道路之人皆知指視而辯折愈遒
肺腑愈窮臣竊為輔臣憐之顧其鋒屯聚獻計畫竒則有姚
士慎之捲再登壇熊鳴夏之塗面出醜斯最無行而亦最粗
淺者矣士慎起家銅臭倖竊清華一疏請林學曽掌選以媚
銓司再疏請賡入閣以媚執政之謡無不人人絶倒至鳴夏
當陳嘉訓疏論一貫天下稱其忠鳴夏以言官有體駁之今
汪若霖外調天下惜其去鳴夏方謂皇上不深罪黜不知欲

置若霖何地至昨辯同官陳于廷疏激輔臣別白一語謂輔
臣前日催請考選似乎從井救人發不聽渠知有今日且謂
臣職掌在彈壓百僚若以進言為臺臣戒者此其一段阿附
挑激光景自猫自画不覺盡露筆端豈天奪其魄而令親具
供案耶至劉道隆奸險叵測尤過士慎鳴夏萬倍先是二十
一年考察趙南星秉公持正不候朝房不私親暱一時是非
明白仕路廓清天下稱南星為昭代考功第一乃道隆受王
錫爵意指悍然糾劾坐令麟鳳幽棲豺狼當道其誰平之即
其六載退居似能訟過而冷灰復然又復閃爍迸起用滄滯
一疏借以飾非更藏機械且陳治則謀逐汪若霖一札亦恃

道隆交友心知往復商畧今輙洩露賣友如此欺君可知祖詐陰陽真不可容於堯舜之者也

御史陳于廷疏頃考選命下而外調科臣汪若霖適當輔臣久病初出之時輿論不勝駭異夫朱賡杜門理藥自春徂夏頃者久臥忽出或意佐皇上一番更始持平釋猜一洗積誤乃朝出而若霖暮逐矣若霖言官論人自其職掌即係風聞亦非越俎况汪元功黃汝亨既奉旨降調則若霖之言皇上已用之矣用其言而反罪其身臣之所不解也據若霖所叅阿附權勢入幕深堅夫權勢為誰所入何幕則若霖非叅二臣直叅輔臣矣今日若霖之調輔臣何以自解且若霖自入

諫垣顯摘微指多侵輔臣至于政本單壓難支與糾正山東
科塲二疏尤極刺骨人言籍籍謂賡俟機而動借事以發蓋
有日矣今日若霖之詞輔臣何以自明且參汪元功黃汝亨
者若霖也參吳正志黃一騰者陳治則也今被參者皆處而
參人者止處若霖豈若霖賡之夙憾治則賡之素昵耶今日
若霖之詞輔臣何以自掩即有申救一揭而機事已成甘言
何益恐賡平旦自反必不慊於隱衷也且年來朝政大可非
異矣考察去奸大典反留錢夢臯之奸考選進賢大典反黜
汪若霖之賢先後一揆也留夢臯止為驅逐正直大臣之計
今黜若霖所欲驅逐者何人凡具疏劾輔臣拚死一出者激

輔臣慷慨自别者其代為驅逐者何術賡之祖述一貫至此
哉大學士朱賡揭有　旨陳于廷逞臆妄言姑從輕罰俸一
年汪若霖已從輕處分了不必申救卿即出輔愼〔理〕勿再陳
給事中張國儒疏姜士昌鄭振先無言責者以出位罪之采
壽汪若霖有言責者又借事處之而若霖之處更可駭異通
年以来患得患失之念老而益濃知止知足之風遂為絶德
如南樞臣孫鑛害衆邀功已不出於通國而粧聾作啞尚垂
涎于非分啟事之章然名不録冢宰總憲已絶望矣而抹面
塗形與言者相角成何世界原任遼東巡按何爾健擅離
職役顯擢廷尉去歲枚卜時與葉永盛挺身出保矢口獻諛

辱風紀之司長諂媚之習昔年言官陳三謨曾士楚等保留
故輔一時公論不齒貽臭無窮不意日月中天之時復見此
舉也。孫害衆邀功即南京妖民事詳七卷何藁保舉即晋江也
御史史學遷疏參南京兵部尚書孫鑨學術最褊心術最毒
報恩私門得罪公道當其為南總憲日欵御史建白行先関
會堂上而後具疏諸御史不可遂大相矛盾如朱吾弼參論
沈一貫及錢夢皐等中朝方為吐氣鑨獨不勝憤恐當面罵
曰糊塗御史遂勒令吾弼請告科臣陳嘉訓按劾一貫而去
人方諮嗟難息鑨獨為之色喜是日入部試監生題曰天下
本無事不顧有識者之唾罵如賀爍然附權立論大喪生平

南科道不與劉元珍龐時雍同救則厲色曰賀吏部清平之論大佳何不並救衆對以公論不與則怒形於面至謂行取兩衙門之人決不可用林下建言之人決不可起逐人訕詈到處播傳及爲文送趙尚書參魯謂天下不能太平皆言官之罪海内錯愕以爲斯人不病狂喪心胡至此也鑛是時力營冢宰文選郎毛某極口推轂會稽已爲之地矣史疏既上少宰楊時喬遂削鑛名而推趙世卿趙參魯孫丕揚李化龍趙煥未幾鑛亦罷去給事中胡嘉棟疏淮揚巡按康丕揚天下之大姦大狡人也丕揚錢夢皐之耦夢皐餘息奄奄丕揚何獨無恙丕揚生氣勃勃夢皐應且還魂若副院詹沂執法

之心不勝其畏勢憐才之念並用以容奸自溫純狼狽以去
而沂惮玉揚如虎又何怪人言之紛至哉
御史王國禎疏頃者臺臣史記事論劾劉道隆熊鳴夏姚士慎
三人鳴夏深悔失言隱忍自訟可置勿論道隆嗔目奪拳復
逞機鋒又經臺臣侯執蒲白簡惟是姚士慎者當鄭振先發
奸一疏扶開輔臣之竅提醒世人之心而疏中飛鷹騣蟻指
斥私人群加切齒士慎豈將假此以洩宿憾以快輔臣之心
耶且欲挑釁又突加史記事起意生疑之罪駕言圈套陰伏
將來一網打盡之端抑何與道隆前後一機局耶
御史蘇惟霖疏姚士慎辯疏有云鄭振先假建白以自蓋而

因其私意侵臣意謂史記事彈文懸振先致也記事冠惠文冠義當為國觸邪與振先何預因記事而擒振先非禮甚矣士慎疏又云振先適走長安廣齋輩語一時與交者無不尊為謀主拱手聽之矣振先久被黜逐與諸臣何交因振先而槩扯諸臣非禮甚矣振先首發輔臣大奸雖死不顧士慎欵以假建白一語抹倒諸臣齊發輔臣之奸不約而同士慎欵以謀主二字抹倒尚曰不附輔臣其誰信之

御史吳亮疏今日最號憸邪無宜亟逐者無如吏科都給事中陳治則而原任都給事中姚文蔚邵庶又其羽翼也治則盤踞天垣蹴躋都諫至於愛立廷推當先保任但有執政庇

私人未有私人薦執政者從來私人但有護法于既用之後未有効力于未點之先者有之自治則始可謂廉恥盡喪名節若掃矣姚文蔚自請外轉未泯良心媚灶綢繆任人笑罵業已胆落于温御史矣而靦顔十年藉口考以緟留固之故步徑竇不較捷乎若傳會楚事撓亂察典承風望指奚啻慕羶其可羞又孰甚也即庶鈐束進言大干公議杜門愧遁避人譏評業已心折於李主事矣而複玷掖廷敢依政府以竊同榜之末光墻壁不愈堅乎若祈求雨澤申飭科場累牘連篇真如嚼蠟其可鄙又孰甚也臣固是益歎政本之難言也皇上三十年以前柄國者剛愎倒持權將威作惟是科臣陳

三譔劾鷹犬於私門萬曆十五年之際繼揆者柔奸陰蝕政以賄成惟是科臣陳與郊奮豺狼于當道年來密勿傳心樞機得竅剛柔互用操縱深藏而陳陳相因復生治則皆首垣皆浙産也水源木本波流茅靡又有如蔚如鷹者左提右挈前呼後應逢迎播弄實煩有徒蓋與讒諂面諛之人居而開誠布公之道塞潛移大柄必自小人始矣國欲長治豈可得乎

姚文蔚於三十年爲総憲温純所參四明力庇之又奉旨着策勵供職而陳治則隨出輕躁大臣疏參純公論極爲不平云

御史馬孟禎疏邪佞難堪再倖等事參陳治則姚文蔚張嗣
成及王永光
御史顧慥疏參姚文蔚陳治則張嗣成熊鳴夏
給事中張鳳彩留都災變異嘗等事參朱賡御史吳亮疏
參朱賡
御史鵠天顏疏參朱賡及李廷機
給事中李瑾疏輔臣朱賡用人之益不聞而比附者去若割
藤孫鑛與戴燿等其明徵也林壑人望如鄒元標趙南星等
屢推弗而瓜葛之沈應嘴轉司寇桑梓之沈子木卧陟總憲
種種實據何怪人言頗歆借聖斷以自解托中旨以愚人更

不思誰司政本而令顛倒至此乎給事中胡良棟疏副院詹沂不當曲庇康丕揚尚書趙世卿雅負時名知丕揚公論共弃乃欲假久任以優之桑梓之私情不忍割則累朝之令甲無難弁髦也當途之意旨不敢違則憲臣之職掌無嫌直任也年來世卿之所明舉必輔臣之所密囑迨形跡大露始推避善藏昨科臣暗彈猶假裝聾瞶豈非諂附真情不能置辯乎御史吳亮疏皇上御極以來迭更數相高拱一去張居正正起居正一死張四維代之居正盡易拱之舊張四維力挽居正之往轍一番改革一番作用前之所擯後必徵庸彼之所收此必竄逐是以臣父中行疏植綱常首忤居正受杖於丁

丑之歲賜環於癸未之年固廟堂特加甄録之殊恩亦政本不相授受之左券也自申時行王錫爵鑒政府相夷之禍締權門互結之緣秘訣痛工深心莫測前人救世匡時之政雖至大如邉防國計畫掃之而不疑前人專權怙勢之謀雖至公如上第巍科明攫之而無忌苞苴括四方之賄賂禁錮銷一世之賢才視昔高拱張居正斯已精矣乃今沈一貫朱賡抑又甚焉朝廷都邑無一事不敗壞而闇於敗壞中偶舉一二行之壞者以為主過行者以為己功也卿貳庶僚無一人不困抑而闇于困抑中稍舉一二用之用者以為己恩困者以為主咎也忍情於甲必逞憾于乙示跡於東必匿形于西

雖其變幻百端總之閉塞一法再歷年紀四更擬席機關忽
破粉飾徒勞保舉作相者須言前輩之提携處分叅劾者顯
庇私門之斷養舉朝痛憤衆口同聲而賡屢疏控辭畧無愧
語但諉咎於造物而致慨於命窮嗟嗟賡也天實獻之豈猶
悔考選之悮下而深恨彌縫之無及乎皇上雖有惻然之心輔
臣必無靦顔之理臣於賡復何言哉惟是付托尚難湊手曲
折殊費苦心緊接宜精旁求孰肖或久困之似當世之無意
於斯人而俟之苫塊之後或深藏之似斯人之無意於當世
而拔之蒲團之中説者謂座主復推座主門生復及門生誠
爲確論而浙人又繼浙人榜首又付榜首尤屬真銓相種〻

無窮時事可知矣臣謂當此時生此地褎然出類詎曰無人惟是一意恬泰真心逃墨十年胄教果能無悶於阸窮乞覺禅修及蚤解官以自便庶幾永終令譽弭息煩言不然即内借宸批之特降外資諛口以扶同群起譁攻昌言直詆欲如李廷機之俛得暫竊且不可得也術已漸窮計將安在寧不為寒心哉夫賡之應召而出也亦嘗遯跡於稽山而任天下國家者豈真胞膝長吟之諸葛廷機之宿名於官也自謂介嚴於華野而福子孫黎民者必是敝衣垢面之荊公蓋惟虛名最能惑人亦惟虛名最能蠹國若彼輿論共弃必掛彈章如全天敘周應賓陳之龍輩又不足汚臣之齒頰矣

自四明會稽相繼秉政衣鉢相傳牢不可破故甬時浙中詞林攻擊殆盡謂之斬斷浙脉跳内所指苫塊之後者德清方從哲也時方丁艱家居蒲團之中七覺禪修者黄輝也素奉佛茹齋當時頗不謂然因別事票旨有薰修當入深山之語座主門生即指四明會稽擁戴太倉也浙人榜首爲程沈淮也蓋晉江係癸未會元沈淮係辛卯順天解元也十年冑教朱國禎也久任南少司成在告退憶家庭見鬧爲跳其大略如此

黄輝同省范醇敬先二科入館爲黄前輩而年頗少又黄弟鄉試同年也黄以小范呼之范大不樂遂有違言後黄

推祭酒范㗋言官之論黄乃註籍俄一日僧數千人自宣武
門至黄寓所可三里肩項相接皆云黄公所招黄實不知也
久之始散黄知所自來亟歸不出而達和尚之獄起意欲因
達連黄而達故黄不善也遂得免
給事中劉文炳疏參朱賡内云賡子敬循之死李廷機之累
臥不出皆賡謀算之所不及故輔于愼行聞與賡甚昵一
朝忽逝皆天也賡受衣鉢之心舉朝知之賡覓衣鉢之心舉
朝知之豈現在者冠蓋未至將來者名位未高遂甘心忍恥
姑以待之而不顧天下之公議也舛矣舛矣
給事中喻安性疏擬地廢弛寺事臣觀奄寺之禍國家也皆

起於貪狠鷙悍輔以虎翼猴冠而投間抵隙每嘗政本廢弛宮府睽隔之日故王振貽禍宗社鼎沸十年其初一楊文貞輩監削之而有餘今聖躬深處內外釜鬵則閣臣之所以求通一線於君側者勢且乞靈於司禮則司禮反得坐制監削乎閣臣而閣臣之政於是為司禮用如此而欲司禮之不肆虐亂政以貽害於天下國家者未之有也若今司禮太監成敬一丁不識三窟是營皇上於文吏除目多緩不以示慎而群璫即秉緩以作威武弁推陞每速報以示重而群璫即秉速以示恩若近日驚駭聽聞者尤在欽選子弟一節此宮闈何等吉事朝廷何等大禮乃亦不恧市心賄索碩商萬金及

猫睛珇琭之餽一時兄弟並膺妙選幸聖明慧目獨有所簡
不然何以奎街衢之帖而塞群疑之口曩輔臣親詣宮門請
謁司禮未知其所請者何事乃敢即傳諭宮門何地非奉宣
召何敢至此令左右呵斥以出即此凌辱縉紳勢已熏灼列
今擬地以支離狼狽之身當指摘叢加之日身辱望輕益無
忌憚伏惟聖明大奮乾斷將敬嚴譴或念其罪惡未盈姑置
閒曠并乞速敕二三輔臣義當引去者決於去毋優游恭翫
以貽禍于後人義當直任者快于任毋謙讓未遑而坐失事
事竅庶政本肅清制馭有道將旁落可杜隱禍可消矣工部
員外張嘉言疏科臣僭言寺事頃見喻安性擬地廢弛一疏

臣讀之不勝駭惋今臺諫皆與科臣同資同官或存體面臣若不言恐無言者夫刑餘之人士君子所羞稱至於亂政誰不切齒然今之規正者人人皆知為朱賡今不言朱賡而言司禮此何說數賡之奸言者莫不以為比李林甫盧杞而又過之則患其陰狡不患其廢弛明矣今反曰揆地廢弛此何說與賡之所以能亂政者正以其與司禮合為一人機括宛轉宮府貫串今反曰宮府揆隔此何說與閣臣盜有皇上之權即司礼亦在閣臣所用之中今曰閣臣為司禮用坐制監削乎閣臣又何說歟臣有以知其心矣人言奸輔彼曰司禮借司禮可以御奸輔也心欲為奸輔飾而口不敢認人以媚奸

輔所已故借司礼為題目有所已者將挾媢司禮之説以制之而奸輔陰以脱其亂政之罪其立論乃巧而所以為奸輔計者何深至也自古奸相奸豎莫不相倚表裏有楊國忠而後有高力士有元載而後有魚朝恩今司礼之奸即輔臣之奸而可借以陰脱乎科臣與輔臣同郡至戚今日望其發奸指佞亦非人情然當此公論昌明之日輔臣覥顔高卧安牲亦可以大義勸之使之早決即不然而三緘其口亦可幸無罪乃思算之精伎倆之巧百倍於舊月私人將奸輔通天之罪一担借人挑去以羊易牛使人莫測賢之奸真從來未有之奸安牲之私人亦從來未有之私人矣

給事中王元翰御史吴亮史記事曾用升史學遷刑部主事
何琪枝俱疏參喻安性
御史李光輝疏參趙世卿陳治則喻安性内云科道不考察
自沈一貫庇錢夢臯始科道不年例自朱賡庇姚文蔚始閣
臣擅作威福自壞典常而王錫爵密揭乃反求之皇上真大
不可解
御史史學遷疏參趙世卿故步頓改大違初心奔走權門阿承
德意孫鑛沈應文趙可懷全天叙等皆閣臣私人而皆世
卿舉之又楚事定於世卿之一言夫楚事亦何必言而無辜
之善類久全雖伏無忌之小人大肆鴟張則人心憤懣而思

欲一吐久矣
給事中張國儒疏言年言例不言終廢有推而後晋者錢夣
皐也有推而不下者鐘兆斗也有推而不下躭延歲月夤緣
内轉者姚文蔚葉永盛也若此者皆例所不載而弊所繇滋
伏乞嚴諭該部將科臣吏部諸臣亟爲推補庶相沿之舊例
不廢於因循久玩之官嘗復振於今日錢夣皐大計復留非年例也
御史徐鑒疏奸相深根未拔私人蔓難除事叅右諭德沈漼
御史彭端吾疏漏網詞臣等事叅右諭德朱國禎
沈朱皆浙人故爲時論所指目前吳御史疏中已引其端茲
復顯及之○沈於天啓初年首通魏忠賢客氏夤緣大拜後

為公論所不容被劾罷去未幾逆賢煽禍則漼已殂矣不然其惡不在崔呈秀等下也朱雅意自好蒲州被逐後朱維正擬席見奄媢方張遂力請告以去與沈同不可同年語耳

南京御史張邦俊疏方正蒙冤事臺臣彭端吾參右諭德朱國禎輿論無不惜之惜其砥礪半生為仇口誣捏而誤聞於臺臣之耳也

御史楊師程疏參給事中孫善繼內云從來宰輔有深機有利心者無如沈一貫朱賡而善繼並入其幕為之爪牙有結黨有謀畧者無如姚文蔚陳治則而善繼皆其密友為之左右近假論周孔教以自飾疏中止言王錫爵不及朱賡一字

邪佞顯然聞其移稿示陳治則云或出此着點住身子好為
老掌科出力若其賍跡罪狀不暇縷陳廷臣有知之甚詳者
國子監助教吳道長疏輔臣盡捐廉恥群小竟為効尤其事
參朱賡喻安性毛堪
吳道長為嘉定知縣丁未大計當事者廉其不職狀註劣
考而吳有奧援得無恙然自度終不免也則請改教焉近
瞯會稽將斃遂出此疏疏上五日會稽殂矣
御史彭端吾疏朱賡惡極貫盈天誅之矣李廷機與賡一體
趙世卿與蕭大亨同條豈容忍恥潛延頃刻其餘鷹犬如陳
治則劉道隆熊鳴夏姚士慎喻安性毛堪等俱當自裁

御史史學遷疏大寬未剖事今日不平之甚無過楚事妖書
故朱賡臨死一疏惓惓以楚事妖書為辯蓋其一平病痛全
在於此身家禍根亦全在于此三十七年正月南京刑部主
事謝廷諒疏參趙世卿內云儲君之立為王也古未之聞也
自王錫爵始章疏留中自申時行始年例不推考察不下自
沈一貫始巡按之久任也自趙世卿始又云先臣李栻以御
史按楚楚王遣人遺其廬奉三百金拒不納抵楚三月而張
居正移書勸栻為楚王地栻朝發書暮解印綬去終身不仕
又云楚事方興群口錯愕不敢出一語世卿獨撇髯抵几奮
不顧身自以為報楚王之秋寧知其犯衆怒若此是一貫員

陛下世卿負一貫舉世卿生平盡喪之矣

南京給事中段然疏外賊將除內賊陰擅事叅左諭德頎天

峻左諭德頎天峻疏去年鄭振先有直發權奸一疏害振先

者欲陰搆之臣與振先同鄉有交并搆及臣〻知禍已兆於

此矣去年考選後段然遍告人云有人寓書於臣暴揚其短

而實未嘗有書近臺省累上昭雪奇冤之疏段然恐斯人駸

〻向用凡與之交好者莫不深猜臣豈能免臣知禍必發於

段然矣今然果疏劾臣又然言臺省諸臣繇臣指使臣甘受

此名乎據然精神夢想不出睚眦恩怨附離利害之間其人

何足知其言實足成臣也

天峻雅負時望而未免有躁進之思鄭禮部疏人謂頗晝
使之有排擠前輩之嫌故為時人所忌疏内寓書於臣駿
之向用皆指朱國禎也後黨局中所指為崑黨者即天峻
也

禮科都給事中胡忻疏潰敗輔臣難辱謚典事朱賡太保之
贈尚寶之蔭祭葬壇數之加叨冐已極即不與謚亦不負賡
謚以故事當尋成命難挽昔賈充以昏亂謚荒蕭瑀以猜二
謚褊許敬宗以名與實爽謚繆臣謂賡之謚亦當倣此而定
乞敕禮部議覆定奪　朱賡後謚文懿

定陵註畧巻之八終

定陵註畧卷之九

淮撫始末　錫山附

李三才北通州人萬曆甲戌進士萬曆初年時相承江陵之後競以甲第私其子南樂魏允貞以部郎抗疏彈劾有旨切責降調三才以戶部郎論救亦被譴自此聲稱藉甚歷任山東司道地方大盜大猾擒治殆盡民安其業去任二十餘年民歌思之不忘擢陞淮鳳巡撫漕運總督加戶部尚書時礦稅諸奄橫行恣睢陳增在淮尤無狀三才悉力與之搘拄三才家在畿南不乏奥援牢籠駕馭權譎縱橫神宗用其言撤增東南胥得安枕而功高望重頗見法

色
色時議欲以外僚直內閣如祖宗故事意在推戴三才右
通政吴公點過淮三才迎謂曰外邉人都道學生要大拜
老先生以為何如吴曰外邉人雖有此議老先生决無此
心其自滿不諱如此遂為時目所忌兼以四明妖書京察
二事大拂公論三才條陳國事攻之甚力又太倉密揭實
自三才鈎得之播揚於衆於是四明之黨合謀驅逐邵輔
忠首出疏劾之三才盛氣陳辯不自引退攻者四起錫山
顧公憲成貽書福清諸老謂三才任事任勞功不可泯當
行勘以服諸臣之心一時攻淮撫者并攻錫山物議糾纏
大獄旁午飛章鈎黨傾動朝野從此南北黨論不可復解

除而門戶之禍移之國家矣

萬曆三十八年工部主事邵輔忠疏論總漕李三才結黨徧天下前圖枚卜今圖總憲四岳薦鯀漢臣諛莽真天下大可憂云南京給事中金士衡段然各疏參邵輔忠保李三才南京給事中劉時俊兵部郎中錢策各疏參李三才金士衡段然御史徐兆魁疏參光禄少卿顧憲成

御史劉國縉疏今日大勢四空五禍六漸五禍一為人心之禍人心不正則洶於洪水甚於猛獸以觀今日殆有甚焉是非不論理而論勢邪正不論人而論交救趙不難竊符取虜故為假道一朝而推殺二十人一家而打死十七命則曰英

色色時議欲以外僚直内閣如祖宗故事意在推戴三才右通政吳公點過淮三才迎謂曰外邊人都道學生要大拜老先生以為何如吳曰外邊人雖有此議老先生決無此心其自滿不諱如此遂為時目所忌兼以四明妖書京察二事大拂公論三才條陳國事攻之甚力又太倉容揭賓自三才鉤得之播揚於衆於是四明之黨合謀驅逐邵輔忠首出疏劾之三才盛氣陳辯不自引退攻者四起錫山顧公憲成貽書福清諸老謂三才任事任勞功不可泯當行勘以服諸臣之心一時攻淮撫者并攻錫山物議糾纏大獄旁午飛章鉤黨傾動朝野從此南北黨論不可復解

而門戸之禍移之國家矣

萬曆三十八年工部主事邵輔忠疏論總漕李三才結黨徧天下前閣枚卜今閣總憲四岳薦鯀漢臣諛莽真天下大可憂云「南京給事中金士衡段然各疏參邵輔忠保李三才南京給事中劉時俊兵部郎中錢策各疏參李三才金士衡段然御史徐兆魁疏參光禄少卿顧憲成

御史劉國縉疏今日大勢四空五禍六漸五禍一為人心之禍人心不正則洶於洪水甚於猛獸以觀今日殆有甚焉是非不論理而論勢邪正不論人而論交救趙不難竊符取虜故為假道一朝而推殺二十人一家而打死十七命則曰英

雄手辣二載而盜庫二十萬一差而剥商数千家則曰鑿身出都即今公論已明而南中醜類如吴正志蔣貴鼠伎雛窮兇心未死叚然汪懷德時出於〻金焦之間捏造流言熒惑當時千里線索呼吸相通此豈良善安枕耶三為朋黨之禍顧厨俊及禍漢八關十六子禍唐雒蜀禍宋所從來矣揆之時事高者執耳登壇卑者依門傍户能使是非顛倒黑白易位今之紛〻大都繇于君子而小人附之小人而假君子之名將何事不可為今之君子其幸強起為國破局毀名而為小人所假則社稷蒼生並受其福矣六漸一為士紳夤緣之漸昔之夤緣也在要路今之夤緣也在山林夫山林何以

夤緣也山林之士雅負天民之望而倡淑人有教無類固自
孔門家法而無素今人非古人也山林之士名高於泰山北
斗而遊於其門者破甑可稱為完璧遂使趨炎附勢功名富
貴之士奔走若狂據其跡舍要路而山林是圖若見以為淡
於世味而不知其淡也正其所以為濃實奸人之雄而僞夫
之傑也

疏内英雄手辣即淮撫鑿身出都指王元翰山林之士云
云即指錫山東林諸公也王元翰辛丑出四明之門選入庶
吉士事四明欲收以自助而王弗許也散館出為給事中四
明當國久根株盤互護法弘多山陰歸德正人之脉不絶

如綫王抗章糾劾四明及會稽晋江以渊除其衣鉢又奏
中王紹徽出宣城湯賓尹門代營枚卜甚急語王曰公詰
言妙天下倘能一疏揭湯湯且為公死廿間如湯可惜
也王辭不可紹徽御之御史鄭繼芳陳治則門人而治則
故會稽客也遂嗾繼芳參王時王巡視節慎庫故有盜庫
剝商之糾王元翰疏辯臣自補官以來曾未奉一差遣一
力田滇即有紫薇薪俸及書集故衣約有十六七臺臣與
妻妾病女共小轎五乘於本日率領家眷盤身出都門而
去將一切所存行李盡行放下寓所聽候處分臺省胡史
記事史學遷皆代為奏辯繼芳再疏并參胡忻等事學遷

亦再疏畧云王元翰槖身出都扛不過十七擡輜不過五六乘彼数十萬之金錢不知置之何處数十餘之妾媵不知藏在何地天南萬里既非一朝一夕之可通累萬阿堵又非一手一足之可舉元翰真神輸鬼運之術哉繼芳必得其寄頓那移之跡矣臣實所未詳也然論元翰今日之貪誠是矣何為盡抹其平日觸邪之論也論元翰一人之不肖是矣何為盡抹他人持平之論也臣與繼芳同列西臺先後之誼甚雅曾未有一言相抵牾臣持平之疏亦未有一字斥繼芳之參元翰為誣而輙目臣等為僞為奸其意居然可見矣夫以元翰前日之敢言而謂厫庫必無是也

巡青必無是也則庇貪即庇悪懷私植黨之罪更加元翰一等若以元翰今日之不肖遂謂臣等皆奸也立論皆偽也恐首可碎頭可斷而人心終不可死耳今為元翰而目臣等為奸偽則繼臣之後又有科臣張國儒臺臣馬孟禎伸臣等之論者矣臣為奸偽則國儒孟禎皆奸偽也繼二臣之後又有按臣吴亮陳于廷南科臣金士衡高節等南臺臣劉蘭等同臣等之論者矣臣為奸偽則吴亮陳于廷高節劉蘭皆奸偽也朝廷之上惟有鄭繼芳等真君子好共為之臣等復有何面目同列西臺與之比肩事主哉後元翰以擅出都門為吏部題參有旨降三級用

三十九年二月鳳淮巡按御史顔思忠疏督臣病篤出境事
有旨李三才既離任淮他去漕撫事着劉士忠帶管員缺即
會推來用給事中朱一貴御史徐兆魁各疏參顔遷成講學
東林遥執朝政結納李三才傾動一時孫丕揚爲角勝附和
京察盡歸黨人云
工部主事沈正宗疏感時激衷等臣觀往史難恨邪曲害正
自古而然乃入朝見始野則已焉柰何今之譖人大巧擠
人無已時也屈指正人如湯兆京曹于汴丁元薦吳正志等
諸臣排之不遺餘力猶曰或當事任或離巖穴芝蘭有當戶
之鋤玄黃有龍戰之勢操戈下石急擊勿失也至于顔遷成

于玉立二臣或一鳴之立斥未還或久死之大冤未雪白首絶青雲之夢長夜無將旦之期天下無不聞風誦義隕涕傷心縱不相催於朝宁宜可相忘於江湖今旬日之内衆鏑交加臣心竊歎不能已已昔韓侂胄設僞學之禁臺諫承風排擊猶未敢誦言攻朱熹至沈繼祖劉三傑連疏詆之熹乃落職罷祠今何不幸而繼祖之後復有繼祖三傑之後更出三傑況昔之繼祖猶拒立朝之理學今之三傑至錮在野之遺賢乎除御史徐兆魁巧詆碩畫成口語非惟無涉甚則相反已經郊寺吳炯據實款折于翁非僞君子德秀非真小人兩言而決臣不敢復瀆宸聽臣所咨嗟不平者惟是國釀空虛

之禍人喜禁錮之謀天下方痛恨衆君子之難進兆魁反惟恐有一君子之或進而預斷其來入山如此出山宜何如天下方痛恨衆君子之易退兆魁反惟恐君子有一之不退而且窮其路垂翅如此奮翅宜何如為小人者人〻可以高爵厚祿斷不宜及于君子為君子者人〻盡當聲銷影藏斷不可留在人世廿年廢弃猶來提徑之讖六翮摧殘未息關弓之志兆魁意欲何為二臣當得何罪語曰善人國之紀也皇上試觀今之善人何如哉如晨星如碩果矣如霖木如湍鱗矣如秋蓬如萍梗矣謫籍二百餘人其茹而連枝者何人其蹶而且起也何日灌之漑之不見其長斬之刈之以日益

甚瓜屢摘而抱蔓子既毀而取巢推兆胜之心將使廷無鷺
谷亦無駒乎廟廊無棟梁山藪亦無材木乎魁不可彈石亦
不可擲乎朝不可與共治國亦不可與立乎嗟嗟亦太盡矣
太盡不祥諸臣何不平心以𢪛物虚衷以觀理也明知逃察
有意故曰處非其辜猶云阿私所好耳但窺訪單有名即曰
出身別路猶云利害逼身耳若乃求有非無不恕躬厚人薄
失倫加膝墜淵縣愛憎羽毛瘡痏隨喜怒計典升任尚與奪
其言路之悲忤權削籍反蒙溺於利違之謗不呼自至且非
諫官名節所関起而未出反詆謫臣職德之著終朝謝事甚
至說寬道苦舉國如狂一味講學反罵醉生夢死終身不解

在已則暗劍察刀歌謹誣造可寬匿名之律在人則明目張胆言語微細必科授意之條同一居鄉也徵輸到門肆弾氷孽持身之令弦誦在戶便掣府縣當事之肘乎同一私書也出乎同志則疑夏棘女奴之習誣及異已信魯連聊城之矢乎當世聲譽久著何藉口其徒榜標之高天下公論難淆何委罪近日山林之訕元惡巨憝任酣睡臥榻曾未聞白簡之加東園角里雖遠遁深谷猶不容栽芝是僚聖度轉圜方將回雷霆為雨露不忍高賢終厄於下僚讒口銷骨直欲伐薪熏以斧斤務令名臣永棄於盛世乎昔杜衍家居一日憂見於色門人問及衍曰適覩朝報行某事所以憂一日喜見於

色門人又問衍曰某人進用社稷之福衍荷國恩退居以來家事百不関心獨未能忘國耳忠臣用心如此今隱身不忘報國却以為罪棄矣皇甫德參上書忤旨唐太宗以為謗訕魏徵曰自古上書率多激切即似謗訕惟詳其可否忠臣告君如此今一上書闇部便指為違制國事彌射不休矣嗚呼李膺范滂可對獄吏司馬諸賢可榜朝堂自古正不勝邪寡不敵衆往往皆是今何足怪獨念人之云亡邦國殄瘁昔人所謂十世宜宥今日忍使一綱無遺乎漢唐宋末季之禍諸臣素何嘗談樂道冀幸其必至且惟恐其不速乎即諸臣之言激皇上聽之今日激之以為首功則為杜衍皇甫冀日傳

之以為首難則為候覽曹鄧諸臣宜何居焉伏願皇上察治亂之機審賢奸之辨扶一陽之來復抑群陰以退聽弓旌悉賁于丘園青蠅無玷乎白璧立召還成寺赴闕趋朝少效忠藎之効嚴諭兆魁等剖疑釋猜稍養和平之福則讒說庶不震師善人或有噍類賢關通泰即國運靈長而學術世風俱有大賴矣

四十年五月户部主事李朴疏朝野人望幾空事頓還成久棲林壑游心性命即上書閣部議及時政可從則從不可則止有何鞭長足以制人乃舉國之人閧然四起寵如敵國不指為進制國是則指為不肖淵藪且并其講學而詆之道德

塗轍仁義竿牘猶然不理于口也以憲成言之而知明道之
人望一空云
十月御史錢春魏雲中李邦華吉人各疏俱參徐兆魁
御史劉策疏叅徐兆魁内云兆魁一掛彈章王之禎遂有去
志説者謂李廷機去而兆魁失輿援兆魁被論而之禎無盟
主此實録也不然前何抜之如山今何取旨如寄耶
時晋江予告衛帥王之禎以軍政罷
御史徐良彥疏正直不宜久擯事朱賡已卒餘黨王三善肆
一意芟刈林泉誅鋤善類比倡彼和譟東林而蔓衍海内繇
顧憲成而波及多賢

誠意伯劉藎臣疏從祖茹苦修(砥)邪臣黨私汚衊等事叅頋憲

成周起元翟鳳翀等

給事中翁憲祥疏勲孽怙惡等事劉藎臣應行革(去)管事　伊

從祖劉世學應下法司究問

河南等道御史余懋衡等公疏橫惡勲臣逞臆旁囂淆亂國

是箝制言官事叅劉藎臣劉世學

御史魏雲中疏惡勲突興橫議奸黨益逞邪謀等事李邦華

疏妖孽踵見事徐良彦疏罪孽凌辱言官事俱叅劉藎臣劉

世學

御史潘之祥疏邪說突起等事叅劉世(學)捏造妖言煽惑衆

心傷殘善類蔑法欺君應下五城御史密緝恭送法司
給事中商周祚疏感時觸事恭陳無黨之論事今之紛然攻
擊形於章奏揭牘者不曰蘇脉浙脉則曰秦黨淮黨種種名
色難以盡述而目前最水火者則疑東林與護東林兩言耳
疑者摘其一事之失一人之非或至混詆林泉講學之人則
人心不服護者因人摘其一事之失一人之非或至槩訾論
者偽學之禁則人心亦不服疑者不服不免牽淮撫以猜之
以淮學李三才素竊林賢之譽以自固者也護者不服亦牽
蘇浙諸脉以猜之以林下賢者素彈蘇浙諸奸而被黜者也
意有主奴祖遂分左右而黨議於是乎漸起于玉立嘖有煩

言徐俟論定其餘尚多賢者臣願與諸臣共挽轂而推之論論人者採生平為實録不必曰吾某黨故反也為三窟藏身之計傍觀論與論於人者聽是非之自定不必曰此某黨故論之此某黨故被論也為黨同伐異之舉更乞敕下法司將劉藎臣劉世學速置於理如律究處以為橫議瀆辱言官者之戒

御史柯廷訓疏陳言三事一融我見以息嚚爭一杜株連以消傾陷三禁捏造以絕煽惑畧言皇上登明選公之念漸不克終用賢如轉石之難逐臣絕賜環之望進不得以自効退思有以自立如顧憲成以聚徒講學而東林之名立則有直

見其為君子如皇甫元之規恥不得預者矣有真如孔文仲之力為排者矣又有奸媢不隨衆喙是非聽之他年如呂大防范祖禹之両無所著者矣此皆耳目見聞各有濡染人情意氣各有感觸非苟焉而漫分儔類者第使琴瑟之相調何妨左右之異袒寧必強人使同己又何必是己以非人昔李郭名將也而寬嚴異用韓范名相也而攻守異策朱陸道學之正脉也而德性問學異指故曰君子和而不同正所以成其和耳昔司馬光呂公著并相於元祐程灝曰若與元豊大臣分黨則衣冠之禍正未有艾也後果如其言我居於君子誰甘為小人而相競豈有已時哉故臣以為我見當融也我見融

則嚚爭自息矣

四十一年七月南京給事中喻致知疏禮學有關世教不宜槩闢事為世道計不患講學患不講學又不患講學患不真講學夫學也豈偏屬之丘壑幽人哉任職居官無非是學患君信友總此一真且偽學之禁盛世不聞僅於宋季見之宋哲宗時章惇初赴召陳瓘謁惇問為政何先惇曰司馬光奸邪所當先辯至韓侂胄令沈繼祖誣朱熹十罪謂熹以吃菜事魔之術簧鼓後進熹遂落職迨理宗初年罷真德秀魏了翁梁成大貽書所親曰此舉大快公論從此偽學之禁網益密宋之國祚亦不振臣非知學者第幸際休明之運幸生崇學

之鄉竊計聖明在上而使天下以理學為諱書之史冊傳之後世成何景象故敢不避迂腐之譏而謬致蒭蕘之獻云

四十二年八月給事中劉文柄疏皇木盜賣可駭事參李三才

御史李徵儀疏水曹溺職事、寺李三才買去皇木五萬一千餘根先是營繕司郎中鄒為脚價不敷發商賣抵之議有原案在該司遭惠河道為之說堂蓋向皈依李三才于王立者末云咨訪直書各見不尚雷同繳単已出從前非今作俑何遽見其有隙可乘無辭解免努力以退閔東諸候而後設駕奉迎董太史其志為稍憯矣勢必塗面以戴三才王立而後

可乎
御史劉光復疏辯疏久不發抄盜木情形已著事參李三才
十一月山東等道掌道御史劉廷元等公疏貪橫廢臣交結
近侍說謊面欺等事參李三才
山西廣東二道係御史周起元等掌辭不列名
十二月差兵科給事中張鍵御史李徵儀查勘原任總督李
三才張鍵辭改差吳亮嗣
原任漕運總督李三才疏言官朋謀朦蔽假公陷害并乞抄
臣家產以明赤心事御史劉光復李徵儀俱係湯賓尹韓敬至
親密交誣臣擅用皇木二十三萬根又挾制工部林如楚

聶心湯說未是李家强買去了此非聶心湯本心不過畏懼
御史為之出力陷害報仇清平世界乃有盧杞秦檜所不敢
為者今公然為之世變江湖或應如此臣不能知也
三才與李徽儀聶心湯書云向在淮上時二公俱為全李
四薦聶三薦茍不至大義滅親猶望二公姑舍之何至誤
為他人報仇指名露章一再疏不已又糾合鄉親李高為
之主謀唆之告狀教之出証假皇木如天之大禍迎皇上
惜費之厪心計誘窮迫之客商勢挾軟媚之司屬至巧至
毒極奸極狠二公平心思之忍乎不忍乎
工部署部事右侍郎林如楚疏官木散失有因苛事謂李三

一

才全不買木乎美輪美奐料從何來瓜田李下疑從何來一

木未鬻臣不信也謂其盡賣之乎前堂後寢木可指數是杉

非杉有目能辯將三萬三千六百之有數無木者亦可并坐

之乎臣不敢也向使三才有晏平仲之儉公休議之謹張長

公之自守蔣元卿之避世惡聲何爲而至今日亦宜自反不

得曉曉但尤人也宜束身歸命聽朝廷處分不可越軼無人

臣禮也

給事中姚若水疏舊撫貪横有據事御史劉光復疏賊臣贓

真証確事俱參李三才

四十三年正月給事中吴亮嗣等疏奉旨查木據實回話事

參李三才宜褫朝章以清士望

工部署部事右侍郎林如楚題糾官盜木占廠寺事云云該

臣看得李三才官木擅用萬餘占地久假不歸推勘情實罪

坐所繇此法司之事乞敕刑部嚴加審鞫分別究擬

御史劉光復疏風紀日弛寺事三參李三才

御史李嵩疏淮撫李三才盜木占廠業經覆審具奏數月以

來聞其陰援禁近捏造流言如長安中所稱述不啻掩目前

盜木之案直欲復十年已破之局故淮揚負按之賍併留之

以佐通灣芭苴之用而毘陵未熄之爐合收之以鼓江東擔

土之謀又以事不附權不行法不借權不敵而大臣中其禍

可激暗可支無如次輔吴道南於是深相結納為異日展脱芟陳之計介契友於家園而殷勤勸駕遂航臨水之舟走竿牘於官署而繾綣邈留漫滯春明之旆

十月原任漕運總督李三才疏自泚一貫假捏妖書擅戮楚宗舉國正人攻之以去此是一貫自作之孽與浙人無干而浙人何必死與正人為仇也及韓敬與湯賓尹交通關節幸中會元此是韓敬自作之孽又與浙人宣人無干而浙人宣人又何必死與諸正人為仇也今挺身主盟目無君父為一貫韓敬報仇者則大理寺少卿王士性御史劉光復也甘為士昌光復効力者則御史劉廷元李徵儀等給事中商周

祚姚若水等即中聶心湯陸夢龍音也以大臣之賢者言之則葉向高王象乾孫瑋王圖孫慎行許弘綱胡桂芳張濤去矣卿寺則曹于汴朱吾弼葉茂才胡忻南企仲朱國禎郭淐朱延禧南師仲朱世守朱光祚馮上知去矣近有謀代總漕攻陳薦矣謀代總河攻荊州俊矣攻馬從聘矣以小臣之賢者言之臺省則胡應台李成名呂邦耀梅之煥孫振基段然程紹麻僖解經吴亮劉策張篤敬湯兆京馬孟禎徐良彦陳一元李若星王時熙周起元史學遷孫居相魏雲中蘇惟霖汪懷德將貴史記事彭瑞吾錢春去矣部曹則劉國琦劉宗文孫鵬相李朴賀烺涂一榛鮑應鰲曹澄丁元薦趙邦清龐時

雍王士騏沈正宗劉宗周去矣今奸黨仇正之報不過兩端
曰東林曰淮撫何以謂之東林哉乃光祿少卿顧憲成講道
東南之所也憲成忠貞絕世行義格天繼往開來希聖希賢
而從之遊者如高攀龍姜士昌錢一本劉元珍安希范薛敷
教等皆研究性命簡束身心亭亭物表高世之彥也何負於
國家哉今不稽其操履不問其才品偶曰東林也便行屏斥
媢人者以此遂行其奸讒人者以此擴逞其口言路如馬孟
禎周起元等皆一代名臣祇以東林之故立為例轉考選如
張光房蟦鳴鸞等皆一時碩彥祇以東林之故立見斥擬即一
世人望如鄒元標趙南星等天下仰之若景星慶雲亦以

此名加之遲而不推〻而不用其所亟推亟催巧於取旨者非奸邪之史繼偕徐兆魁等即奸貪之喬應甲朱一桂等也嗟乎此衰宋僞學之禁奸人亂政之術也繇今日言之周程張朱不是僞學繇他日觀之顧高姜錢豈非君子異哉士昌光後何不羽翼聖學輔贊皇朝而乃諄〻汲〻劾衰宋奸邪之故智以報朋友之私然亂不忠不義侮聖戕賢無法之罪可勝誅耶若此稱淮撫則臣是已鄭繼之一生清節臨老盡喪無奈司官被脅朦朧播弄毫不知覺每逢年例必搜科道之賢者外轉即請告家居者亦必從田間外轉之名曰起陞嗟乎一負賢名便遭羅網在朝在野除之必盡國家三百年

來曾有此事例否仰此嚴罵張居正之所不敢爲也
河南道等掌道御史毛堪等公疏賊臣幸逃法網愈肆跳梁
等事參李三才
刑部署部事右侍郎張問達題鄉官盜木占廠等事奉旨這
奏内事情屢次會勘明白李三才身居憲職進階尚書既屬
回籍官不思省修行輒敢盜買皇木侵占廠基胆大欺君却
又數逞狂妄撓亂計典好生可惡本當置以重辟念係大臣
姑從輕著革了職爲民當差永不叙用李七等依擬追贓
發落
辛亥大計

王圖陝西耀州人繇館選歷官吏部左侍郎先是富平孫丕揚為冢宰秦人機滿九列而江南之講學者遝相應和群小忌而謀之間會錫山馳書救淮撫乃嗾富平癸巳語訪廷辯東林淮撫是非以為鈎黨之計王歎曰秦人與東林一網盡矣亟言於富平止之辟小知其所繇皆懷恚恨庚戌王主會試宣城湯賓尹與崇仁吳道南爭論闈事盛氣相詬辭宣城門人王紹徽行間搆崇仁于王王正色拒之宣城之黨皆不悅又王之子淑抃為寶抵知縣貪酷淫虐畿內之民咸抱及汝偕亡之恨而王舐犢情深力加護持巡按金明時露章入告王恨之及是大計京朝官

王以少宰佐計明時知必不免飛疏糾王劉國縉等復倡五鬼造書之說曲肆阻撓王杜門求去上不允仍出佐計而明時以要挾為富平所參衆咸謂事繇寶坻秦聚奎遂有捨死報國之疏嗣是日尋干戈黨釁愈深而不可收拾矣

萬曆三十八年十二月御史劉國縉疏長安道上喧傳鄭繼芳寄書於臣及王紹徽大約謂福清富平耀州當次第驅逐以斷秦脉因拜客遍問之則遍能言之皆云五鬼作祟係徐縉芳芋合謀於王圖之家而為之且冢宰向王紹徽云書誠有之紹徽因索觀之曰見知則其說長皇上試召冢宰面問

此書來歷併索此書下之九卿科道會勘真僞云
時彼黨目徐縉芳周起元陳一元馬孟禎劉策爲五鬼
吏部左侍郎王圖疏十一月間傳聞浙江巡按鄭繼芳貽京
中同官書内有欲去福州先去家宰欲去家宰先除倉場及
耀州兄弟又有以斬斷秦脉以秦攻秦等語臣細加訪聞未
睹實跡已不之信矣是何人謀欲逐臣乃捏言是臣手抄轉
送家宰如係臣手抄其字跡必在發付公廷一辯可知來何
以捕風捉影強入人於天羅地網中乎大計在通臣衙門之
事臣爲政間有大奸大惡思脱計典故設此機阱謀欲逐臣
〻今去矣不復與聞察事矣

倉場指孫瑋耀州指王圖及其兄孫保定巡撫王國也
三十九年三月大計京朝官不許御史金明時見部聽考
主計者吏部尚書孫丕揚左侍郎王圖署都察院事左副
都御史許弘綱考功郎中王宗賢吏科都給事中曹于汴
掌河南道印御史湯兆京
大計　翰林湯賓尹吏部閔繼迪朱應奎禮部鄭振先工部
張嘉言徐大化御史康丕揚沈正隆行人顧天峻典
簿陳治則俱不謹
少卿彭遵古翰林陳之龍刑部王元翰工部沈如楫
給事中鍾兆斗御史劉國縉鄧澄吳亮博士李騰芳

俱浮躁

少卿趙拱極吏部胡東漸兵部張汝霖給事中戴章

甫宋一韓姚文蔚熊鳴夏御史蕭淳評事管橘俱不及

畢三才調外任用黃吉士調南京别衙門用姚文蔚

自陳

仍炤前任給事中考察

拾遺

曹于汴糾拾大僚疏除蕭大亨周孔教申用懋王業

弘外糾黃汝良徐大任王邦俊黃紀賢全天叙方大

美葉永盛

庶僚除丁鴻陽外糾馮有經張嗣成周之龍

湯兆京大僚除趙世卿邢玠趙楫侯慶遠外糾黃汝

良徐申徐大任全天叙王邦俊黄紀賢邵庶
庶僚除楊廷槐外糾汪元極張嗣成周之龍
南京吏科給事中高節疏大僚除李三才外糾黄紀
賢喬璧星黄吉士左宗郢全天叙徐元正徐大任許
樂善
庶僚糾徐來儀史啟元袁思明屈之秉
南京河南道掌印御史張邦俊疏大僚除侯慶遠姚
文蔚牛應元邵庶葉永盛外糾喬璧星黄紀賢黄邢玠
全天叙黄吉士徐元正許樂善徐大任
庶僚糾徐來儀史啟元王思明王炤

例轉　給事中王紹徽山東右參議御史喬應甲陝西副使
吏部題覆拾遺疏奉旨徐大任許樂善留用邢玠黃紀賢喬
璧星致仕全天叙黃吉士調南京用左宗郢徐元正調外任
用又旨馮有經等調南京用衙門用徐來儀等冠帶閑住史
啟元王炤等俱降一級調用丁鴻陽槐廷等俱降一級調外
任用
吏部尚書孫丕揚疏倡言要挾嚇逃考察事臣奉旨三月初
二日京察二月二十七日郎宿部料理察事臣奉御史金明
時欵上要挾疏令部院不敢考察臣猶不信三十日方與副
院許弘綱會議察事考功郎中王宗賢面以帖投臣曰此科

道兩臣傳與堂上者也帖人傳史金明時貪險有病私通賄
賂長安公論實所不容若臨時上要挾疏則臺省無紀綱而
後來考察益難矣問之則佐察科臣曹于汴道臣湯兆京所
授臣非不知怨悪省事但臣以八十老年自念聖恩难負故
敢任怨任勞致人不悦臣如此耳若不預告待彼要挾疏上
或揑臣不公誣臣不法何以自明除明時外聽聖裁臣移咨
都察院不敢扵初二日同衆考察原帖并呈御覽伏乞敕下
都察院照依原帖公同科道處分庶大典不亂而要挾不免
矣奉旨考察大典如何敢肆要挾自干法紀金明時既有公
論卿便會同都察院從公議處不必推辭

例轉　給事中王紹徽山東右參議御史喬應甲陝西副使
吏部題覆拾遺疏奉旨徐大任許樂善留用邢玠黄紀賢喬
壁星致仕全天叙黄吉士調南京用左宗郢徐元正調外任
用又旨馮有經等調南京用御門用徐來儀等冠帶閑住史
啟元王炤等俱降一級調用丁鴻陽槐廷等俱降一級調外
任用
吏部尚書孫丕揚疏倡言要挾嚇逃考察事臣奉旨三月初
二日京察二月二十七日郎宿部料理察事臣奉御史金明
時欲上要挾疏令部院不敢考察臣猶不信三十日方與副
院許弘綱會議察事考功郎中王宗賢面以帖投臣曰此科

道兩臣傳與堂上者也帖人傳史金明時貪險有病私通賄賂長安公論實所不容若臨時上要挾疏則臺省無紀綱而後來考察益難矣問之則佐察科臣曹于汴道臣湯兆京所授臣非不知怨惡省事但臣以八十老年自念聖恩难負故敢任怨任勞致人不悅臣如此耳若不預告待彼要挾疏上或捏臣不公誣臣不法何以自明除明時外聽聖裁臣移咨都察院不敢於初二月因衆考察原帖并呈御覽伏乞敕下都察院照依原帖公同科道處分庶大典不亂而要挾不免矣奉旨考察大典如何敢肆要挾自干法紀金明時既有公論卿便會同都察院從公議處不必推辭

御史金明時疏微臣静候察典冢宰無影生疑事孫丕揚具疏参臣隨接部咨不容臣赴部考察夫曰要挾則必具疏於未察之前或遍箝當事之口方有要挾情形如臣一語不發一字不吐而嘿坐之以要挾則何人不可被腹誹之罪耶臣去年十二月曾有論王圖一疏自樹敵國釀此羗夷接踵之禍云有旨金明時是否貪險并要挾事情着都察院會同該部科查明議處來說

御史湯兆京疏敬陳送単始末事臣去年九月到任十月即行發単諮訪単則金明畤之款獨多當十二月考察期迫戒叢已久明忽有考察係大典一疏内云上言德政多於彈刺

既申媢寵之情，更結連雞之勢，摔官摔死，意態張皇，明時之心跡，路人所知也。若使參糾疏出於平時，自是言官職掌，誰得議之？斯時之疏，難曰不要向來議論俱在處核，臨時忽有異聞，臣是以有送單之事。時同曹于汴、喬允升往候冢宰，仍偕單以便請裁，因冢宰見辭，遂以數單授考功郎中王宗賢轉送，并以送臣堂官，臣所謂要挾，即指前疏也。有者金明時着部院參看了來說。

御史金明時疏：臣於初二月接邸報，有臺臣湯兆京一疏，寥寥數言，謂要挾一單出兆京之手，與曹于汴無干，況太宰曰帖明其為私牘也。兆京曰單又似乎為訪單，諸臣遞單於太宰者甚多豈臣单獨不經太宰心目而煩兆京之倉皇轉遞又指臣去年十二月一疏為要挾與太宰被待上要挾疏語氣自相矛盾則二月二十七日傳言與太宰之人其誰耶太宰以二月二十七之後上疏為要挾則疏在十二月者非要挾可知語曰雷霆之所擊無不摧折者萬鈞之所壓無不靡臧者臣以孤子一〻絲垂絕於雷霆萬鈞之下祖宗二百四十年培養之士氣沮索盡矣臣復何言有旨金明時已被參論只合靜聽處分如何屢行瀆奏本內干犯字樣好生狂縱着該部院一併參究治罪　鈞御諱也

吏部題喧嘩道臣敢犯明例等事奉旨金明時着炤不謹例

冠帶閑住其干犯事情還着該部院擬罪來說
刑部主事秦聚奎疏捨死報國事臣備員刑曹所職不過支
取紙價而已不過分理一二詞訟而已此何足以明報其惟
輦轂之下有大臣結黨欺君假公害正而臣區區之狂直始
頤矢一言以瀆我宸衷雖九死有所不辭矣先是去年十二
月臺臣金明時有疏論少宰王圖就中點綴多人臚列多事
其書實臣不盡知乃王圖縱子殃民一節則長安至愚至賤
言之為苦圖良心不泯宜閉閣引咎之不暇矣彼且無端飲
恨無一日而不忘明時也其依附圖以冀後來富貴無一日
不為圖報復計也究於考察之先一日有冢宰參論金明時要

挾曰將來或有撓亂察典之疏臣引領而望明時蚤晚疏到
庶見太宰之言無虛乎而青乎無聞也次月又見湯兆京之
揭曰单出伊手竢察典竣然後敢具疏明言要挾之故臣又
引領而望兆京蚤晚疏上不知發覺明時撒潑之狀當何如
者而卒之指明時十二月之疏為要挾也嗚乎長安萬耳萬
目此可謂之要挾乎縱之論今天下大勢惟秦人而已更無
皇上也論今天下人情惟有趨附秦人而已不知有皇上也
祖宗二百來年考察大典本憑以黜陟也而秦人借之以發
舒私忿皇上五十年培植之太宰本托以程材也而秦黨依
之以壓服人言以故群小布置於左右蜚語熒惑乎耄夫察

典既竣人言嘖〻或謂順秦者不肖而安如山阜忤秦者雖賢良而托以絕根或以閣提欽件得罪寶抵舊全也而處或以叅論淮撫也而處或以來人恥之黨共目爲躍治畋群而處或以號佐金明時也而處或以詞林倡公論謂於秦人之將入相者不利也而處或先年懷恨於其兄今釋憾於其弟也而處或節省有功於水衡祗以巨璫中傷之也而處雖處者不盡無罪乎然究竟論處之〻故有通國有口皆言在彼而而不在此嗚乎殷鑒不遠近在四明乙巳察典部院不合於政府沈一貫從中阻格矣而今爲浙黨者何如今歲察典銓憲不協於輿情秦人鼓掌稱快矣獨不爲深長慮耶所以然

者皇上以丕揚老成舊德也故推誠信之而不疑不知今日之丕揚非復昔日之丕揚矣聞議察之時有功郎爭之不得副院爭之不得各部寺堂官爭之不得然亦頗有爭之者千百中尚存十一不然正人一網盡矣嗚乎太宰統百官均四海者也今大僚惟有秦人充亦耳不知所云統者何居考察惟有非秦者去耳不知所云均者又何居曰者接湯兆京之揭輙慷慨上疏不暇致詳惟欲致金明時於死地乃私書之有無胡不見丕揚一言相証耶嗚呼察典既定誰敢復言獨惜金明時無憑據而懸坐以要挾之議未要挾而強陷以遣戍之條此其中一則見王圖之復讎睚眦必報一則見秦黨之

合謀蠹厲甚毒不然明時貪則貪之耳險則險之耳有病則病之耳胡舍此不言而猥云要挾無影復欲中以考察曰始念初犯無知豈明時因鄉閭細民耶不幾於上前玩弄乎臣之不平者一疏論重大事情取旨甚難乃參論金明時之自疏朝上而夕下此其緣索不啻深入驪龍之項矣臣之不平者二上書犯諱明時先矣不恭聖度如天必以偏諱見宥分宜摘陷忠良之故智胡再見於今日此端容可開乎臣之不平者三李三才憑參不動陞今正月內移舟出境臣料此一去也又有論三才之人飽毒於大計中者矣今果奪其言路且准去之命欲留則留合不便不是何等神通也臣之不

平者四金明時果有挾要之實按罪何辭若止是丕楊所云丕楊言則盡矣盡則説謊欺君湯兆京不能解今胡獨嚴於要挾而寛於叉坐可謂有公道乎臣之不平者五大臣以廉恥風天下者也金明時既聽處矣而被論者猶堅踞不動更有留都宗伯之推不太藐天下無人耶臣之不平者六諸臣刼於秦威竟無敢吐一言使發奸扶正之明時獨處雷霆之下臣何忍不為皇上披陳也

吏部尚書孫丕楊疏京察自三月初二日舉行至四月初三日尚未有允綸即臣奉覽訪單未見發處豈秦聚奎之讒言或有熒於聖心乎訪秦聚奎之宦蹟在績溪則績溪貪酷御

史李雲鴻孫居相幾經擬劾賴寧國府張推官救解改調吳
江齊追五六年粮當監幾百人民冤無告沈主事所上原書
可証猶假錢神方叩部轉其人之貪污可知既得漏網更敢
反噬而梗廟堂之事伏乞垂下察疏其奏聚奎救下都察院
議處則明例昭然莫敢故犯庶於察典有光臣亦賴全晚節
矣
刑部署部事工部右侍郎劉元霖等題喧嘩道臣敢犯明例
等事奉旨金明時既經革職依擬追贓發落以後章疏還著
加意敬慎不得有違
吏部尚書孫丕揚疏察典久稽等事奉旨卿清正無私朕所

素鑒泰聚奎妄行許奏著革了職冠帶閑住其代辯各官湯賓尹等俱照考察及推陞疏處分察疏朕即簡發卿還安心即出供職

吏部題覆摘參諸臣已奉俞旨等事湯賓尹徐大化張嘉言原擬不謹劉國縉浮躁王紹徽陞山東右參議喬應甲陞陝西副使奉旨是知道了

庚戌科場

萬曆三十八年二月命吏部侍郎蕭雲舉王圖為考試官取中舉人韓敬等三百名

時同考試官翰林湯賓尹南師仲張邦紀張以誠孫承宗

王家植駱從宇張鳳彩雷思霈丘禾實陳五昌彭雲霄給事中曹于汴胡忻胡應台吏部朱世守兵部徐鑾工部張濤知貢舉者禮部署部事右侍郎吳道南

三月廷試策士賜韓敬馬之騏錢謙益等進士及第出身有差

民變事詳下判
無分祖爺

湯賓尹當民變時遁跡西湖莫有過而問者韓敬以太學生具五十金為贄執業請正兩人交好最密也己酉敬中順天鄉榜庚戌會試敬卷在徐鑾房中已塗抹矣賓尹遍往各房搜閱諸卷識敬卷於落卷中移歸本房潛行洗刷重加圈點遂取中本房第一復以敬故於各房恣意搜

閱彼此互換以亂其跡吳公道南在場中與賓尹動色相爭主考蕭王兩公亦大不堪試録叙内謂兩臣才望淺劣不足為重以後請以閣臣遴事庶幾成體蓋指湯也榜出都下大譁吳擬發其事請教福清福清曰若此弊一發將蕭王俱不能安其位且公資在兩公後恐有排擠前輩之嫌吳乃止既朝廷湯韓寀謀輦四萬金進奉内帑進呈閣擬錢謙益第一神廟拔韓敬為第一謙益第三次年湯遂羅寀典臨期韓諸王為湯求解王曰第一款即兄之事韓語塞而退

先是丁未會試賓尹亦預同考閲書經吳門相公次子在

賓尸房中已中式矣對取墨卷時賓尸密挑習貫察之知為申也適房某有一卷遺失墨卷後塲請命主考主考曰中備卷湯聞之急取申墨卷後塲焚之亦請命主考主考亦曰中備卷某出於無心竟將備卷取換而湯出於私意心頗不安佯曰此卷本房愛之不能捨願一尋覓時吳江周道登亦同分考湯拉之偕往蓋以周為同鄉足為証佐也晉江李廷機以少宗伯知舉貢每事綜核嚴密然裁省過當人弗能堪晉江進同填艸榜諸公迎謂曰公今年知貢舉事事精詳却有絶奇之事某房某房有兩硃卷業已中式竟失去墨卷後塲晉江不應令各役搜箱中則某房者儼

然在焉仍易去備卷申卷則已燬訖無從覓此儀制郎某耳語晉江曰此卷係吳門相公子晉江禁其勿洩急令各役遍搜填艸榜竟將填正榜矣晉江命空此一名先將前後諸卷以次折填晉江又曰得無混入詩經乎并詩經落卷亦肆搜尋終不可得晉江又出賞示曰有能得此卷者本部賞銀三十兩所中舉人令出賞銀三百兩於是內外大小諸役無不畢集而卒不可得填榜訖天已大明勢不容更遲乃拆備卷則為李光元係江西名士而申卷則相公子也中外歡騰咸歸美實尹故是科復預同考聽其隔房搜卷莫之或止也然終以此敗

有田吉者對策傳遞為監試御史徐兆魁所糾下部叅看禮部覆罰三科至壬戌乃補廷試後與兆魁同入逆案

四十年十一月御史孫居相疏直發科場大弊事叅湯賓尹韓敬有旨禮部看議具覆

韓敬與金沙于玉立為兒女姻于頗以紈褲畜之敬深以為恨及登第後于方喜葭莩之借光而不知其飲恨甚也時適當淮撫之事因淮撫而并及錫山徐兆魁崩驅最力于寓書於敬授以疏稿令攻兆魁保舉淮撫且云不特一時之譽望攸歸而日後之爰立可握券以取也敬接疏稿又以授兆魁於是彼黨合喙以攻于推駁無完膚同人咸

案明史稿孫振基傳進士鄒之麟分校順天鄉試所取童學賢有私，御史孫居相劾之，並及賓尹事。帝下禮官及吏部、都察院議之。既不及賓尹事，振基疏請並議，未得命。禮部侍郎翁正春等議黜學麟，論御史及賓尹等。振基請議者疏之再。疏論劾，乃下廷臣更議。御史王時熙、劉策、馬孟禎等亦疏論之，而南京給事中張篤敬從之，力攻議主，敦不從，落職而

為不平禮部丁元薦首發其塲中搜換情弊孫遂繼出此

疏

閏十一月禮部署部事左侍郎翁正春疏申請明旨僉同會

議事有旨着科道官會議了來說

給事中孫振基疏關節會議宜嚴事叅湯賓尹韓敬

給事中商周祚疏關節已有成議號簿急宜吊查事叅吳道

南

御史馬孟禎疏塲事會議已明波及不宜太甚事駁商周祚

不當借端塲事横扯不阿之大臣

禮部署部事左侍郎翁正春題奉欽明旨會議科塲弊端乞

劉廷元等三人請敕閣部參真邪非此不能定奪哉隱匿執不著名臣春等不以持初議上廷元遂疏論之耳是振甚及孫應相從篤敬魏應中等遂爭論則徐子開同非議并疏道南孟禎疏駁之常十人外廷元等言勳吏蒙如廷元黨所詩教遂疏西春首疏兩論君春則士而進廷附之議起之孫下一而為書趙煥用詩教言以身從也抵其一黨中時此千外而科鴻議猶未定其後上疏極論而賓

賜嚴處以懲欺玩以飭大典事臣謹會同吏部尚書趙煥左副都御史許弘綱吏部都給事中翁憲祥等掌河南道印御史余懋衡議韓敬應炤不謹例閑住其餘十七人當另查號簿嚴查有無情弊分別另題候明旨裁處惟時臣等同科道諸臣凡六十三人內六十人無異議俱晉畫題止有臺臣劉廷元董元儒柯廷訓未畫題欲將韓敬革職候勘臣謹從其多者

十二月給事中商周祚疏徵臣糾參甚確險臣欺蔽難辭事

駁馬孟禎代辯再參吳道南

御史馬孟禎疏臣疏理不可易謹再據事直陳以炤公道事

尹黨必欲十七人并
議罪以覓敬孫慎行
戊午春復集廷臣議
仍坐敬關節而十七
人既雪疏竟留中胥
敬復上疏論殺陸識
敬盡旅亡去於陵
居相眾相徒引去持
黨廷斷又孟文祥亦
外還孟禎不平疏
論科場廷潮二事
亦出外敬復除行人司
副差七年而后始克
亦以不載祖底翻正
三公校著故即討之
按周祚係楚人初太
惠之妻父也
國朝初字浙貝子
聘明故臣四人遣使
過江投從三七者狗
猶周祚出不用而返

頃者會場一事業經會議畫一題乃科臣商周祚以吳道南為
欺蔽欲並議處臣以道南為發奸不宜議處頃周祚後有徹
臣糾參甚確一疏夫有道南之言而後知有號簿之說有號
簿之說而後有孫居相等之疏畢竟道南係欺蔽乎係發奸
乎係阿私乎係非阿私乎公論在人心不可以一人掩也敬
之買中千真萬真敬自知難救人亦知必不可救計無復之
拋一破甑為尾注旁生枝節旁扯不利於敬者與之作倍廣
布流言裝成陷阱臣恐在朝在野不知幾何人當落敬手獨
一道南哉願與周祚從公質正若代辯二字不能箝臣口也
御史董元儒疏科場摘發未盡會議終難結局事言當並勘

韓敬等十七人乃議之公文當並處房考主考斯義之全且
犻簿公案吳道南既可移之私歸何难匿之臧迹萬一奸弊
接踵真簿不得弍致會議之旨紛為築舍之鬩被道南之蒙
蔽罪不勝誅矣將翁正春得辭其責乎
御史劉廷元疏會議明旨當遵禮臣臧單非法事參翁正春
四十一年三月給事中孫振基疏大奸設計甚巧搜卷非屬
無因事隔房之所以搜者湯賓尹實作之倆十八人之中皆
因韓敬而出微十八人混擾一處則韓敬之関節將不可掩
故中十八人乃所以中韓敬也臣聞十八人中尚有賓尹一
二私人從各房搜來不便己中因轉送同年及別房者

原任禮部右侍郎吳道南疏場弊稽發致煩部咨謹封繳號簿及各房搜卷名位進呈御覽乞敕下禮部從實查勘以正國典事韓敬孫枝芳原在徐鑾易五房楊之瑋兆麟原在丘禾嘉易三房朱童蒙原在南仲師易二房楊之瑋原在施鳳來易四房以上六名俱為易一房湯賓尹所中石維嶽原在丘禾嘉易三房王佖馮汝京原在施鳳來易四房周士臯原在湯賓尹易一房唐公靖趙呂期原在徐鑾易五房以上六名俱為易三房南師仲所中賈繼春原在徐鑾易五房為易四房施鳳來所中王灤原在彭凌霄詩四房史孔吉原在張以誠詩一房以上二名俱為詩二房雷思霈所中陳應元原在張濤

書四房爲書二房胡應台所中楊嗣昌夏嘉遇原在張濤書
四房馬呈德原在胡應台書二房以上三名俱爲書三房朱
世守所中
御史柯廷訓疏縣令揭帖有據科場號簿難遏事近接任邱
知縣賈繼春辯誣揭言繼春卷止有易四房小印而非易五
房原係湯字六號而非湯字九號人言藉藉謂其多所更換
歸繼春一揭推之人言豈盡無據除韓敬之卷係別卷搜
取者已經部院會議聽皇上處分外其餘十七人如賈繼春
等伏乞敕下部院亟行昭雪
王京御史王萬祚疏乾健不宜停運等事內核實一款云若

王疑南之誤

亾之前言必可復庚戌科場交章顯著者號簿何以忽無號簿有名者原卷何以不合果無心耶抑大奸漏網而貪苦反含冤耶防微一款云從來未有敗宰相自奸人者于玉立始資呂賈秦王稽之術結景監揚得意之知初謂屢傳今乃知無其理而有其事如御史李徵儀等彈章非一真賞不謬富商罷吏背郎游猾爭馳用事今日吳楚明日秦燕黃金白璧無翼而能飛綉轂雕龍有機可縮地數年以來簸弄南北之間把持黜陟之柄善良任其裝陷世界被其攪昏曾攄習闒茸之里閈靡人不知無言不驗大臣誤言官莫此為甚禍根不除撥路無時得清恐有奸人潛伏禁側者不可不豫防

大宗也
御史彭宗孟疏科場會議僉同禮臣勘處非法事孫慎行事
屬遷延人多億逆遽速為題覆倘含周士阜外務苟求少簡
舉借無辜之羅織光受立之行旌殊玷新輔培養人才之素
懷豈是諸臣愛人以德之雅道禮臣必不然
時翁正春四月引疾孫慎行署禮部事吳道南於九月同
方從哲大拜
給事中周永春疏科場関節有據按法議處無辭禮部孫慎
行詳慎之過猶多牽制人言湯賓尹南師仲各搜中六人勘
處宜重又先言十八人後減為十七人衆以為賀烺而吳道

南疏中又增一賈繼春然則繼春是否替烺未可知相應一并勘議

禮部署部事右侍郎孫慎行題覆庚戌科場事據部院科道公單云云臣等看周得士皐文理欠通而之乎者也已焉哉爲七結之尾閱節顯著而其人已死唐文靖文義庸腐而關節無據士皐雖死房考不可不議閱節無據不可輙便議處一時翕然稱是臣因閉署與儀制司郎中洪世俊共繙閱諸文丘兆麟等十二卷本當入彀内除馬呈德已故外其餘所當如舊官服趙昌期起講少且字史孔吉例爲題目天幸不貼出罪在對讀官孔吉表聯失平石維嶽揚之輝文義庸常

然文與行原不相攙越當並為昭雪如舊服官唐公靖文既
多疵文經參過而諸臣皆以為此番會議為閱卷不為文章
請將公靖與孔吉等一體保全至房考搜卷之事會試無
互閱明文獨卷不分房一語稍涉疑似然未有私相換易遍
行搜索場屋紛紜如庚戌之甚者也如湯賓尹南師仲俱當
議罰賓尹已考察在籍矣周士皋雖閱卷甚確房考為南仲 思
仲竊思士皋若在亦須勘究到底方肯輸服今豈能遙遙懸
坐合無查勘本官取具情節具奏方行議處胡應台搜人一
卷被搜一卷迹似換易朱世守搜人三卷應同議罰其搜於
人者張以誠等似可免罰韓敬已經題覆候旨未下雖諸臣

屢疏以為勘當未奉明旨臣不敢及當另候旨施行（按此疏留中）

四十二年五月御史劉策疏徵臣觸邪敢忘科臣有意波及

事劉文柄為湯賓尹死友安得不為韓敬出死力湯特韓彌

天之富能令一國之人從之若狂韓倚湯偃月之謀能令好

利之徒走之如騖故萬金輦入既居之為奇貨一紙飛來遂

奉之如聖書曾幾何時而乾坤昏黑麟鳳摧殘凡發奸摘弊

敬所歆剚羽之人如孫振基王時熙等無不掃除一空故長

安有舉朝半張良之謠言其始終為韓也

御史孫居相疏場弊會議已明營勘意在求脱等事奉旨這

事情曾經會議如何尚未歸結其應勘與否還着再行酌議

陌

不必紛紛瀆奏

御史董定策疏湯賓尹險猾狡鷙必亂天下臣屢疏甚明若輕佻傾躁之韓敬與縱橫捭闔之于玉立貽書發書臣已悉其俱非端人近日變仇為好復諧秦晋告和當路手札可據此一影傾反變詐之徒臣何難明言相告耶

御史劉策抨臣受賄庇奸無端構釁等事再叅劉文柄内云發韓敬關節惟臣等四人耳而年例已處其二人又何怪乎臣之以攻而受詆也文柄亦且鬚眉稍丈夫柰何甘心為錢虜所使亦足羞矣皇上試看自敬被論之後禁錮多少賢材中傷多少善類柰何不亟賜處分而猶令其蔓害無已時哉

屢疏以為勘當未奉明旨臣不敢及當另候旨施行批此疏留中

四十二年五月御史劉策疏徹臣觸邪敢忌科臣有意波及

事劉文柄為湯賓尹死友安得不為韓敬出死力湯特韓彌

天之富能令一國之人從之若狂韓倚湯偃月之謀能令好

利之徒走之如騖故萬金輦入既居之為奇貨一紙飛來遂

奉之如聖書曾幾何時而乾坤昏黑麟鳳摧殘凡發奸摘弊

敬所欲剿刈之人如孫振基王時熙等無不掃除一空故長

安有舉朝半張良之謎言其始終為韓也

御史孫居相疏場弊會議已明營勘意在求脫等事奉旨這

事情曾經會議如何尚未歸結其應勘與否還著再行酌議

不必紛紛瀆奏

御史董定策疏湯賓尹險猾狡鷙必亂天下臣屢疏甚明若輕佻傾躁之韓敬與縱横捭闔之于玉立貽書發書臣已悉其俱非端人近日變仇為好復諧秦晋告和當路手札可據此一夥傾反變詐之徒臣何難明言相告耶

御史劉策〔疏〕拜臣受賄庇奸無端構與等事再參劉文柄內云發韓敬關節惟臣等四人耳而年例已處其二人又何怪乎臣之以攻而受詆也文柄亦且鬚眉稱丈夫奈何甘心為錢虜所使亦足羞矣皇上試看自敬被論之後禁錮多少賢材中傷多少善類奈何不亟賜處分而猶令其蔓害無已時耶

文柄與諸臣同一候命何以獨先得旨且下之別衙門疏中也又孰悅之而孰昵之說者謂踵陳治則之故智豈其然歟南京給事中張篤敬疏場弊萬分真確國法難容輕貸等事韓敬情弊真確不宜覆勘今後爲弔卷之說何其曲狥至是也發之者外轉而孫振基王時熙不得安其位甚處之者在告而翁正春不能安其身今又嘐嘐然曰拚我一有弊狀元光一有望宰相蓋指吳道南矣臣嘗思之敬之借交報仇不遍托誣蠛於言路假黜逐於主爵票要擬於政府諸臣中豈無剛腸疾惡爲朝廷維持公道而盡化爲繞指之柔以仰邪人之嚆矢必不然矣

御史孫居相疏臺臣狸単害人等事唐世濟為沈一貫門人韓敬御友日夜集數棍劉世學等攢謀造单以芟除正人為事如吳臣同論韓敬者孫振基王時熙以發塲弊而處張篤敬以議塲弊而處在禮臣則翁正春孫慎行皆以覆議塲弊而逐者也

御史馬孟禎疏韓敬之賄買千真萬真議勘未結業累去兩侍郎例轉兩科道是亦未可以已乎乃直陳之劉策方被牽纏而發奸之張篤敬復行外轉抑又甚矣

給事中姚宗文疏直剖紛紜之論等事翁正春貪鄙失節同市人之行孫慎行輕佻無度非大臣之體俱宜并放輿論攸

同而不立擁戴者急於燃灰巧於推轂亦借此為名目則臣
請而解之曰沈一貫畏緩其誅韓敬宜遲其戍且待翁孫兩
侍郎議綸扉之後手發除之恐擁戴無名也
四十三年九月原任翰林院修撰今聽勘韓敬疏異寬久讋
等事內云當新相吳道南之謁舊相葉向高也不知所吐何
詞所言何指乃突翻為起廢部臣丁元薦之奇鋒再煽為壬
子新服闋御史孫居相之駭浪是臣之禍不在文章不在科
場別有禍種舊相葉向高曾貽臣一書有諸君攻門下時僕
力相勸阻且云如此禍必中于中甫中甫即臣之婿文以刑
部郎中削籍之于玉立也誠臣所露之書係玉立授臣勸參

長孺時家居以邪黨愈熾正人屏斥殆盡叔卿試策因不勝其忿馳疏極詆不數而黨人益惡之矣

御史徐兆魁也保淮撫李三才臣誤洩之朝臣省也
原任禮部主事丁元薦疏場弊久明狡謀翻案寺事辯韓敬
疏末云楚宗之冤繫既釋而首事羅織之刑官悍然以功郎
推是目無高皇矣列聖表章六經而河南試録公然謂六經
之道亂天下有餘是目無孔子矣此其非邪正皎如日月一
旦悖亂至此豈非一二狂豎敢為忌殫者之流禍哉
吏部員外周士顯揭丁元薦疏　河南試録出士顯手
萬曆丁丑會試孟題我亦欲正人心　袁黄結云韓愈謂孟
子之功不在禹下愚則謂孟子之罪不在桀下房考陳三
謨閲之喜甚力薦為會元蒲州大怒欲題請出華吴門勸

止乃行國學戒飭之　丁未會試張瑞圖有云古之用人者有程功積事之格而初不設君子小人之名雖有大賢不得自匿於虛雖有甚不肖皆有以自致於實堯舜未嘗標君子之名而置禹稷夔龍於九官岳牧之上亦未嘗過設小人之目而輕用四裔流放之討君子小人之別實始於仲尼彼謂君子亦大受不可小知小人可小知不可大受極而論之品可藻飾而成材不可以假借而就小人非獨可小知蓋亦有可大受者君子非獨有窮於大受固有并小知而亦厭者顧端文閱及此發為上指後逆賢擅攻瑞圖援附爰立烈皇定入逆案云

王廷呈

癸丑會試策第三道以天文為問有笪調元者江西人遊於海南遇王李二生講論天文盡得其說及是條對甚悉末云前代及昭代諸名家皆不足惟海上王李二生可聘入修定其一二場佳甚福清取中會元已七日矣閱至此策大驚批云如此荆棘之世何物二生敢妄言之又有妄信者公然筆之試卷耶遂黜落不録而改周延儒為第一

大學士吴道南疏會場號簿查繳自明等事萬曆庚戌臣叨知會試貢舉二月二十七日揭曉後下第舉子嘖有煩言謂內簾考官不依編號互相搜卷臣乃取號簿於掌卷官處時號簿有號房而無名硃卷有名有號而無房後及蒞録出乃

擾房以查名據名以查號查有十八房臣即欵具疏以查明
其事乃在簾之臣謂先年禮部有裒多益寡之疏原為主考不
為房考諸臣誤認遂以此房之不足取足於他房且主考亦
曾言各房有遺卷不搜妨拔時是臣尚未深思已而廷試前
輔臣葉向高進擬韓敬第三皇上拔置第一更所搜卷多寒
儒於考官並無識面者主考蕭雲舉王圖曾向臣言俱先
呈覽因其可取則取之九月初七聞父訃音回籍守制有託
人問臣簿放在何處者有言當繳禮部者臣以為居苫塊而
修職掌不孝孰甚況舊輔臣力止臣疏謂韓敬為皇上手拔
且二主考原係同列恐疑礙兩臣了因携簿以歸恐去後有

言非惟孤臣之心抑且增臣之罪不意去後二年突有諸疏時建言者其心本烱烱自在向使言者非太遲處者非太速臣纔進號簿會同朝士大夫照然見臣之心原不為人作輕重何至六載之事至今猶煩齒頰哉至賈繼春之誤號蓋因司役誤謄臣初入京曾為司役受過特出一揭與天下共知之此查簿纔簿之本末無一字敢欺者也

後部覆疏下有旨韓敬准冠帶閒住

荊熊分祖

宣城湯賓尹先年奪生員施大德之妻徐氏為妾徐氏不從自盡合郡不平致激有民變生員馮應祥等特舉徐氏

明史稿六載孫振基傳略
四蜀尹心分居有侄人与
施共事徐女許訟致徐女
技池孔諸生嫣應祥芮永
縉等遂以笄節鳴官建
祠尋御史勘徐氏胥濫名
節下提學史學遷勘
寔毀祠除諸生梅應祚
振祚共藻一官媳永偕
輩又箋之提學御史熊廷
弼廷判陳言此施湯故
智又以所司收永縉行為
枝之永縉手戳巡按
劇蒼為奈白熊意見
振播治是獄直有挑
竟遂劾熊殺人諂人
疏上從七偽以激熊
疏訴都御史孫瑋議革
着為民任而勘熊時
南北黨議方熾爭東林宣黨者有所袒

殉節建祠致祭後事定賓尸囑當事毀其祠及是復占諸
生徐某妻賈氏為妾徐某者尚書徐元泰之侄廪生徐日
隆之弟也湯徽時曾受辱於元泰故必欲納其姪婦為妾
以雪此恥徐某與賈氏兄弟俱無異言而日隆心抱不平
上控下塑湯四布羅網直欲得日隆而甘心焉日隆乃亦
命走燕齋於是合郡沸然諸生列其事於上臺復舉徐氏
殉節事復請舊祠巡按削養喬甚不直賓尸々將其々寺
問徒適學使熊廷弼出巡諸生亦以公舉謁熊々受湯囑
托即駁某生之擬徒又駁某生之奸狀問華寧國生員蘇望
海等又杖殺生員芮永縉事々與削相左削遂詆熊殺人

御批[illegible]無[illegible]中劉[illegible]及今年[illegible]名[illegible]德
味但反御史李邦華等[illegible]進李若星潘之祥翟鳳翀徐良彥等持勘甚力而張[illegible]數倫[illegible]官應震姜性吳亮嗣梅之煥[illegible]詩[illegible]趙興邦
[illegible]士等[illegible]疏數十上
色加延[illegible]徐應元數[illegible]
言[illegible]
[illegible]四人[illegible]
[illegible]
廷弼文[illegible]于是之
詳[illegible]
諸[illegible]
[illegible]
同[illegible]言今廷弼[illegible]
渭南孫瑋也

以娼湯先是熊考試江南繩束諸生過當常州某公子年總十六以犯規小失熊執而撻之某公止此一子不勝其忿挺身闖入院署拉其子以出衆鄉紳調停其間事雖不問而良了有騎虎之勢是熊歲考按臨常州其先聲甚厲諸生咸不自安遂力聳荊出疏參熊了六出疏辯又渭南與耀州同鄉同調時為總憲題請行勘前歲庚戌外計耀州以貪酷被察耀州語省中王紹徽曰小見單聞是胡六泰所鬧出自熊芝崗手泰六者胡應台芝崗即廷弼也紹徽出語人曰此畨省中年例必胡泰六矣已而果然至是行勘衆謂渭南代耀州修怨將借勘以抒宿憾如泰六也故胡嗣亮等交章論劾渭南而孫振基等後起而反其議朝端遂如聚訟焉門戶之禍從此益蔓衍矣

時與等既外遷瑋亦引去故孟[illegible]疏云廷弼[illegible]勘一事既遂之後[illegible]特兩黨矣云云

萬曆四十年十一月應天巡按御史荆養喬疏學臣殺人媢人
事參提學御史熊廷弼
荆養喬又疏微臣孑身孤危奸黨異常傾陷寺事參桐城知
縣徐從治及潘汝禎汪道亨徐必達方大鎮姚之蘭胡瓚
給事中郭尚賓疏按臣舉動乖張事參荆養喬
郭尚賓又疏按臣荆養喬擅自離任河南道御史余楚衡為養喬
治民初議止降一級再議乃降二級許弘綱遂據之具題亦太優容矣
都察院署院事左副都御史許弘綱疏刑科郭尚賓欲重處
應天巡按荆養喬謂臣太優容失國家三尺法夫論法者就
事處事則易株連蔓引則難近日小群分而朋黨立矣朋黨立

而壁壘深矣士生斯世匿影尚逢沙蜮持盃立見弓蛇今養喬三疏一則曰奸黨再則曰媢人所指不一而足事在彼中須窮到底此臣所難懸斷也先臣余子俊有言人臣國謀即近且小亦須爲百年計彼有愛惜人才維持世道故自深心寧徒一擊爲愉快耶養喬等巡方雅意好修此舉誠狂然不與者半與者亦半謀國者所宜深心也輕之則日弛日玩國家之法誠輕重之則相激相參朝紳之累亦重至於年來徑行御史李光輝蕭淳等院參寢斷皆止罰俸喬應甲其重者也史記事鄭繼芳亦照例具參不敢苛議彼吳亮之級降另出部疏尚未奉旨前院原參亦止於罰俸也寬假優容實非自臣之作俑云爾

四十一年冇左都御史孫瑋疏按臣擅去非法學臣蒙議難留乞敕嚴勘

確議以平政體以肅臺綱事臣前具疏請勘學按二臣熊廷弼荊養
喬而科臣吳亮嗣姜性參臣矣疏甫上而旁撓旨方允而參至御史未勘
都御史參逐不赦之然矣是尚能展布四體靦顏於西臺之上稱總
憲哉除兩御史行勘雖已奉旨應停與否臣萬不敢復預伏祈
皇上察臣望輕招尤即日賜罷以為人臣愚拙不能趨時者之戒
御史徐良彥疏熊廷弼去留易明出處自有正道可以去
可以無去則直為去況人既以為崑山之首功又以為宣城之殿後
崑宣皆非吾土一去令其自明証自不可少而又何疑於今日之一
去也廷弼亦見及此旁觀者多添此葛藤耳臣與廷弼同鄉同年深
喜其自去之是而諸臣壞之臣言一出諸臣必以臣媚臺長鋒鏑

且相反矣総之今日黨與衆者必不容人得吐片語然臣為朝廷
惜紀綱為衙門惜體統為世道紛紜故無忌諱如此
給事中孫振基疏兩臣真偽難明一勘必不可少事荊養喬熊
廷弼長安輿論僉二臣之事一勘則心跡俱明品格可定乃說者猶
自以未肯遽已大率天下之事千假萬捲一真臣故曰一勘決不可少蓋
為學臣辯冤辯誣為按臣議去議華非敢狥私妄逞而以之徒博一快已也
給事中刑詩教疏學臣勘不當勘部臣起不宜起等事參孫
瑋及文選郎中周應秋以應秋奏起于丕立也
應秋全堕人後入逆案
御史潘之祥疏議勘本公旁撓甚異等事參姜性吳亮嗣官
應震刑詩教重鄉曲輕朝廷植黨與背公論

給事中孫振基李奇珍御史魏雲中翟鳳翀李邦華李若星
各疏言熊廷弼荆養喬一案宜遵前旨行勘
御史李邦華馬孟禎魏雲中潘之祥翟爾進劉策李若星翟
鳳翀徐良彥公疏參辯南京給事中張篤敬疏
給事中孫振基疏學臣殺媚甚真事寧國底案已被熊廷弼盡數
取去不知就中作何增減廷弼按臨寧國之日該學已先有優劣申報
並未及芮永縉自熊廷弼欲殺公舉諸生以媚湯賓尹授意宣城學
官萬象新而蘇望海李茂先係縣學故象新甘作鷹犬當先具
報然馮應祥芮永縉不在報內馮芮皆府學因復索之教授宋名
世不得已而後呈焉當年公舉施湯之人在其中矣芮永縉遂斃之

杖下矣且其批詞有施湯故智之語有陷害鄉紳之語有公舉徐氏
貞節以來得計慣使之語此可謂無心非借事借人之証乎
給事中孫振基李成名陳伯友麻僖公揭學臣殺媚甚真定
案雖容私匿事近日熊廷弼兩疏自辯凡其生平失身邪黨
殺人媚人之狀俱已直認云
御史崔甬進疏荊養喬熊廷弼相構一節衙門自有職掌則
行勘自是公心胡為紛然群起横加惡聲

衍四字

四十二年五月應天巡按徐應登疏發惡倚勢文奸借事文奸借事撓法
事參宣城被訪惡生徐日隆及伊叔祖病瘋尚書徐元泰誣其稱女
現在原任祭酒湯賓尹為妾　湯賓尹故後日隆仍補貢官浙江景寧知縣

據所聞確係徐日隆弟婦今云其女所聞係賈氏賈氏兄弟皆稱賈姑爺今云梅氏又態所駁者梅振祚之擬徒梅宣祚之奸狀豈即此一事而傳聞異耶抑本兩事耶李忠文時為涇縣令有刻記記其事惜無從覓閱

福清貽書當事内云梅氏之事學使者固無成心矣然批駁文移當就事論事何為娓娓於他事乎彼當日之所稱烈婦者或稍溢美然豈可與今日之梅氏一例論乎是學使者之失於簡褻也但以殺人婿人則過矣

御史吳之皞疏學臣候勘已久邪黨阻撓非法事接接臣徐應登疏臚列惡生徐日隆罪狀道臣饒景耀知府余日奇推

末句似有脱字

官許光祚寺反以延緩爲得計又徐元泰素欲殺湯賓尹数年以來賓尹干犯時議如傳疫疵人畏及身如負囊獵人嫌遺臭學臣又以持正觸邪爲人所刺目故織成殺娼一說逢迎朝貴道府縣官尤勸按臣謂其力大難動則阻撓勘問之旨自道府始按臣徐應登堅欲執法而奉法無人心獨苦矣按臣受制於人紀綱謂何

四十三年正月署都察院事刑部右侍郎張問達題覆御史熊廷弼削養喬俱以原官起任

定陵註畧之九終

定陵註畧卷之十

門户分争

自東林與四明並峙門户之水火所繇來矣迨淮撫顯為射的辛亥察復多紛紜加以宣菖荊熊相繼而起株連蔓引逐影吠聲朝端如聚訟不復有紀法矣福清強督之末急思卸担而德清為政一時浙人翕然挾以為重亓詩教齊人也出德清之門時掖縣為冢宰介掖縣以交德清於是齊浙合而楚蜀閩粵和之如火之燎於原不可向邇秦人北而晉人姜東林之氣熸矣雖其間或争學差或争年例或争考選総不越前此数者起見也為集門户分争

毛即魏閹十孩
兒之一也

萬曆四十年八月御史毛一鷺疏頃見輔臣葉向高請補閣
臣一疏中有意見易窺物情難厭等語未敢以為然夫政府
天下之平也有何意見之可窺有何物情之足礙說者謂輔
臣視人唯諾畏人彈射微有掣其肘而使之不然者然者臣
謂輔臣又有所不屑第其遜避觀望遇事不敢担當出口輒
多顧忌將欲為執持而牽於私情之難割將欲為傅合而或
惕於大義之難破謂世局曹分群議互角姑為推脫調停聊
以自免不知台衡何地台衡主張之事何事且有意調停勢
必不顧事理而惟顧物情其害反甚於不調停矣方今大小
臣工俱畏言黨亦俱不忌言黨而獨袒分左右形成水火有

識者輙不勝漆室杞人之憂輔臣不以此時簡定權衡力為
挽回乃坐視堅氷之至養癰之潰也其何辭於天下後世耶
四十一年四月給事中周永春疏三吴重地事叅呂圖南督
學南畿人地不相宜且風力不足不堪其任
時冢宰趙煥欲用其私人韓浚為督學故永春出此疏
御史王命璿疏議論當存大體事周永春以禮垣而叅論學
政雖非局外之議第發言太甚責人太苛摧折國体太傷給
事中丘懋煒御史湯兆京王時熙南京御史汪有功各疏駁
周永春言呂圖南堪任給事中周永春疏南畿學臣改用未
妥臣不得不一言而攻臣者紛紛起矣伏乞敕下吏部將臣

推補外職免陪內推又參疏湯兆京給事中解經雅疏煩言罔極國事愈紛事目前科場一事臺省矛盾矣行勘一事南北水火矣改差學臣一事又洶洶啓齒相向矣同室甘刺刃之謀兄弟構鬩墻之怨不至一網盡收其勢不止

御史湯兆京疏科臣恃勢撒潑事呂圖南疏糾周永春以發其阿媚之事屢疏辯誣事情已悉永春乃忿恨填胸直取惡聲相加此如市井爭言不勝輒揮之肱耳既以逐人使去又欲籠罩人言上路同官多以淩脇墻壁既堅舉止遂高得無藉尊重之威立難犯之戒也臣聞冢宰之在吏部也以無忤中貴為第一義猶之在刑部也謂司官以辛苦得官無太執

法以取時忌云吏部尚書趙煥疏職掌愈明強爭愈力湯兆
京冷語侵臣〻不與較惟是年例學差係臣部職掌謂處與
河南道商確臣直不以為然
時年例科道孫振基王時熙魏雲中趙煥所推也
左都御史孫瑋疏職掌自明分疏稍甚事冢宰處公無我閡
歷獨深而為此爭執蓋一時有激而然非冢宰之本意也總
之年例學差仍舊貫之為善而於大體亦無傷臣一日未去
猶然院中官也即欵三緘不得矣有旨部院事體各有舊規
御與冢宰只照舊行給事中趙興邦疏臺臣要挾事參湯兆
京御史湯兆京疏年例曾經奉部院科道從公擬議協贊之

旨楊時喬署部會推疏中亦有查舊例內外所轉凡道臣部
察院會同河南道行之科吏科都會同科資深者行之議定
發銓司公同校覆之語時喬之云舊例亦就本衙門查出豈
今之冢宰另有一例耶
吏部尚書趙煥疏職掌難隳事湯兆京謂曾奉有部院科道
從公擬議協贊之旨臣久在山中未之見聞頃問各司亦皆
不知乞命兆京將此旨錄呈聖覽當臣罷勉從事且謝兆京之
明教矣
給事中周永春疏臺臣擅自改旨事律稱詐偽制書及增減
者皆斬未行者絞今湯兆京於旨原無者而擅增之原有者

而擅減之其意何居兆京無禮於皇上極矣
御史湯兆京疏錄旨原據外傳即報謹將原報揭送吏科以
備公同查覆若年例職掌甚明不能奪臣以理茲事情理甚
順不能坐臣以法至臣前疏誤以批印為批敕實臣一字之
誤與周永春以兩浙為兩淮同伏乞治臣之罪
御史孫居相疏學差仍宜會推年例未可輕擅事趙煥有謂
其求勝而有成心有謂其惑於三至之言狃於一徧之見欲
借年例處二三正人為報復為有私心臣不敢謂冢臣必有
但見前後疏詞自相矛盾若非一人一手之為者即臣亦不
能無疑臣堂官孫瑋既求去不言臣同官湯兆京雖有言不

報其新咨臺臣纔欲啟口便曰此畏年例也環視十三道中止臣一人安能默默而處於此
御史田一甲疏參太常少卿胡忻不當陪推山東巡撫
御史魏雲中疏貪部選郎大壞銓政并事參周應秋
給事中吴亮嗣疏駁魏雲中參周應秋疏内借偏駁之論為掃除之謀蔓引株連不至空一國之人不不已
御史魏雲中疏部臣肆辯飾貪科臣巧救行媚事冡宰趙焕曲為庇護周應秋而吴亮嗣駕為人才可惜之説摘匪人二字且挑且激且媚以自為躐戀計使天下謂科臣諂吏部以傾排臺臣自亮嗣始又言路一大變矣

一

給事中吴亮嗣魏雲中官御史曾未数司史継偕黄克纘徐
兆魁周應秋并皆以一筆盡其生平而他之暗刺微攻不在
此限想御史之所深謀接引惟是舊考功張養才耳
御史潘之祥疏横議日滋事迹日門戸之説尤見人心之陷
夫乾坤吾人之大門戸也一闔一闢生人之大義存焉出生
入死於門戸中而曰我非門戸中也異（矣）洪爐鑄金乃躍曰我
不受爐錘也怪哉故言無門戸也無之門言有門戸者有
之門言不有不無者不有不無之門誰能出（不）由戸而又誰能
以門戸閾人領其所繇謂何耳孟子不云乎鑽穴隙相窺
踰墻相從此雅（邪）門也君子不由也夫義路也禮門也惟君子

能由是户出入是門也此正門也君子必繇也由其得正又何害於君子竊怪由正門者之寥寥而旁趨穴竇之接踵也即如公本一事以一人之進退一事之得失而牽扯畫題不知人各有意見事各有原委公疏未出而誹議已傳安在其為公也夫必舉天下之人而惟己之從同己者謂之無門户同與異之間有無必有辯矣乃號於人曰我無門户也誰其信之

御史孫居相疏謹據名賢之論直闢門户之非懇祈聖明亟破邪謀預防黨禍等事駁過庭訓變朋黨之論為門户之說蓄謀最毒

時斥趙苛倡門戶之說以排異己故潘孫出此二疏

御史田一甲疏議論已明煩囂宜息事夫門戶之說何自起哉自昔吳門太倉四明會稽晉江諸奸輔鉢傳燈續怙寵弄權彼時一二孤憤之士出而批鱗被逐於是聚徒講學以明性命而演道脈此誰不仰之而誰訾之無奈有奸雄自命而猾亦盜建言之名繼既竄道學之黨彼真道學者亦墮其術中而不知覺於是以道學之名號召天下凡生長其地者宦遊其地者及舊之往來相知者或實意仰高或葛藤相絆即以為周程張朱復出而靡然從之甚有為其所迫不得不入者於是門戶之名立矣假道學之手段到此益展矣且其名

利薰心背公忿熾遂復逞制朝紳逼挾台輔夷踞惟其所造
霶泥惟其所置朝中復有一二奸雄彼此借資氣脉相通呼
吸相應以箝天下之口而操黜陟之權於是門户之威熾矣
以故李三才王元翰輩一入其黨而貪可為廉黄克纘史繼
偕輩不入其黨而賢可為不肖在在南之最煽者則于玉立
吴正志丁元薦也在北之最煽者則王圖兄弟也今
一二興波作祟之人既以縮頭而群奔即門户中所礙眼心
悪之人亦已掛冠而歸老忿既洩而不留時亦極而思返臣
願諸臣悉捐往忿而共歸大同也
時徐兆魁被勅回籍

御史過廷訓疏詔旨當信事職掌混淆在言官與大臣合而
為一又在山林之臣與廟堂之臣合而為一大臣冀言官之
助己不得不收為入幕之賓又誤認林下之持議者盡皆公
正發憤之士不得不借為護身之檄林居之臣如于玉立湯
賓尹之貽書長安至今牽連未已而繼之者〻呶〻不休殊
可怪也未薦鄒元標趙南星史孟麟
九月御史李邦華疏銓宰府權逼逐總憲事周起元疏冢臣
蔑旨擅權戀位修怨事俱參趙煥
　時總憲孫瑋與趙煥相左請假回籍
御史湯兆京疏冢卿悖旨專權謹循職糾正并乞賜罷黜以

存臺綱以承嚴譴事參趙煥兆京拜疏即出都門
御史孫居相疏冢宰悖惛擅權掃除異己臺大壞臺僚幾空
仰懇聖明亟賜褫斥以扶正氣以杜亂萌事參趙煥末云方
從哲不由會推經竇躐進竟起吏部侍郎此古今希見之事
世有江陵尚且
周永春亓詩教楚疏貴兒人非瑾儕何妨納媚固寵有科臣
周永春亓詩教為之畫策何攻不破有司廉李養正郭士望
為之布網何筭不周云
吏部尚書趙煥疏聖眷彌隆人言愈惡謹叩闍出城事臣循
例推陞御史致湯兆京李邦華周起元連疏排詆昨孫居相
又本三臣之語及臣疏分剖之詞更為深求曲辭俱出人情

事理之外此猶臺臣也獨怪戶部主事賀烺與周永春相構
足矣年例之事與烺何干而亦隨聲詆訐且將皇上溫旨云
係臣交結内侍得之此其目中殆不知有皇上何有於臣謹
赴午門前叩首前至郊邑伏候嚴譴有旨湯兆京寺遲臆攙
亂已薄罰了孫居相如何又來狂詆姑罰俸一年賀烺出位
狂肆着降一級調外任用鄉還以國事為重着本部司務即
去勉留前來供職其孫振基等俱部推依擬行
給事中李成名疏冢卿經去流禍最深事參趙煥昏憒不明
刻薄成性剛愎執拗敢於蔑旨欺君陰險竟䝉敢於黨同
伐異，

給事中趙興邦疏臺臣機械有餘事奈孫居相昔年朱一桂
剛腸勁氣秉正嫉邪群小力排異己謀推年例當時人情之
惜一桂不減居相之惜三臣云
給事中姚宗文疏敬陳三大臣去位之際以質公評事副院
弘綱之去被言在今日而機動於辛亥之察事辛亥內察舊
冢臣孫丕揚以必斷必行之心惑于在方左右之聽凡言官
之論東林論淮撫者盡加摧折弘綱匡救甚殷因而相左終
留罪案總憲孫瑋之去因勘熊廷弼一事舉動輕率致來群
議復因從風者衆蛇足横添冢宰趙煥之去天下有一種縱
横亂世之人欲立門戶從中得力與從中射利者歸之如市

且謂天下大勢在焉朝馳尺牘夕動要津傳致片言奉如公令諸凡黜陟之事率繇指揮而行止此亂天下之尤者也趙煥継孫丕揚之後能獨凛貞心盡更故轍即無職掌一事亦斷乎不能安其位矣故煥継去而人皆以無蹊徑無門户目之此三臣之槩也如湯兆京今日争論職掌亦似持之有名然辛亥内察時果以御史金明時為應處何不開送堂官以遍商議而逕迎冢宰徑自送单而臺御史遏内計不許過堂此二百年臺規所絶不經見之事兆京力賛成之不聞片言争執是以職掌媢銓部而大壊臺綱者兆京實為戎首近以同官周永春趙興邦盡揚風始復發前隱自念河南道不

能久戀南都公論甚明必難厠足即棘寺榮階可待豈易藏身因借爭職掌以去計策雖工肺肝如見矣

南京給事中黄建中疏群議愈紛事倚門傍戶哆南箕之舌者力能使人去孫丕揚為人眩惑狼狽以去趙煥為人驅迫亦踉蹌以去

南京御史周達疏人臣無可去之義事參湯兆京末云近又有麻僖之去大無人臣禮法此去之不可為訓者也

御史孫居相疏職掌自明南疏復淆事辯南京御史汪有功疏末云臣六年南臺曾未聞如此持議不亦一時奇論乎哉

南京御史王萬祚疏時事不堪再壞事參湯兆京害趙煥害

許弘綱害熊廷弼害呂圖南害韓浚風波畧無寧日結局托
之一逃并叅孫居相賀烺丁元薦于玉立
御史李若星疏陪京兵樞最重事叅黃克纘為沈一貫之私
人李廷機之死友見今曾叅克纘之御史魏雲中者彼趙煥
代克纘報復推轉年例之後克纘之計已遂內樞之想愈濃
同官孫居相與煥单為周庭秋報仇亦未知察耳彼時臣私
計曰蚤晚必有請克纘上者不知是何般人氏臣靜以待之
今不意移文督促並時敦促之疏乃出自南京御史郭一鵾
也同室操戈言路漸輕門戶日分嫌疑日開群議愈棼善類
益推湯兆京去矣孫居相被攻不已亦將去矣一鵾有此舉

臣實惜之

十一月户部郎中李朴疏奸邪科道結黨亂政事事浙江則姚宗文劉廷元等湖廣則吴亮嗣官應震黄彦士等山東則亓詩教等四川則田一甲等四省合為一夥百人合為一心其他如趙興邦等猶不過趨炎附勢之人耳此輩皆可斬也姚宗文等今日叅東林亂政明日叅東林亂政東林又何權勢見作何官耒云科道中如翁憲祥潘之祥等亦深惡其敗群惟有頓足長嘆不為皇上明言若閣部大臣拱手聽命自救不暇誰敢攖其鋒哉

給事中姚宗文趙興邦吴嗣亮官應震亓詩教公疏愉臣陰

謀煽禍苛事叅李朴孫居相欲快貂璫悄僉與當事大臣仇
視衆正之心且殺諫臣以媚大臣殺百餘人以媚一人逞意
横肋溪言滿口云

御史劉廷元疏妖言四起苛事叅李朴内云部臣部臣疏中
如邵輔忠摘李三才之奸秦聚奎舉孫丕揚之失乃足重耳
方今門户分岐議論旁離幾成空國之禍幸言路諸臣正氣
不撓讜言時進今古之公道國家之人才存十一于千百而
陰毒如李朴乃欲以奸邪二字一舉空之若使閣部大臣坐
視不理令群小肆無忌彈誠如朴言柔懦罷軟之極者其何
以任天下之重乱

秦聚奎逆璫時為順天府尹未幾死邵輔忠逢逆璫之
怒獻計殺張國紀黜懿安后奉魏良卿女為后者後與
廷元姚宗文亓詩教等俱入逆案
給事中魏憲祥疏險惡部臣説謊欺君事余懋孳疏部臣開
告密之門挑鉤黨之術事姚宗文疏憸臣貪横奸欺事杜士
全疏憸臣術巧機深事俱叅李朴亓詩教疏奸黨陰謀事叅
李朴
給事中吴亮嗣疏國體日輕事叅李朴剥養喬孫瑋
御史田一甲疏部臣附邪醜正事李徵儀疏悍戾邪臣事黄
彦士疏直發憸臣醜正之謀事俱叅李朴

御史趙廷訓疏職掌溷亂事參李朴與賀烺甘為于玉立鷹
犬　給事中周永春疏臺臣唆使部郎自供甚確事孫居相
嗾使李朴今朴奉旨着議薊居相唆弊者未及何以服人心
而稱法之平乎
戶部郎中李朴疏奸邪科道一味黨同自知難容横口罵詈
事吳亮嗣得銀千兩向吏部孫咢相為私人求美缺也得銀
三千兩為中軍丘垣咨遊擊也宮應震得銀二千兩為原任
遊擊賈志誼推起用田一甲之巡倉贓私千萬也黃彥士之
甘賣衙門也亓詩教之逐驅總憲也姚宗文劉廷元之曲
庇韓敬也趙興邦之力保冢宰也又云如田一甲輩不過

貪財已耳説事已耳結黨已耳祿祿何足比數而又有大奸大邪如亓詩教者衆人宗為主盟凡事聽其指揮一手握定南北之衡兩脚踏轉是非之轂容臣細為臚列以擒此孽耳

戶部右侍郎李汝華疏部臣越職言事大傷國體事叅李朴賀烺

四十二年正月給事中商周祚疏前有賀烺後有李朴不聞潔己奉公修舉職業第以交結近侍擁戴奸邪為捷徑以淆亂國事搏擊言路為首功乃該部議處祇奉出位妄言四字為罪案僅從降調倉臣臚列穢跡部疏紀不始應甚且云出甬叉甬此往彼來是以御史白簡又作部郎應兵名為叅處

跡若鮮嘲出所望於夙負品譽之計臣也
二月御史張銓疏奸人肆言亂政事參李朴當斬罪有四而
大罪尤在密訪一語若東林聚徒講學豈非美事然使其隱
居樂道不干預國家之事誰得而議之頋憲成誠賢者也乃
三書之失畢竟為千古難洗之愆其他高攀龍劉元珍之輩
直節清風超〻塵表臣等方望其蚤晚賜環豈反相阨惟于
玉立以押闔之奸邪竊道學之名目翻雲覆雨暮楚朝秦攪
亂世界不得一日清寧此士類之梟獍東林之蟊賊諸臣交
章之攻何仇乎玉立亦為世道計耳末薦鄒元標趙南星等
户部郎中李朴疏權奸遺害甚烈事浙人姚宗文毛一鷺抵

死殺臣空國之禍起於浙人蓋自甲辰乙巳之間禮部侍郎郭正域發覺舊輔沈一貫之奸一貫恨之又以舊輔沈鯉形已之短一貫又恨之於是捏造妖書羅織無辜而天下人心不平群然交攻矣科臣陳嘉訓臺臣孫居相攻之甚力最後淮撫李三才條陳國事疏攻之尤力一貫奸謀百出於是嗾其姻婭門下士俱攻淮撫浙人主盟黨同伐異排陷正人反覆播弄陰陽變換自捏自傳無所不至以及在廷大小百工無一得免皇上試看昔年論一貫者今日在仕途有幾人浙中正人僅有朱國禎丁元薦劉宗周而浙人不能相容況其他乎

李朴又疏邪臣擅改明旨等事機中機〻有胆外有胆敢以綸音為戲弄之資敢以蛇口附龍文之燄如毛一鷺其人者理屈詞迫強眼伸眉拾人唾餘而不羞妄捏告密而求勝如董廷策其人者殺士媚奸識者方抱風化隱憂而猥言學政之廢弛賄賣科塲識者方訝處分最輕而又尋出路於再議若姚宗文黨類已定汝州之價恐言之則汚齒頰誅之則汚斧鉞尚敢嘵〻問口何其不自招也

南京給事中張篤敬疏言官受辱已極事參李朴

給事中姜性疏參李朴內云如朴者逐臭保李三才中魔依于玉立獻媚宦官挑激宰臣說謊說夢無日無天不謂吏部

起廢濫列其名何怪乎忠良短魑魅現形重貽盛典之羞僉
激人心之憤也
户部郎中李朴疏奸邪科道合夥揑害苛事臣原是論劾奸
貪豈假建言名色豈敢續貂諸賢如改旨勘處之毛一鷺強
揑告密之董廷策混觧聖諭之姚宗文塞責濫竿之李凌雲
挑激排噬之駱駸曾朦朧完局之潘汝禎巧詆皇上之姜性
極言未廢之亓詩教総之號召黨與借端發難虚衍話頭百
般揑造恨臣深耳不然叅臣者幾四十人敢鳴公道者無一
人豈天下人盡死耶
吏部題覆奉旨看議妄言部臣事奉旨李朴逞臆妄言好生

狂肆本當重處姑依擬降三級閑散用
御史駱駸曾疏時事廢弛已極事内廢弃一款惟是蓋世之
雄通神之貲以士夫而甘為游俠之藪以明天子在上而令
人有陪臣執國命之憂斯其人尚可煩補牘乱
御史劉廷元疏原任刑部郎中于玉立依附東林風波翻覆
宜加顯黜以定國是
給事中亓詩教疏今日之争始於門户門户始於東林東林
倡於顧憲成而于玉立附焉憲成自賢玉立自奸賢奸各還
其人而奔競招搖羽翼置之言路爪牙列在諸曹閣通大内
操縱朝權憲成而在寧願見之乱末刺輔臣葉向高

御史吴應琦疏聖母慈恩已布事薦鄧元標并内云傾憸若
于玉立輩姑佚論定適来朝政為玉立輩所擒亂者不少今
抨彈四及身無完膚萬一遇與籍援丹壓薦牘則薰蕕雜集必
起皇上之疑而忠良從此永錮彼玉立之破甑不足顧也而
諸臣之槩遭禁錮者不大可惜乎
御史駱駸曾疏國事紛紜已極事皇上與大臣合而惟言官
是憎英雄之棘手今雖脾内復生而其眈眈虎視者意猶未
已陽翟之大賈頃雖萬弩齊發而其皇皇載贄者不捲不休
適近習以為輿援倚南逆以為地主奚止燃既冷之灰令夜
行者如故且欲張滔天之網謂此輩皆濁流是在野之臣與

在朝之臣合而惟言官是憎也
御史韓浚疏邪僻司臣逞臆惑衆壞學術搆黨禍事參劉宗
周
南京御史孫光裕疏通年邵輔忠秦聚奎一言九鼎世道實
嘉賴之有如傍人門戶襲人口吻伏機埋井為此邪害正者
佐鬭而加焰焉則言之大賊也若近日行人劉宗周以奸黨
立論不善為東林解嘲而隱然欲借東林以為倒翻公議之
地則巧於為剚養禍者也熊廷弼自廷弼崑宣自崑宣其不
可牽而合之也明甚東林與崑宣自為水火與救廷弼者風
馬牛不相及其不可牽而合之也亦明甚在崑宣一綫既斷

為不燃之灰在李三才王圖百足不僵衍但為將續之焰善
黨者宜何擇焉矧當途貴人山中盟主呼吸相通炙手可熱
者乃不比之黨而黨及於身名俱毀衆共詬弃之人有是理
乎宗周名為東林非知東林者也有本之學必不因人而重
謂顧憲成死而學脉益微將東林遽不足重欲自高攀龍而
外從事學問如臣所知皎皎名流屈指可數而推崇不及是
皆無預於東林者欲不然攀龍何以稱最賢也一則曰憲成既
沒押主夏盟尊之為祭酒一說也一則曰淮撫之爰書誰人
贊畫金吾之謗讟誰為轉寄京察之搆陷誰為經營攀龍當
自知也又一說也據宗周為東林分罪者曰欲罪天下作貪

之口以定天下之罪案此必非無據之說夫亦貪之口惟王紹徽劉國縉朱一桂喬應甲徐兆魁為最甚数年罪案竟由東林而定歟然則数年以来為貪撫報仇顛倒是非把持朝政藉輿援以神其用羙毫寧以行其私洵東林之罪歟雖然此不可槩為東林罪也必有人焉內運籌而外折衝借東林以攪亂天下如于玉立丁元薦縱橫馳騖屢經彈破人人知其為戎首而宗周所臭味而亟稱之者首揭攀龍若與之同日而論何數概東林而抹殺之則好脩者蒙詬東林不服槩有罪而假借之則敗群者托足東林亦不服聽宗周分別流品孰有罪孰無罪明白一番俾靜脩姱節之賢猶得超然保

全令名以遂其誦詩讀書之樂豈不有稗乱臣區區忠計竊歎為東林一淵寬也更有進於是願亟用東林除可疑者姑俟論定餘不過數人而壇坫之席已空擁戴之口已塞尚何左右袒之紛紛乎又因東林而推廣之海內濟濟高賢不下百輩願亟為起用如鄒元標趙南星不與憲成鼎立為三者乎彼何以藎類若冷此何以趨附若狂無乃實非尊東林托足東林為命者乎宗周雅有時譽臣所屬望厝足不定臣甚惜之辛亥京察舍賄僕倫單之胡忻而處貞亮之王紹徽舍窮奸極穢之史記事而處剛直之劉國縉喬應甲至今遺恨云

王紹徽於逆璫用事時躐少卿一年擢為冢宰周喬應甲撫陝欲盡殺異己者而應甲貪穢異常為逆璫所弃并罷紹徽徐兆魁則以嚇詐李皇親為逆璫所逐劉國縉朱一桂與光裕俱以前死不及事逆璫當亦光裕遺恨中之一也

四月給事中亓詩教疏去歲十月李誌改吏部右侍郎矣今年二月鄭繼之改吏部尚書矣近又推孫慎行為吏部右侍郎即報一傳紛紛疑說一則曰啟事或然一則曰恐出當路意一則曰代庖者急欲弛担耳竊恐為慎行誠善矣其於銓政則可惜當時無有出一言糾正者獨臺臣柯過廷訓申明職

掌疏内有欽點李誌尚未到任何以忽推慎行等語久之慎行復為禮部左侍郎之推倘亦不愜于心乎夫慎行一人耳實攝寅清而猶虛跨其左懸推少宰而更遲制其右形跡所在賢者避焉不慎稹行難於自處即處慎行者亦未暇深思矣

時署吏部事者兵部尚書王象乾也孫正人也彼黨豈容入佐銓乎自此王亦不得安其位矣

御史張五典疏會推詞臣原循舊例事駁亓詩教内云吏部舊有詞臣一員原以資俸推舉即鄭繼之李誌視事不能禁孫慎行之比推也

御史駱駸曾疏參王象乾李時華內云烏江以北的是播地當時為督臣而經理新疆者象乾也為按臣而查勘爭界者時華也贏金寶而輕擲山河昵犬羊而忍悖君父至今為東南莫大之憂誰階之厲也

播地事詳七卷言者借以逐王故維州故案非真從播州起見也

給事中姜性疏參王象乾李時華

八月御劉光復疏罔卿清秩事參文選郎中張養才不宜推補

李維禎為南京太僕少卿

劉光復又疏選郎翰情來悉樞臣遮飾非禮事參張養才王

象乾
給事中劉文炳疏選郎叢議頗多事參張養才又云王紹徽朱一桂劉國縉等忠肝義胆正色昌言固一時臺省之選被群奸側目或擠之於外或陷之以察其受誣不淺今公道大明正當遷擢內轉以風勵世道若之何寥寥無聞
御史陳一元疏邪險科臣逆口狂噬事參劉文炳每揚言語人吾剪東林羽翼是何言歟文炳居喪挾妓飲酒與盧博士爭風爲無人理之人故羅織鍛煉戕天理昧王法以加之臣云
給事中劉文炳疏邪媚憸臣事再參陳一元

南京御史吳良輔疏劉文炳當世直臣也一疏而彈徐縉芳陳一元劉策李若星若而人再疏而彈李禎張養才蔡毅中張文元焦竑若而人其他齒類之所旁侵毫端之所波及觸繫桑之車而迎破竹之办者又不在正數嗟乎人品砥礪實難摧折甚易他山之石雖可攻玉黄臺之瓜不堪抱蔓彼清修如策雅望如竑猶遭譏刺世寧復有完人養才智畧有聞文炳嚄唶可畏臣今出此疏必將有以中臣然進退人才非一家私事臣亦將此段議論質之天下後世知我罪我總不較也

南京御史孫光裕疏冢宰鄭繼之此一出必且開誠布公以

散門戸之私辛亥内計莫公於南察而污蠛之横加莫謬於北察而回護之未已至於湯兆京坐金明時以要挾堂了爭史青衣小帽部堂畫招同臺羞死千古怪事功郎王宗賢當日何以代為傳單不一致詰是否要挾為王圖報仇乞敕下廷議根究正法并着為令以為敗壊察典者之戒又臺臣劉策代人致辯加臣以奸黨之鋒飽應鰲當日實奉淮撫盟約欲盡除異己淮撫奸雄近日無兩呼吸可通禁闥財力能役鬼神應鰲與黄正賓刻徳政之頌詩泛通州之遠駕踪跡詭秘意欲何為于玉立之後以應鰲為後身汪宗孝之後以吴鯤為後身乃反以奸黨加人耶

鄭繼之楚人也時楚方與浙齊合故掖縣去而特擁戴鄭
繼其位鄭之烈焰較掖縣爲更甚矣　辛亥南計南少卿
史繼偕爲政凡東林必無與北計背馳故疏中云云
御史劉策疏科臣挾權持衆等事劉文炳不過假四明之餘
威弄繼桑之烈焰爲湯韓効首功四明作後勁耳文炳行取
時乞竿牘於名流考選時作四明爲奥主線索提於錢屬之
手彈文出於奸雄之唾人知文炳所驅逐者不知文炳所擁
戴者新參冰與援久倚爲護身之符人知文炳所參劾者張
養才不知文炳所推轂者胡來朝同鄉契密欲借爲應手之
具謂非湯韓之契何以獨用其法而代爲之剚刃又何怪其

以清正之品而目之為豺狼以李成梁之家法而津津不置

也繼之士大夫人品千態萬狀不過邪正兩路千塗萬轍不

過德四明歸德一派在盛世則為臯夔稷契在末世則為

頤廚俊及即天之日星地之河岳也四明一派在唐虞則為

共工驩兜在叔季則莽操溫懿即天之妖孛地之厲鬼也文

炳輩不過向火附炎苟圖一時之富貴耳豈計及千萬世之

清議可畏哉

給事中亓詩教疏孫慎行既未顯被乎人言又方適值乎聖

斷何所見而營營兩部漫任其任何所聞而悖悖一朝竟恣

其去此等舉動真足駭人猶寬切責之辭尚假優容之詔不

司臣王大智欲遮掩前局之非承訛襲舛蒙蔽冢宰以舊章藉口豈欲於前旨之外另尋舊章乎煥在部風節不足以抗中涓聰明不足以燭奸竇其阻呂圖南之學差公議不容獨以例推孫振基王時熙為時所喜細繹所以喜之之故真謂根基等攻韓敬繼又摘及熊廷弼耳除時忌以求悅人情悖明例而快謀私室煥之工於獵譽正其短於持衡者也夫吏部豈能不諮訪而知天下之人才不謀之院科勢必謀之權要巧以闘捷險而肆鼇鄭繼之何不畜慮而防其漸乎行取張光房等五人幾經推敲臨時被斥讒說譸張舉動悚謬既亂國是復卑政體不先詢於輿論而决策於昏司　縣前一事

遺弃院科決裂舊章何其勇縣後一事遵奉私單慢無主持
何其怯臣恐天下後世有以窺冢宰也
御史劉光復疏壹垣之人寺事年来于玉立李三才逞其伎
倆煽亂人心幻術通天氣焰蓋世柔者奉之若神怯者畏之
如虎翻謀世界兆端已見即老成歷練亦有客輸款誠以圖
遠大富貴者彼候命諸臣寧無一二脚跟不定者乎
御史唐世濟疏議論日蔓國事愈淆事自李朴啟皇上以告
密之門羅織臺者而孫居相以臺省公單為告密而欲盡癈
之同心同德之言其同聲相應先後若出一口如此至李瑾
疏參王大智稍涉於苛蓋大智拙於諧俗勇於有為宜諸臣

痛疾之也
御史孫居相疏臺臣自循職守事唐世濟代王大智解嘲於
私揭可以觀心術於代辯可以觀人品而臺風紀為掃地矣
臣知世濟黨與衆多凡出揭者必皆將出疏者也
吏科都給事中李瑾疏唐世濟蹙候命之五人討同臺之三
人而於臣之循例糾銓弊者亦費心推敲不知於監察之義
何居臣於奸輔沈一貫之濫殺楚宗則追論之不置於貪撫
李三才之欺世盜名則劾論之最先如虛憍好事之于玉立
丁元薦則劾其名如奸弊顯著之王大智則糾其實若世濟
雅自負者退居數年一出而議論作用僅如此也臣且為世

濟惜之至考選一事近見科臣于詩教疏中吏部二失之説
甚正并乞發諭歸結以收人才以息紛爭
御史李徵儀疏考選原採公評事年來奸人之雄糾連黨與
考選一途尤其精神所注彼輕剽浮露訾議叢集永斷臺省
之夢者曲意招徠多方營布必欲署之言路而後已既蒙非
望之福必聯生死之交且其魔術通神逢人便有倒翻清議
吠傷善類空國之禍可為寒心
御史劉光復疏公議年例考選以平輿情事數年來于玉立
李三才遥執朝權指揮徒隸幾於翻天覆地世界有不測之
憂考選張光房等五臣有議究其所議曰有心孫居相亦自

有心試者馳騁天衢者何嘗非于李之心交泥淪海底者何嘗非于李所屬意吏部無一不奉行于李所切齒吏部無一敢言及

御史唐世濟疏臺臣理升詞謬事孫居相投款於東林賣身于淮撫屢經科臣周永春趙興邦等前後摘發數其詭穢業已身無完膚乃塗面充耳寘不為動不復知人間有廉恥二字因列其升錯十二款

御史李徵儀疏臺臣神情錯亂等事叅孫居相

給事中姚宗文疏直剖紛紜之論等事暗刺孫居相

給事中姚若水疏驕虜要挾無已督臣賄媚非策事御史劉

光復疏督臣避難躁進飾說欺君事御史劉廷元疏皇言閩

係甚大疆邊督撫候代事俱參宣大總督徐宗濬

王象乾罷位宗濬代為本兵故交章逐之

御史馬孟禎疏銓政屢見失平事近外推張鍵宋槃不過議

論不投時耳若潘之祥止是疏論熊廷弼而張篤敬則力發

韓敬科場關節者以熊廷弼一事業經逐出一掌院外轉兩

科道是亦不可以己手而睚眦必報更介介於之祥必至

相剪無遺亦太甚矣

給事中官應震疏敬陳用人之誤事薦二紹薇喬應甲劉國

縉秦聚奎等末云年來議論之多一味偏辭相和相應前茅

作俑豎知後勁之徐來異議叢生定是同流之數輩至於稱
引動及沈韓如出一口
御史潘汝禎疏起復諸臣事唐世濟論事論人卓識勁骨赫
々西臺云
逆賢時汝禎官浙江巡撫首疏建造逆祠媚骨蓋素具耶
十二月南京太僕寺少卿葉茂才疏臺臣護奸寺事參唐世
濟
給事中官應震疏國事方明旁囂突起事參葉茂才內云非
在朝而情窮於理屈者陰為之嗾則在野而羽折於計盡者
湯為之驅十數年來一二不肖借特講學之名號召徒衆外

資氣魄於李三才內借威福於葉向高附之則生羽毛逆之則成瘡痏以故一見於王紹徽等之被察再見於熊廷弼之被勘正其戲弄手段以恐嚇天下之不為東林者耳已見屈屈李朴今復求伸於茂才云

御史柯廷訓疏參吏部員外鮑應鼇一生亦雅勵清節乃熱中銓部致被人言近日風聞藉藉與于玉立諸人結心腹而効奔走倘人言果真則應鼇深為可惜豈其初念至是或亦相激使然

四十三年二月御史朱階疏歲序更新等內云賜環無期賢奸同滯若輩不堪伎養於是號召黨類旗鼓自雄凡巧營躁

進有才無骨之徒爭為奔走此附君子以橫張小人之焰彼
汲小人以游揚君子之聲即一二老成亦不免波累矣又凃
宗濬既封貢之不効宜去留之蚤決方從哲心維賀木事多
摸稜即古稱三旨宰相且恐無當耳
御史李養志疏感時觸事事參考功員外趙國琦
御史金汝諧疏天下亂形已成事參趙國琦內云陰躁如高
攀龍于玉立應斥并參李三才凃宗濬
給事中吳亮嗣疏聾瞶考功是非顛倒事參考功郎中董應
舉覆疏黨護賓子偁　時賓官福建布政使
先是福建巡撫李凌雲疏劾賓子偁內云東林講學倚藉

立名每對人云某是我同志不見會推不預又改口云京
師相知書來謂我東林之人故甫推抑其實我何曾預其
反覆有如此者
吏科都給事中李瓚疏選郎扶同逞臆并事三衙門有年例
外轉之規有酌升內外之規兩規截然原不相混向皆遵守
亦無敢亂自是臺省考滿者盡行內推吏部以黜陟自操故
將員外主事有議者槩轉藩臬以充年例至三十六年該部
題奉明旨年例係祖宗舊制所宜遵行以後院科官着從公
擬議協贊其斟酌主持自是爾部職掌不得侵越欽此夫明
旨顯然今豈容背之本月十三日文選郎中胡來朝過臣寓

默坐良久言及年例若遵旨擬議臣詰之來朝云今春要舉
臣應曰貴衙門要用誰請說明便好從公參酌可否即畢日
有議亦不敢避來朝絕不指名但空言餂臣云待有人再來
議迨本日晚見報其年例本已上矣除兩臺臣係都察院曾
否協贊臣不宜與聞惟科臣張國儒即該部曾陪推少詹者
從來未陪者正之漸陪內者即正之基無論內推外推該部
突自矛盾但臣科既奉擬議協贊之旨來朝乃一面餂臣一
面自用如此機械變詐豈堪列於君子之林在尚書鄭繼
之僅以曲謹獵高官殆以衰殘圖宮保老悖偏闇典故曾聞
謝過尚不知悛已無望稱統均之任矣胡來朝守官既惛於

舊章當局又敢於任意扶同專擅衡鑑謂何
時年推兵科都給事中張國儒御史馬孟禎徐良彦外任
御史劉光復疏糾臣心術奸險朋邪醜正事李瑾爭內爭外
祇衛門一己私情不関國運消長擬議協贊乃近日調停化
筆原非畫一皇言胡來朝例推此舉謂非捐軀報國貫日丹
心不可也臣方自愧不及當於古人中求之以小人相加不
與捐真德秀為真小人者較然一轍乎惡計得行善不留種
正宜三禩之法以慰清四海之心
擬協贊之旨係福所禀故云
御史王雅量疏年例不必起議等事參李瑾及于玉立李三

才
文選郎中胡来朝疏例轉原合明旨事稱李瑾疏言此畨例
轉皆當世隨手風雨遍身鱗甲之人
御史牟志夔金汝階各疏參李瑾借事發端為驅邪之計
御史劉光復再疏盡忠竭節付功名於度外誓九死以不移
惟胡来朝堪稱此語臣平生心服者鄭繼之之擊王元翰與
来朝此舉臣於来朝服之切自於瑾疾之深
都給事中李瑾再疏銓郎特勢妄就臺臣阿權蔑旨事鄭繼
之不辯引疾但謂從輿論不違時宜終是胸中障蔽未撤宜
其一迫於副郎再迫於正郎而一分不能止也乃胡来朝固

冒險而出者輒恃首足之扶劉光復曾失口持平者輒希先鋒之功末云自戊申以後以地限人庚戌以後以地分人故斷脉一說種不祥之禍辛亥一察起不平之鳴林下特廟堂之權佻巧多躍治之司臣誠深慮而深恨之

郎中胡來朝再疏例轉疏辯已明事李瑾雖亮巧亦有良心助蘭之例轉成三十年來間有之事張國儒治行亦三十年來間之人以間有之事湊合間有之人何不可也

給事中李瑾有疏胡來朝強口分噬巧語惑衆亂典制而破成規罪固不可掩矣乃劉光復護短植門怙不知恥迭倿逞鋒全不理論皇上以黜陟之權付吏部糾劾之柄屬臺省

歆其兩相持非其歆兩相庇也今司黜陟者明悖成憲反
倚勢肆淩而箝制糾之官司糾劾者不恤大體反倒柄授人
而代張黜陟之威如是變體從來未有之事惟冀復本念不
道謂靠身吏部便可免推年例安心巡方兩浙挨到明年
又可攫掌河南道印主張京察穩步京堂件〻稱心胥此一
著階獨恨臣不倚不隨之人在此礙眼故必欲擠之使去耳
御史劉光復又疏攙臣所聞舉朝之歡呼稱快勿論即就中
諸臣會晤皆曰選郎真豪傑真忠〻未易幾及又曰長垣多
此一番舉動壞吾衙門體面即與李瓘相知者亦無不謂失
又瓘與唐世濟搆臣公言釋手以來世濟首疏又云當事者將

為醜正惡真乎凜凜清議煌煌史筆逃斧鉞之誅錢策清
勁世所希覯而瑾則為臧名義以圖續貂波言官以寓箝制
狂躁狡猾真世道人心之一变也朝當日出部即次日杜
門猶有羞惡之萌瑾應知追悔駟不及舌矣歸去閉閣思過
將來從正可期臣姑抑鋒止銳與以遷善自新因緣重逢復
敦舊好臣為君為友之心庶兩不孤矣

錢策官南京兵部助攻淮撫者

郎中胡來朝又疏擬議協贊之旨是秉國成者調停兩袒伏
乞敕下廷議作何斟酌政体人情至於予當以便相守不然
每年例轉每年爭辯流禍何窮之有

御史劉光復又疏都垣例轉猶從來之所有要挾問罪則亘古之所無破格失体亦云極矣璡何以當年寂如寒蟬而今則闞如虓虎也臣智計遠不逮璡獨觀心認理觸處逢源成敗利鈍所不敢必流行坎止則臣籌之熟矣非璡所能知也璡欲悟此猶須面壁數年非口舌所能妄爭云

御史李養志疏參李璡肆無忌憚趙國琦作弊行私

南京御史孫光裕疏年例屢閱堪嗟事李璡此爭蓋為自己地恐非所以為人地尤非所以為國家地也自擁戴合謀私人効命黨代忠良有同爪摘迨二十貫錢至倒翻趙煥不難拚一官竭力主持而閔然借職掌題目奮力驅除今沿為故

智一畨年例一畨争端威焰所以當事惟束手屏息誰肯赤
心任事國家澄清世道哉
御史李嵩疏天下不宜朧玩事内上道如喬應甲王紹徽諸
人要不可與于玉立段然同類而共弃云
三月御史金汝諧疏葉茂才僅東林委瑣之徒耳乃無故突
出言官護奸一疏無疾而呻已經科臣連章糾正之而一疏
不已繼以一揭動止四明崑宣韓熊為題目長安喧傳謂茂
才代奸黨出死力不意李朴賀烺之後又有若人之混淆國
家者何以儆官邪耶
御史牟志夔疏沈正宗構隙王紹徽鄭繼芳賴科臣朱一桂倡

倡言糾駁選郎朱光祚恰當例轉之時一桂遂不免此辛亥十月間事也居家種〻惡狀嘖有煩言吳茂才昏庸無恥陰賊可畏當狂瀾甫定之時為背城借一之計臺臣唐世濟一疏意在息囂猶包藏禍心啜〻以逞既經參駁尚發一抄轉換支吾山鬼之伎倆已窮含沙之毒螫未已留都重地豈容厠此憸壬以玷華秩若正宗光祚茂才三臣並宜褫斥以儆官邪

四月給事中亓詩教疏軍國安危事〻涂宗濬應放回籍不宜至國門近復傳聞有偏黨之徒病狂之輩為驚心于年例故發難於銓曹將秉紛擾之秋悤〻掃除之著一網打盡恬不

整道若逆以待宗濬之來者衆〻則機會一投無之不可天下事直拱手授之耳且皇上亦習知近日之人情矣每一大臣進疾走前趨爭獻首功者往〻有之到如宗濬狡猾多營招搖不避一登樞筦便據高墉衆惡所歸下流猶甚階之爲厲將有不忍言者

御史金汝諧疏曰擊時艱事參李瑾涂宗濬

給事中官應震疏堂黨情隔魚水交疎召對不行疏揭罔効輔臣方從哲以進不得関其忠退不得行其志亦思以一去謝天下乃陛下虛衍套數雖曰簡發實徒托之空言也恩禮衰薄大義斬然即於輔臣且角矣若孟一脈雖己推副院乎

而縱子橫行公論難容荊州後雖已推少司寇手而掩敗為功兩目俱瞽相應賜玦以恤大臣之私仍敕另推以補部院之缺若尚書之推李汝華李誌侍郎之推史繼偕丘度俱請亟下明綸敦催到任即以李三才大奸大貪今古罕儷宵小黨護交口清流而當先摘貪狀為郢輔忠徐兆魁錢策已而王三善挺身請勘假令不待今日之勘而發勘於當時將海內賢奸一筆判斷於今五六年內三才或有悛心今三才敗露極矣東林理學強半虛名砥節嫉飆一二止耳方其盛時縉紳為主而諸生旁助之今稍替則諸生為主而縉紳陰使之之方其盛時志得意滿其氣洪洪以其惡亦浮如猰貐虎豹張

牙鋸齒可畏亦或可避今稍替於奸謀譎計其意深故其惡亦深如魑魅魍魎潛踪匿跡可畏而竟不可測今日謀人屋明日謀人田今日戕僧舍明日占尼庵人人自危在在震恐閭有一縉紳杜門著書不入其黨獻春鄉飲之時此紳全無赴意而諸生夜聚蜂擁其門以阻其出短衫短棍提壺酬飲讙呶若雷黄昏而來天曙乃散似此景象幾成羅剎鬼國矣獨計縉紳嗾使以惡廟堂之見棄而洩忿於鄉邑者又似處傷數年之体面而故為肆詈以逞者何不廉察渠魁痛加懲創以為植黨恣睢者之戒而就中一二修士仍舉以登庸以消其憤懣不平之心而殺其披猖無忌之勢斯亦維風大

機括也至于國事本明人心變多惑在差而甘心於吏部則南北之交章互證不得以一人偏見而發大難之端惑在籍而思擁戴手新換則大國之謀國自符不得以議舟片言而阻同心之濟云

錫山有憲副某者素不齒於士林其尊人懸一聯於堂中云子以官高欺乃父媳因夫貴傲其姑則其人可知矣適是春縣令延憲副為鄉飲大賓馬文忠為諸生倡者議曰以此人應飲是導天下以逆也若出當聚衆公討之是夜集同儕以候憲副遂不敢出憲副曾督學楚中而官故楚人故疏及之

給事中亓詩教疏樞臣欺罔奸貪等事再參涂宗濬
給事中劉文炳疏奸罔捐廌傍户惑世欺君乞賜處分以重
言路事御史劉光復疏憸壬背主報復乞賜究処事俱參葉
茂才
御史李養志疏科臣轉換支吾事參李瑾
御史劉廷元疏是非自有定衡事參李瑾葉茂才
御史金汝諧疏邦禁関禁甚重憸壬不堪濫竽事參荊州後
御史熊化疏老悖撫臣事參陳薦并刺葉茂才李瑾薦徐兆
魁邵輔忠
吏部郎中胡來朝疏君恩未報事邇年賢奸倒置清議溷淆

一時清議之臣如邵輔忠徐兆魁王紹徽喬應甲朱一桂劉
國縉錢策等竭力攻邪折之愈奮當死黨朋結之日海内誦
德之時能獨見獨行義不反顧夫人孰不願富貴乎如數臣
者亦已見矣乃擯弃流落以至於此則天下之清議不久誣
乎臣堂官雅欲進用第言在事日淺不及舉行今死不瞑目
夫忠讜難得人壽幾何及今召還不次擢用猶病其晚況在
不可知之數乎此外公議久屬者秦聚奎伏義上疏開合朝
不敢開之口徐大化渾身是胆制諂人不敢制之奸皇上可
靳非常之乎
後逆賢擅政邵輔忠等或積[illegible]逆謀或擁戴獻媚而徐兆

時徐大化又皆以貪婪為逆璫所逐所謂極力攻邪渾身是胆者果安在也嗟乎使輔忠等不過逆賢是斲斧初襲謙恭之譽而竭胡自謂赤心之忠也真奸真邪安得秦鏡而炤之

給事中姚宗文疏言路空乏事薦徐兆魁王紹徽秦聚奎徐大化

五月御史楊州鶴疏符寶重地事參尚寶卿許維新内云初借東林以自潤究將與葉茂才等同肆蛇蝎中傷善類云

南京給事中黃建中疏同臣總言熒聽事參葉茂才假途於東林托宿於道學遂執朝權旁撓國事今抱頭鼠竄而猶放

言無忌如此懇乞聖斷亟正其狂逞之罪毋使竊建言之虚名而為終南之捷徑云

吏部尚書鄭繼之題欽奉聖諭事遵將推升過年例轉升道給事中何士晋升浙江驛傳道張鍵升陝西臨鞏兵備張國儒升寧前兵備御史鄧渼升山東水利道潘之祥升江西兵備馬孟禎升廣東海道徐良彦升福建福寧兵備先因何士晋未奉俞旨續經另推胡世賞在任合無將何士晋填補督粮道程褱欽加右參議職銜有旨張鍵等俱照原擬無更何乃何士晋又狥私借言擅行升改職級顯是市恩違旨堂上官姑免究該司官蔣一驄罰俸半年何士晋還照原擬地方

職銜前去任事不許加升胡世賞另擬地方與他其餘依擬

八月吏科署科事右給事中韓光祐揭六垣之人例推究舉

事掌河南道印御史徐飛量揭年例雖不可廢職掌確當預

聞事但為年例推升科道梅之煥李若星張　不與相聞

十月御史朱階疏寶曆新頒事涂宗濬昔年聞召即赴恨不

一蹴登司馬之堂攘其印而懸之肘後今次且境上眷留溫

旨溢至十數而不止若人言無一足據而本兵決不可少此

人者前此叢有顯掛彈章躐制府而覥顏自若者今又揭

宗濬為標不將令荊州俊吳用先輩接踵八頑鈍之場也

宗濬隨乞休得旨回籍

十一月南京右都御史蔡應科疏內云人本無邪心祇有一言未軌於道而揣摩以闢之者輙指之曰邪本無黨附祇有建白偶未協於衆議而揣摩以闢之者輙指為門户中人曰奸黨凡若此者皆非也末云臣不識忌諱頗有傷時之語覩者或以為狂妄則臣應認罪云

給事中姜性疏奉差往閩事縉紳者諸士之倡也乃有虛獵名而挾妓以居喪官宮詹而販海以年富直指復命地方人才有舉無刺而御官中每有托泉石以為高覬燼灰之復燃因而把持官府魚肉小民甚至遥制朝權燴亂清議宜著為令廉其敗行蔑干法紀之尤衆敝一二以挽頹風而警虛焰

非渺小也

四十四年二月起改史繼偕為吏部右侍郎起升徐兆魁為太僕寺少卿　二疏同日旨下

御史楊鶴疏時艱需人等事辛亥京察東南半壁遙執朝權百足之蟲為之内應即名德老成亦墮其術中挑之以假書激之以阻撓二三正人一網打盡於是掃門入幕新資實有人焉黨邪害正托羅吉之腹心有蘇張之鱗甲也今轉眼明春又京察之期矣幸而群陰少息世界清明然伏莽之戎睨〻虎視實煩有徒而英雄辣手且近在肘腋之間安知無秉間竊發者途徑不一則議論不清京察之事主持有在吏部

與都察院然不過受成事於臺省主計之人與考功郎是三人者不可不簽定也科臣李瓘負宿時名一入吏垣鴞張盡露且被人言踵至破例奉差而出無再入掖垣之理嘗少清卿亦何負於瓘似不必停推而首垣之缺急應轉資望相應者以司內計臣銜門中堪當事任者固不乏人而考功郎尚未有屬勿如昔年倉皇之際舉棋不定任用非人掃除驅逐拱手以聽他人之指使而後事一切卸責語人曰我不能是可為殷鑒也此君子小人進退之關世道消長所繫臣故敢并及之

給事中歸子顧疏起廢一事奉詔以後銓推俞補者曾無一

二甚至以十五年恬退之人梁素嘗之席未煖一封馳進便作逐臣近日部推楊東明趙南星等不過現缺塡補亦未蒙黜用是退君子何其易進君子何其難蓋天下不患無君子亦不患有小人惟以小人而托宿於君子為患最大夫小人而托小人之名淺則冒君子以攻君子深則責君子以攻君子於是門戶之名日起玄黄之戰幾危社稷幸賴朝端正人不難以死生去就爭之目今正氣漸升邪鋒稍斂彼中有君子誤入其黨者亦多覺悟從〻自引出矣柰何有大惑不解如劉宗周者借名發端如丁元薦者得以窺跡其間日夜思逞其嗜進無恥之李謀而變詐其黨邪害正之深謀薰猶交

溷於山林曳跡相覬於岩壑以故竟邪如元薦猶曉曉托名
於學道氣節以凌人然則李朴涂一榛輩亦道學耶氣節耶
元薦猶以無骨無識等語欲招回反正之君子而復納之坑
塹中彼所謂有骨有識者意在指其中一二以權譎財力自
雄能遥執朝權把持有司干撓考選計典之流當時壬人壘
吏競聚此窟用以剪蘭逐臭從來久矣末刺吴道南云近日
削名假元大傷國体之人有言亦彼藥籠中物嗟乎叢奸藪
垢實煩有徒識鑒安骨力固如是耶

恬退奉旨指吏孟麟以疏救劉光復降謫

八月給事中亓詩教疏愚臣憂戚明危事譸張作祟矜躍治

之爲奇雖小臣亦然推諉成風章模稜之無恙雖大臣亦爾居一官似乎奉公營職畢竟從躲閃處藏身當一時似乎正色秉公還須向調停中下手末叅翁正春荊州俊汪應蛟十二月給事中歸子顧既時事乖異事年來災異洊臻上下偷安紀綱大壞議論紛張雖清議漸明而伏莽猶思蠢動自罷撫一經聖斷而國事愈定群邪喪胆撓亂計典明旨有赫近聞其黨餘有自知不免思闖入國門以陰縱奸謀者矣有聽人指使潛住京師廣布流言有有夙負訾議不耐跧伏忽欻突来而設謀一逞者矣有匿名傳書簧鼓妖言而肆無忌憚者矣有顯掀私揭或騁飛章將涸銀臺者矣長安藉藉不

一総属撓亂云

丙辰假元

萬曆四十四年二月命大學士吳道南禮部尚書劉楚先為
會試主考官取中舉人沈同和等三百五十名
是科會塲吏科韓光祐取沈同和為本房首巻分属副主
考劉楚先総裁工科徐紹吉取董廷對為本房首巻分属正
主考吳道南総裁吳已許廷對為第一劉復許沈為第一
以光祐為首垣紹吉當讓二主考又公閱沈同和巻稱好
遂定同和為第一　同和吳江人中丞沈季文之子以蔭
入太學從來蔭生於地方公事列在諸孝廉内而孝廉

趙鳴陽輒擯斥之不容同事沈無如之何乃托親友調停延趙館穀其家稱師友既而兩人交最歡也及是沈營謀與趙夾號趙實代筆焉榜出都下大譁臺省交章論劾奉旨覆試沈竟日不能完篇乃與趙同革去舉人沈遣戍趙名在第六長安為之語曰丙辰會録斷幺絶六　韓光祐聞人言藉甚呼同和至寓曰兒子有文求改竄遂閉之書室中及暮不成一字韓擲硯於地曰我功名為汝敗矣是科場圍中有鯉魚見説者謂文運污穢之應果有沈同和之事　一云沈未嘗承蔭當是孝廉時事

三月給事中韓光祐疏簡舉事本房所取首卷沈同和開榜

後聞人言其多抄舊文三月初二日劉楚先以刻文二篇對
示與同和原卷相對方知果用舊文謹據實簡舉伏乞敕下
部科查核定奪庶臣之心迹明而國家取士之典不致以誤
成罪矣
大學士吳道南禮部尚書劉楚先疏簡舉事第一名沈同和
抄用舊文倖中元卷無怪人言之嘖嘖也謹合行簡舉乞敕下
禮部查舉人卷用舊之作何議處容臣勉完試録進呈另疏
自陳以待罷黜
給事中姚永濟疏沈同和卷房考韓光祜原擬可中不擬第
一副考劉楚先見擊節遂以為非第一不可正考吳道南

何不一斂加較閱何不酌之同考而先批取冠多士後乃出以
示人至本生道路籍籍有謂三場無一篇不抄者有謂其巧
藏非搜簡可到者繕寫之鄉人名姓遍傳燕市宣城之負友
冤魂猶結於重泉
御史薛貞疏元卷蹈襲舊文士子閧然沸議等事朱階疏元
卷物議沸騰等事俱參沈同和賄買今中試第六名趙鳴陽
編同號舍
禮部尚書劉楚先疏科臣韓光祜係易四房分屬於臣其所
取從字四號擬作本房首卷臣將二十房首卷一齊送與輔
臣當晚輔臣語臣云細閱二十房首卷惟易四房為最次日

即批取冠多士傳示於臣又次日復與臣数次翻閱又約四
科臣互觀並無一人知其為舊文
大學士吴道南疏科臣姚永濟疏論沈同和責備臣等初同
和之卷閱房考傳看亦皆言好特請四科臣於聚奎堂中同
劉楚先出数卷與看皆云無如此卷然後批定若舊文則非
臣之所能逆料也
給事中徐紹吉揭直述定取元卷事二月二十四日二主考
遣人請職四人至聚奎堂以易四房南卷相視二主考業有
摠批内有為國家得人慶取魁多士之句第見其主於平滿
而無迴人處但可中不可元即高聲向二主考云會元要服

二

人二亢先生俱不為吳老先生云上科榜首係貴衙門職隨
云此須論文章好歹不可論衙門元卷批定在前出以相示在
後此當日場中實録一字不敢欺罔
禮部署部事左侍郎何宗彥題會榜首卷訾議日煩事奉旨
這元卷既有人言依議會同科道官從公覆試定奪
禮部等衙門署部事左侍郎何宗彥等疏會榜首卷事本月
十一日黎明赴午門前將聽考舉人沈同和備細搜簡隨候
內閣公同出題覆試臣等復加監視本生自辰至未止作文
一篇粗知文義僅免曳白再三托病求出及叩孟子易經題
全不記憶仍細簡本生場中試卷第三篇第五篇真草與第

俱参係

六名趙鳴陽草稿盡同止有数語稍異其餘俱係舊文查得本生與鳴陽三場同號文又雷同顯俱奸弊臣等考問編號書手周洪基黄成俱已吐称受賄情節已経參送法司除今本生朝房候旨外謹将覆試原巻實封随本進呈

御史李嵩疏吴道南以臃腫多病之體膺較閲心劳之任則精神自覺恍惚劉楚先以衰残遅暮之年當瑣屑比勘之餘則智識遽爾汎冥十帖空試五色猶迷豈師旦之黙輕浮乃楊雄之坐冐薦

御史周師旦疏國運幸際熙隆等事姓者議論蜩螗則以强有力右激於抗衆而明干之黨附者又復懐梟音而旁撼之

故非假竊名理則壇坫不尊非廣聚朋徒則氣勢不厚公道
瀾倒職此之故且主盟者高足見于天下矣而尚蠕蠕焉夜
行不休國家有此紀綱乎泰沈同和大傷國体吴洪裕賄買
彰聞　吴洪裕禮部覆試罰三科後會試
給事中劉文炳疏沈同和懷挾舊文倖中首選誰任文衡而
至於是及至覆試題不盡記文不成篇從古歷今不知有此
白丁會元否倘有羞惡之心自當愧死無地輔臣吴道南揚
揚得意猶號於人曰神奸發覺此天之報我也同和無文無
行鄉黨自好者羞與為吴道南取以冠天下善報國乃爾乎
至于試録同和既奉旨黜矣叙内亦當明言所以使天下後

世曉然知無元之故此等怪事雖非盛世所宜有然於我皇上無損柰何止言正文體而於會元缺人竟置勿道萬世而下讀萬曆四十四年試録無元竟不得其解况出處大節士君子類能辯之道南辱國敗名豈其不自為計後儼然據席立朝端之上耶至于劉楚先後叙依樣葫蘆臣又何言哉

道南庚戌知貢舉報號底簿以証成湯韓之獄者彼黨亟

事除之久矣適有沈同和事遂借以報東門之役

給事中劉文炳疏輔臣摭詞愈甲閣体掃地事再參吴道南

御史張至發疏險輔殺機横突挑激聖怒傾陷言官事參吴

道南

大學士吳道南疏糾科臣借事極詆事等奉旨卿公忠清正朕所鑒知沈同和明係懷挾與卿何涉此乃監試搜簡不嚴科道官何並無一言及之顯是黨庇同類且張至發遠在千里即報未真遽爾狂躁輕詆大臣着與外簾搜簡李嵩等俱着罰俸半年劉文炳這廝素懷私情輒敢逞臆肆言誣蠛輔臣好生可惡本當重治姑着調外任用不許朦朧推升國事多艱卿不必以浮言介意宜遵旨即出入閣佐理慎再陳

張至發時巡按河南

御史韓浚疏吳道南誤取假元古今之大謬熙字不及一字天下所共非劉文炳憤大典之不光傷文衡之掃地隨事糾

彈詞或過激胡道南之悻悻不曰極詆則曰橫誣又妄扯懷
挾一事枝牽蔓引心口悄悒辭氣憤張而文炳竟奉嚴譴調
外矣無論道南歆留非所以自為計即皇上欲留道南尤非
所以為道南計也
御史朱階疏標門戶者見鷙鳥之形尚滋流毒之念忠國家
者亟鷹鸇之逐或嫉己甚之防吴道南填胸忿嫉橫口恣尤
被言輒肆英雄之辣手耐彈復似痴弄之家不知視歐後鄭
五有無愧色　次年道南以艱歸
御史毛堪疏場弊處分宜明雖因輔臣廢法乞將內外大小
各官斟酌輕重分別議處其沈同和鄉場應否追究一併勘

議
刑部尚書李誌題會榜首卷事看得科場為國家大典魁元
係多士儀型即高才猶存拜下風之心豈白丁乃得占青雲
之首今沈同和奸能蓋世財可通神以號次之分明而百計
買求不難卜鄰以資代筆以簡查之嚴密而多方藏帶公然
挾册以供拟謄論其央浼有據須投荒示創而國法始伸即
其懷挾無題仍荷較加遴而人心方快三尺具在有口何辭趙
鳴陽舍己芸田救人從井三場連號可云不預其謀二州同
文則將誰執其咎急私交而甘犯科場之禁念姻誼而頓忘
法守之遵律當杖遴例應削籍沈同和趙鳴陽各枷號一个

月滿日同和與周洪基黃成送兵部定發煙瘴地面充軍終身僉妻起解發遣鳴陽運炭贖罪完日發回原籍為民

丁巳大計

前此門戶互立左右分袒狂瀾猶賴乎砥柱群陰終制於孤陽是言黃之戰雖酬而剝復之關猶未抉也迨甲丙之際福清謝政于倦勤崇仁負疚於銅臭亓趙官吳輩糾紛楚閩越熒吳之衆角秦晉西江而勝之丁巳之察正人屏逐殆盡殆剝極之會也乃愚因是而竊有感焉易之言剝也初六曰剝牀以足蔑貞凶六二曰剝牀以辨蔑貞凶蓋君子之於小人不疾其有丘山之忌而幸其有毫髮之善

剥牀以足且及其辨矣猶未直以為玄也曰蔑貞而後凶小人之於君子也戕絶無餘而後凶可必也故上九曰小人剥廬夫廬者民所庇也小人得志勢必舉民所庇依者而盡壞之不如是其惡不止嗚呼剥卦之象也五陰而一陽復卦之象也一陽而五陰蓋陽之方升也其志鋭其氣毅故制群陰而有餘及其將退也其志荒其氣散故馭群陰而不足愚蓋反覆於神廟之季而不勝三歎息也

萬曆四十五年丁巳大計京朝官

主計者吏部尚書鄭繼之掌都察院事刑部尚書李誌考

協司郎中趙士諤吏科署科事左給事中徐紹吉掌河南

道印御史韓浚

大計給事中裴國儒麻僖彭惟誠御史李炳恭史記事吏部

周士顯馮上知凃一榛户部李朴賀烺禮部丁元薦刑

部沈應奎工部沈正宗俱不謹

翰林邵景尭李[illegible]昌御史王時熙陳一元史學遷兵部

茅瑞徵俱浮躁

御史荊養喬彭端吾潘之祥俱不及

拾遺徐紹吉糾拾大僚孫瑋王圖李時華劉汝康陳薦劉敏

寬魏養蒙朱國禎

庶僚王之寀鄧士龍

韓浚糾拾大僚孫瑋孫慎行于汴丁啟濬朱之蕃王士琦

庶僚王之寀鮑應鰲

糾慎行有曰設宇內所不必有之事攘臣子所不敢居之功若暗伏旻日之殺機必將流毒赤渭即潛為邪之盟主亦能驚震朕師欲維世道而正人心宜亦懲以安善類糾于汴有曰鈎黨橫連朝野謀暗泣鬼神糾應鰲有曰從師講道未聞入室升堂結黨行私惟解依門傍戶暗[illegible]木之脉明操廊廟之權

年例給事中魏應嘉熊明遇御史孫居相李邦華朱萬春高

雅

南計主計者南京吏部尚書沈應文考功司郎中于俞與避

政章嘉禎給事中金士衡張篤敬等

吏部覆徐紹吉大僚疏奉旨魏養蒙著留用朱國禎炤舊調

理劉汝康調外任用陳薦劉敏寬著致仕王圖李時華著冠

帯閑住

吏部覆韓浚大僚疏奉旨朱之蕃著留用孫慎行等炤舊調

理丁啟濬調南京用王士琦南京別衙門用

吏部覆徐紹吉等庶僚疏奉旨這本内考察各官劉士龍等

都炤例調於內王之宷任性滛刑[illegible]命却又謀騙内犯

楊守奇照私甚是狼藉著貽貪酷〻姦〻宄提問追贓著革了

職為民追奪誥命

按孫慎行在禮部也夾輔福清請福王之國是功在青宮

也改正代藩之立長以定兄弟之分是功在彝倫也申明

楚宗之不反赦（宥）濫入之高墻是功在天潢也此皆彰〻大

人耳目者顧不以為功而反以為罪乎糾疏內不必有之

事不敢居之功及暗伏殺機等語果何所指也秦聚奎一

上報國之疏則續溪吴江兩地貪酷俱罷不問今王之家

摘發張差之奸逆雖比梁獄之燒詞少其究轉而較剖〻

之金藏同其癡迷頑不得援聚奎之例而必欲以貪酷處

之手特為拈出以俟後日之尚論者

附漕鎮會推始末

丙辰軍政職方郎中茅瑞徵擬於覆疏中去副將某時魏
養蒙以兵部侍郎署部事持不果而事機已洩某怨茅刺
骨因搆茅於戎政尚書黃嘉善黃齊人也時三齊大荒盜
賊蠭起議設漕運總兵以護漕艘而又有謂無濟緩急
增紛擾者已罷不復議後中旨頻催遂推臨淮侯李邦鎮
已匝月矣禮科亓詩教有疏及之而嚴旨隨下所以然者
蓋彼中欲借以逐魏養蒙也魏具疏辯白會推始末亓復
盛氣以攻茅亦具疏求黜而前　藉手於戎政者復棄

際以　下　濟姚向以　不　己心

之矣適弟群從中復有讒言　許心于弟出疏彼鬪且

約御史韓浚　後劾韓　亦　辟人也韓亦曾以閔說錦

衣事于弟弟亦不聽亦欲借端辭憾并欲以中兵科熊明

遇熊闇姚韓皆有閔說手札激弟實據上聞弟謝不敢

亦心怵不敢出疏當姚疏之出也　私遣客說弟出揭

罪于熊弟亦謝不敢稱疾以去及是韓掌大計仍以會推

漕鎮為罪案坐弟浮躁而熊遂例轉魏得拾遺此亦係計

典中事并附記之

定陵註畧卷之十　終

戊辰六月朔日宣閱初四日竟　季貺

乙丑五月端一日閱起三日丙竟

時方奉檄乘辦漳南兵營兵米

羽檄旁午于文書堆中竟此鼻嘉

是書千頃堂書目始著録汲古閣秘本書目亦載之傳本極少予從湖州藏書家以重價購得 [illegible]

謗本善本無从補也今方有起會但了付備裝毋俍無暇及也甲
初四日燈下閱是記

初四日復展繙此卷以對勘
華亭兩書史合　去之賊
鉤黨之禍自漢以後尋因稍長者
無不有之若群邪跳梁充黨交
戰皂白不分以至無忌以來有
以明嘗後一朝之盛者此志
所記豈復尚有餘憾百世
之後閲之猶當驚詫也